MOLINA

LA HISTORIA DEL PADRE QUE CRIÓ
UNA IMPROBABLE DINASTÍA DEL BÉISBOL

BENGIE MOLINA

CON JOAN RYAN

SIMON & SCHUSTER

NUEVA YORK   LONDRES   TORONTO   SIDNEY   NUEVA DELHI

Simon & Schuster
1230 Avenue of the Americas
New York, NY 10020

Primera edición de Simon & Schuster en tapa dura, junio de 2015

SIMON & SCHUSTER y su colofón son marcas registradas de Simon & Schuster, Inc.

Para obtener información respecto a descuentos
especiales en ventas al por mayor, por favor diríjase a
Simon & Schuster Special Sales en el 1-866-506-1949 o escriba a
la dirección electrónica business@simonandschuster.com.

La Oficina de Oradores (Speakers Bureau) de Simon & Schuster puede presentar
autores en cualquiera de sus eventos en vivo. Para más información o para hacer
una reservación para un evento, llame a Simon & Schuster Speakers Bureau al
1-866-248-3049 o visite nuestra página electrónica www.simonspeakers.com.

Traducido por Carlos Verdecia
Diseño interior por Ruth Lee-Mui

Impreso en los Estados Unidos de América

1   3   5   7   9   10   8   6   4   2

ISBN 978-1-5011-0308-7
ISBN 978-1-5011-0310-0 (ebook)

Todas las fotografías se publican por cortesía del autor,
excepto las imágenes contenidas en la página 13,
que han sido facilitadas por cortesía del Béisbol de los Ángeles.

Para Pai y Mai, que han sido mi inspiración toda mi vida.
Y para mis hermanos, Cheo y Yadier.
Los quiero a todos y que Dios siga bendiciéndolos.
—Bengie

Para mi padre, Bob Ryan.
—Joan

"El propósito del béisbol es llegar a home, y qué difícil es lograrlo y qué motivada es nuestra necesidad".

A. BARTLETT GIAMATTI

PRÓLOGO

LA VIDA QUE reconocemos como singularmente propia comienza con nuestro primer recuerdo. Seguramente este recuerdo no es casual. Tiene que haber una razón para que nuestras mentes, muchos años después, recuperen este momento particular y nos lo presenten como la escena inicial de nuestras vidas. Constituye el punto de referencia desde el que medimos todo lo demás.

Este es mi primer recuerdo.

Tengo cuatro o cinco años. Mi padre juega segunda base de un equipo de béisbol semiprofesional en el pueblo de Utuado. Lo llamo Pai, una versión corta de Papi. Su estatura es más bien pequeña comparada con la de los otros jugadores, pero para mí es como un gigante. Usa ropa de superhéroes como los que veo en mis libros de historietas ilustradas: camisa apretada y pantalones que muestran sus músculos. Usa zapatos especiales que dejan marcas en el terreno cuando camina. Sus brazos y hombros parecen capaces de arrancar una palma de raíz. Su cara es tan dura como los ladrillos que sostienen nuestra casa.

Estoy en el banco de los jugadores. Estoy seguro de que es la primera vez que Pai me deja estar con él y los otros hombres. Me gusta cómo huelen los hombres en el banco. Muy diferente de Mai —mi madre— que huele a jabón y a aceite de cocinar. Es incluso diferente del olor rancio y metálico que trae Pai de la fábrica. Los hombres en el banco huelen a hierba, a Winston y a sudor. Me gusta también cómo hablan unos con otros, como si todo fuera un chiste, y me gusta cómo se ponen serios cuando se calzan el casco en la cabeza y sacan un bate del estante al final del banco.

Estoy agarrado de la cerca de alambre que separa el banco de los jugadores del terreno, mirándolo todo. El juego está extendiéndose a la décima entrada. Los hombres han dejado de hacer chistes. Todos están exhaustos y enojados.

Pai escoge un bate. Es su turno.

—Voy a batear un jonrón hacia el jardín izquierdo —dice—. Y nos vamos, cada uno a su casa. Estoy cansado de este juego.

Miro hacia el jardín izquierdo. La cerca parece estar a un millón de millas de distancia.

—No, no —dice uno de los hombres—. ¡Batea por la derecha! Es más corto el tramo.

La cerca del jardín derecho está más cerca. Hasta yo puedo verla.

—Me está lanzando afuera —dice mi padre—. Tengo que batear por la izquierda.

Se acerca al plato y escarba con los pies en el cajón de bateo. Oigo al público aplaudiendo y gritando el nombre de mi padre, que es también el mío: "¡Bengie! ¡Vamos, Bengie!" El lanzador hace sus movimientos y lanza. Pai le hace swing.

La pelota navega hacia el jardín izquierdo. Sigue elevándose. El jardinero izquierdo corre hacia atrás. La pelota comienza a caer mientras el jardinero izquierdo acelera. Estira el brazo y tal parece que va a atrapar la pelota. Entonces la ve golpear el borde de la cerca y caer del otro lado.

Un jonrón.

Veo a Pai corriendo las bases con una enorme sonrisa en el rostro. Los hombres corren del banco hacia el home para recibirlo. Van gritando y saltando. Yo corro con ellos, también gritando y saltando.

—¡Agárrenlo! ¡Que alguien lo agarre! —oigo a Mai gritando desde las gradas refiriéndose a mí, horrorizada de que me atropellen.

Pai atraviesa el plato y, en medio de la celebración, grita: ¿Dónde está? Finalmente me ve y se le ilumina el rostro. Me alza en sus brazos y de un tirón me encarama sobre sus anchos hombros. Oigo a la gente coreando: "¡Bengie!, ¡Bengie!" Pienso que los hurras son para mí. Siento los hombros de Pai bajo mis piernas. Me agarra por los tobillos con una fuerte mano de obrero. Los hombres lo abrazan a él y a mí, a sus hombros y mis piernas.

Somos como una sola persona.

Un solo gran pelotero.

Estoy muy contento. Quisiera quedarme allí para siempre.

Esa es la primera escena de mi vida. Un estadio de béisbol. Un banco de jugadores. Y mi padre.

No sé si alguien es capaz de decidir el curso de su vida a la edad de cuatro o cinco años. Pero creo que yo lo hice. Quería vestir esos uniformes. Jugar en un terreno como ése. Saber lo que esos hombres sabían. Quería oír a Pai hablar conmigo como lo hacía con ellos.

Oí historias de que Pai había soñado con llegar a las Grandes Ligas. En su tiempo, había sido un gran jugador de béisbol. Uno de los mejores en Puerto Rico. Famoso incluso. La gente contaba que jugaba segunda base como un alacrán, moviéndose de un lado a otro en un pestañar. Contaban que agarraba el bate en una posición tan alta que uno pensaba que el extremo del bate le golpearía el estómago cuando bateara, y cómo aun con este agarre bateaba jonrones. Nuestra casa estaba llena de sus trofeos.

Todos pensaban que llegaría a las Grandes Ligas como Roberto Clemente, el héroe nacional de Puerto Rico. Pero nunca llegó. Ni siquiera llegó a las ligas menores.

Lo que hizo fue pasarse casi cuarenta años trabajando en una fábrica.

No recuerdo exactamente cuando, pero yo decidí llegar a las Grandes Ligas. Como el hijo mayor que llevaba su mismo nombre, yo haría realidad el sueño de Pai. Con mi triunfo, yo borraría su fracaso.

Yo era un niño, con pensamientos mágicos propios de un niño. No sabía que millones de niños sueñan con llegar a las Grandes Ligas y casi nadie lo logra. Piensa cuántos de tus amigos de la infancia llegaron a vestir un uniforme de Grandes Ligas. Probablemente ninguno. Las probabilidades de llegar son astronómicas.

Y mis probabilidades resultaron ser particularmente escasas. Yo no era un atleta natural como mi padre. Él era puro y flexible y estaba lleno de confianza en sí mismo. Mientras que yo tenía un talento natural mínimo; apenas una caja de piezas que necesitaban armarse. Tampoco era fuerte como Pai. Era pequeño, flaco y, al menos en esa época, carecía de sus agallas. Cualquier crítica me molestaba.

Así y todo, seguí imaginando que un día Pai se lanzaría al campo de algún estadio de Grandes Ligas después de yo batear un jonrón que ganara el juego. En mi mente, sería un momento en home muy parecido al día en que Pai me alzó y me encaramó sobre sus hombros. Un pelotero grande. Me pasé la vida tratando de captar otra vez ese momento, la perfecta conexión con mi padre. Era lo que me impulsaba.

Quizá sea la necesidad que cada hijo tiene de ganarse el respeto de su padre. Para mí, creo que era más que eso. Mi padre era el mejor hombre que yo conocía. A veces no me parecía real. Era algo más. Pregúntenle a cualquiera en el barrio. Le dirán muchísimas cosas sobre lo que él era en un terreno de béisbol.

Le dirán también que tenía tres hijos. Y que él les enseñó a esos hijos todo lo que sabía de béisbol.

Le dirán que José, Yadier y yo, los tres, fuimos receptores.

Y que contra toda lógica, *los tres* llegamos a las Grandes Ligas.

Y que contra una lógica aún mayor —nunca tres hermanos han logrado esto en la historia del béisbol— cada uno de los hijos de Benjamín ganó dos anillos de Serie Mundial.

También le dirán que nuestro padre era un mejor pelotero que cualquiera de nosotros tres.

Cada vecino del barrio tiene una historia que contar acerca de Benjamín Molina Santana.

Ahora les contaré la mía.

Y comenzaré con el final.

Mi padre murió a la edad de cincuenta y ocho años en el terreno de béisbol junto a las matas de tamarindo frente a nuestra casa. Ese era su terreno. Medía la distancia de una base a otra y las alineaba con puñados de cal blanca que sacaba de una bolsa que mantenía en el estacionamiento de su automóvil. Rastrillaba la tierra del diamante. Echaba arena en los charcos de fango cuando llovía.

Mis hermanos y yo crecimos en ese terreno. Nuestras vidas están enmarcadas por las líneas entre las bases. Hasta años después yo era capaz de caminar cada pulgada de ese terreno en la oscuridad y saber exactamente en qué punto estaba. Sabía cuántos pasos había desde el borde del terreno hasta el poste de luz en el jardín izquierdo, que si uno se descuidaba podía frenar dolorosa y súbitamente una corrida para atrapar un batazo elevado. Sabía cómo deslizarme en home asegurándome de no lastimarme las piernas con las puntas expuestas de la cerca detrás del home.

La historia de mi padre es, en muchas maneras, la historia del béisbol puertorriqueño. Nuestros mejores jugadores surgieron de terrenos surcados donde se había cultivado caña de azúcar. Fabricaban bates con ramas de árbol y en su niñez habían usado bolsas de papel en lugar de guantes. Agudizaban la vista bateando semillas secas. Escuchaban en la radio las trasmisiones de los juegos de Grandes Ligas y la mención de Hiram Bithorn y El Divino Loco y Roberto Clemente.

El amor de mi padre por el béisbol creció también de esas raíces profundas. Nuestro amor por el juego creció del suyo. Pero para nosotros el béisbol era mucho más que un juego, aunque no comprendí esto hasta algún tiempo después. El béisbol era el medio que utilizaba mi callado, tímido y macho padre para demostrarnos lo profundo que era su amor hacia nosotros.

Si alguien hubiera tropezado con el funeral de mi padre en el pequeñísimo pueblo de Kuilan, habría pensado que había muerto un gobernador, no el obrero de una fábrica. Miles de personas acudieron. Se clausuraron calles. Las demostraciones de afecto y duelo y respeto ese día fueron lo más increíble que yo he visto en mi vida.

Después del funeral, cuando los amigos de mi padre recordaban su extraordinario talento, me contaron sus aspiraciones de Grandes

Ligas y la impactante decisión que había tomado, algo que ni Mai ni él nos había contado a mis hermanos y a mí. Me di cuenta entonces que no conocía a mi padre. Al menos, no lo conocía más allá del hecho de que era mi padre. En el funeral y durante muchos meses y años más tarde, hablé con mis tías y tíos, con sus viejos compañeros de equipo, con los jóvenes que entrenaba y con sus compañeros de la fábrica donde trabajó durante más de treinta años.

Supe entonces lo que le había impedido jugar en Estados Unidos. Supe lo que realmente nos había estado enseñando a mis hermanos y a mí todas esas horas y años en el terreno de béisbol. Y finalmente comprendí que haber logrado que sus tres hijos jugaran en las Grandes Ligas fue el menor de los legados de mi padre.

En una de mis visitas a Puerto Rico después de la muerte de Pai, su amigo Vitín me dijo que a él le habían asignado la tarea de recoger las pertenencias del cuerpo de mi padre en el hospital. En los bolsillos encontró tres cosas.

Un reglamento de las Pequeñas Ligas.

Una cinta de medir.

Y un boleto de la lotería.

No lo sabía entonces, pero estas cosas se convertirían en mi guía para contarles la historia del pobre obrero de fábrica responsable por la más improbable dinastía del béisbol.

PRIMERA PARTE

NACÍ UN SÁBADO de verano, el año en que los Atléticos de Oakland ganaron su tercera Serie Mundial consecutiva. El equipo que quedó en último lugar en la división ese año fue el de los humildes Ángeles de California. Sonrío al pensar en mi padre leyendo los resultados de béisbol mientras esperaba en el hospital ese día, sin saber que su arrugadito recién nacido llegaría a ser el receptor abridor de los Ángeles cuando ganaran su primera Serie Mundial veintiocho años después.

California estaba lejos entonces, por supuesto, tanto en distancia como en imaginación. El hospital estaba en Río Piedras, el único hospital local que podía atender a Mai sin seguro de salud. Pero Mai y Pai vivían en esa época en Vega Alta, donde Mai se crió. El apodo del pueblo es *El Pueblo de los Ñangotaos*. Ese nombre se lo dieron los obreros que se agachaban junto a las líneas de ferrocarril esperando al tren que los llevaba a los cañaverales. El nombre alcanzó notoriedad cuando mis hermanos y yo jugamos como receptores.

Vega Alta es un pueblo en el distrito de Dorado. Puede que usted haya oído hablar de las playas de Dorado. Se extienden millas a lo largo de la costa norte al oeste de San Juan y una vez pertenecieron a los Rockefeller. Siguen siendo bellas y se mantienen limpias y brillantes para los turistas que viajan a los complejos turísticos de la playa y de los campos de golf.

Pero ése no es nuestro Dorado.

Nuestro Dorado está tierra adentro, donde los caminos son estrechos y escabrosos, y las casas de bloques de concreto están tan cerca unas de otras que uno podría desde su propio baño alcanzar el botiquín del vecino y tomar un cepillo de dientes. Los aleros de las casas de techo plano están pintados en tonos desteñidos de azul celeste, rosado y amarillo, lo cual te hace pensar en filas de chicas con vestidos de Pascua. Hay barras de hierro en las puertas y ventanas para que no entren delincuentes que parecen multiplicarse cada año. Camisas de trabajo desteñidas y ropa interior cuelgan de las tendederas. Ancianas en anchas batas de casa de algodón se sientan en sillas plásticas junto a sus puertas, sus oscuros pies callosos e hinchados por el calor. Hombres de rostros duros en mangas cortas beben cerveza y juegan al dominó en bares al aire libre.

Nuestro barrio es Espinosa. Nuestro sector en Espinosa es Kuilan, marcado con un letrero hecho a mano en la Calle Marbella. Tal vez el vecindario le parezca pobre y áspero a los extranjeros. No sé. Sólo puedo verlo a través de mis ojos. Las mismas lluvias fuertes que dañan los caminos y oxidan las cercas de alambre convierten las semillas en algo vivo y hermoso. Tenemos árboles enormes llamados flamboyán con hermosas ramas que forman arcos sobre las calles y dan flores brillantes amarillas o rojas que parecen orquídeas. Hay matas de aguacate, plátano y tamarindo. Hay matas de pomarrosa con frutas rojas que huelen a perfume. Hasta las barras de hierro de las ventanas y puertas son bellas, con figuras circulares y geométricas en estilos diferentes en cada casa, una reflexión del espíritu de familia que habita dentro. A pocas cuadras de nuestra casa, cerca de la Compañía de Cemento San Juan, hay una selva sobre una loma que se extiende como la cerca de un terreno de béisbol rodeando nuestro pequeño pedazo de Dorado.

Si me preguntaran el número de la casa en que crecí, donde Mai vive todavía, no podría decirlo. No tiene dirección. Creo que la calle tiene nombre, pero nadie lo usa. En gran parte de Dorado las direcciones se dan por puntos de referencia: el terreno de béisbol, el mercado, la iglesia, el bar. Nuestro correo llega a la casa de Mami en Vega Alta. Todos los familiares de Mai —hermanos, hermanas, sobrinas y sobrinos— reciben su correo allí. Titi Norma vive allí ahora.

Nadie recuerda donde la gente de Pai había vivido antes de Dorado o cómo llegamos allí. Mi tía abuela Clara Virgen dijo que había oído una vez que originalmente éramos de Morovis, un pueblo a unos diez minutos de Dorado. Pero lo único que todos conocen ahora es Dorado y Espinosa y Kuilan. La familia de Pai se remonta varias generaciones, y casi nadie se ha ido. Tres de las hermanas de Pai viven en el mismo terreno que sus padres y abuelos vivieron antes que ellas. Titi Clara Virgen vive allí también. Dos de los hermanos de Pai viven a media milla. Y así. El pueblo está tan lleno de primos, tías y tíos, medio hermanos y medio hermanas, que uno no puede caminar hacia La Marketa sin toparse con algún familiar sanguíneo.

Mi tía Alejandra cuenta que se enamoró de un chico en la escuela. Un día él la siguió a su casa. La madre de Alejandra vino corriendo a la puerta.

—¿Y él qué hace aquí? —preguntó.

—Es mi amigo —dijo Alejandra.

—¡Ése es tu hermano!

El muchacho era hijo del padre de Alejandra, quien se había marchado años antes y había formado una nueva familia.

Mi tía abuela Clara Virgen decía que su padre también había abandonado a su familia. Dejó atrás a una esposa y cuatro hijos. Uno de ellos se llamaba Francisco. El padre de Pai.

La familia de Francisco era pobre, como todos en Espinosa a finales de los años veinte. Por ese entonces Puerto Rico había sido una provincia de Estados Unidos durante dos décadas, parte del botín de España al final de la Guerra Hispano-Americana. Las compañías de azúcar y tabaco habían llegado y comprado tierras para sembrar. Familias que una vez habían cosechado alimentos en abundancia para ellos mismos ahora trabajaban en campos de caña de azúcar y en ingenios azucareros.

La madre de Francisco aceptaba cualquier trabajo que podía encontrar. "¿En qué no trabajó ella?" me dijo Clara Virgen. "Si tenía que recoger toronjas, recogía toronjas. Si tenía que regar fertilizantes, regaba fertilizantes. Hacía cualquier cosa para mantenernos". En su pequeño patio cosechaba gandules, boniatos, panapén, bananos y plátanos, y criaba puercos y pollos. Compraba harina de maíz, arroz y pescado en el mercado. La casa no tenía electricidad ni agua corriente. Clara Virgen y sus hermanas buscaban agua en un pozo local y llenaban enormes latas vacías de manteca que después traían cargadas en la cabeza. Había tanto trabajo en la casa que la mayoría de las muchachas abandonaban los estudios después del segundo grado. "Yo aprendí a leer y escribir", dijo Clara Virgen. "Gracias a Dios por eso".

Francisco y sus otros hermanos se quedaron en la escuela más tiempo, tal vez hasta el sexto grado, especuló Clara Virgen. Francisco era tranquilo y amable. Caminaba hasta el pueblo con un paño y un cepillo a limpiar zapatos y ganar dinero para la familia. Cortaba caña. Regaba fertilizantes junto a su madre. Finalmente, encontró un trabajo en la tienda de víveres. Francisco dedicaba tanto tiempo a trabajar que le quedaba poco tiempo para salir con mujeres.

Entonces conoció a Luz María. Ella de veintipico de años, divorciada y madre de tres hijos, vivía con su madre, una mujer tan conocida y querida por todos en Kuilan, incluyendo a Francisco, que la llamaban simplemente Mama. Cuando Francisco conoció a Luz María, enseguida le gustó. Era dulce como Mama, a pesar de la tragedia de su vida. Un día, poco después del divorcio, el ex marido de Luz María se apareció en la casa de Mama gritando que se iba a llevar a los niños. Mama escondió a los niños en su habitación. El ex marido echó a un lado a Luz María, registró toda la casa y sacó a los niños llorando de debajo de la cama de Mama y se los llevó a rastras. Los montó a la fuerza en el automóvil y se marchó. Luz María se desplomó en los brazos de Mama. No tenía dinero para llevar al marido a los tribunales. Nunca más volvió a ver a sus hijos.

Francisco se casó con Luz María y se mudó a la casa de Mama. La pareja pronto comenzó a formar una familia que se extendió a trece hijos. Mi padre fue el segundo y el primer varón.

Nació en la casa en 1950 en manos de una partera del vecindario. Mama se enamoró totalmente de su nieto. Era de piel clara y tenía los ojos ligeramente sesgados. Ella lo llamaba Chino. Tres hijos más nacieron en la casa de Mama cuando Francisco y Luz María vivían allí.

Pai tenía seis años cuando Francisco y Luz María, embarazada con su sexto hijo, anunciaron que habían ahorrado suficiente dinero para mudarse a su propia casa a poca distancia de allí. Mama lloró. Estaba tan apegada a su pequeño Chino que no podía soportar dejarlo ir. Le pidió a Francisco y Luz María si él podía quedarse viviendo con ella. Iban a vivir tan cerca y podían verlo todos los días. Después de un poco de discusión, accedieron.

—No era que mis padres renunciaran a él —me dijo Tío Chiquito un día que me senté con él después de la muerte de Pai—. Es que Mama se quedó con él.

Mama tuvo otros nietos viviendo con ella, unos ocho en total a través de los años, por varias razones. La pequeña casa se llenó de ruidos, una animada aldea en la que Mama era la ocupadísima y benevolente alcaldesa. Mama despachaba a los nietos hacia diversas tareas durante el día, apurándolos con un alegre grito de "¡A trabajar!" Algunos buscaban el agua de la cisterna en un costado de la casa o, cuando llovía, del cercano manantial del vecindario. Unos recogían gandules y sacaban boniatos. Otros alimentaban a la vaca y los pollos y recogían los huevos de las gallinas. Algunos les quitaban la cáscara al maíz del campo y ponían los granos al sol para que se secaran.

—Ay, bendito, ¿no vas a acabar nunca? —Mama bromeaba con uno u otro niño.

A Mama nunca le faltaba un pañuelo en la cabeza y un delantal sobre la bata. En la cocina, molía el maíz seco en un molino de mano hasta convertirlo en harina, que luego freía para hacer surullitos, o los mezclaba con leche para hacer un puré de harina de maíz llamado funche. Cuando los niños jugaban a los gallitos en el patio, lanzándose unos a otros cuerdas cargadas de semillas de algarroba, oían el ruido de la máquina de coser de Mama subiendo y bajando como un tren pasando por el pueblo.

Benjamín ayudaba a Mama en las tareas como un hombrecito, como si fuera su protector. Miraba atravesado a sus primos cuando estos no mostraban el mínimo respeto.

—Benjamín fue bueno desde que nació —me dijo Tío Chiquito—. Fue un ser que nació con luz. Con gracia. Mama lo crió casi como si fuera una reliquia. Nunca se fue de las manos de Mama. Benjamín nunca abandonó las manos de Mama.

Mama no ocultaba que Pai era su favorito. Les pegaba a los otros nietos con un palo de escoba o con una rama de la mata de guayaba. Si no tenía una de esas dos cosas a mano, les daba un cogotazo con los nudillos. En las raras ocasiones en que disciplinó a Pai, le daba una palmadita en el brazo con dos dedos. Los Días de Reyes, una fiesta de pascuas celebrada los días 6 de enero en Puerto Rico y otros países latinoamericanos, Mama les regalaba a los nietos muñecas de trapo hechas a mano y pistolas de juguete o maracas baratas. A Pai le regaló un reloj nuevo. Un día que sorprendió a uno de los nietos usando el reloj, lo golpeó. Mama se aseguraba de que Benjamín tuviera los mejores zapatos y ropas, aunque todos decían que él nunca pedía nada. Era bueno y tímido como Francisco y apenas decía algo incluso entre familia.

En las celebraciones familiares, Mama cocinaba pollo y todos los hijos y nietos venían a la casa. Podía incluso haber una botella de aguardiente local pasando de mano en mano. Uno de los hombres inevitablemente cogía una pequeña guitarra con cuerdas dobles llamada *cuatro*. Otros cogían maracas, bongós y una marímbola, un especie de cajón con flejes tensos de metal cortados del chasis de un automóvil que cuando se tocaban producían un sonido parecido a un contrabajo. Podía también aparecer una güira hecha de una lata de café. Entonces tocaban música jíbara tradicional y todos cantaban y bailaban.

Todos menos Benjamín. Él era reservado y serio. Parecía mayor de lo que era. La gente a veces se reía de ver una cara tan seca en un niño pequeño.

El único lugar en que parecía soltarse era en el terreno de béisbol.

MI HERMANO JOSÉ —a quien llamábamos Cheo— y yo corríamos de la escuela primaria a la casa todos los días y esperábamos a Pai. En esa época vivíamos en Vega Alta, en un barrio llamado Ponderosa, justamente al oeste de Dorado. Nuestra casa se balanceaba sobre un montón de ladrillos y tenía escalones de madera hacia la puerta del frente. Tenía una pequeña salita, una cocina y dos dormitorios, uno para Mai y Pai y uno donde Cheo y yo compartíamos una cama. El baño tenía una tubería de cobre que salía de la pared y sólo tenía agua fría. El piso de la salita tenía dos agujeros suficientemente grandes para poder ver los gallos del vecino de al lado merodeando bajo nosotros en busca de sombra.

Los hombros de Pai llenaban el hueco de la puerta cuando entraba de regreso de la fábrica. Siempre usaba camisas de cuello. Mai las planchaba todas las mañanas. Él no se las ponía hasta el momento de salir porque había calor y humedad en la casa. Yo comía mi cereal frente a la televisión mientras Pai, fresco de la ducha, andaba por la casa sin camisa. Mai le hacía huevos y perros calientes hervidos y café. A veces yo iba al baño a ver cómo se afeitaba. Lo veía amarrarse los zapatos y escuchaba su deseo de que tuvieran mayor protección sobre los dedos del pie.

Todavía yo no sabía que él se iba al trabajo. No pensaba en él como alguien que tuviera una vida más allá del béisbol y nosotros. Mai trabajaba también, pero yo tampoco pensaba adónde ella iba. Antes de tener edad para ir a la escuela, ellos nos llevaban por la mañana a las casas de nuestras abuelas: Cheo a la casa de la mamá de Mai y a mí a la casa de la de Pai. A veces yo me hacía el dormido en el automóvil porque sabía que Pai me llevaba cargado, me acostaba en el sofá de Abuelita y me besaba en la frente. Pero pronto supe que trabajaban en fábricas, Pai en Westinghouse y Mai en General Electric.

Cuando Pai llegaba a la casa, ya Cheo y yo teníamos los guantes sobre las piernas.

—Bendición —le decíamos.

—Dios los bendiga —respondía.

No había abrazos ni besos. Sólo el respetuoso saludo entre niños y adultos.

Pai ponía su Tupperware vacío en la mesa de la cocina y luego Mai lo llenaba de los restos de la cena para su almuerzo del día siguiente. Pai se sentaba en el butacón y se desamarraba los zapatos. Mai le gritaba desde la cocina que no los dejara en el piso como siempre hacía.

—¡Tienes suerte de que regreso a la casa! —Pai le contestaba gritando.

Se decían cosas, pero Pai lo hacía sonriendo. Y yo veía a Mai sonriéndose también, un poco, como si tratara de no hacerlo. Esa era su rutina. Casi nunca se tocaban. Raramente los vi besarse. Pai nunca demostraba afecto frente a otras personas. Mai a veces montaba un show para besarlo en público para mortificarlo. Él la apartaba. Pero al final de la noche, siempre se iban juntos a su habitación.

Mai le daba a Pai un plato de chuletas de puerco o carne frita, y él prendía el televisor para ver la comedia mexicana *El Chavo del Ocho*. Cheo y yo nos sentábamos en el piso junto a él. Veíamos *El Chavo*, pero también lo mirábamos a él. Nos encantaba verlo relajado. A veces se reía tan fuerte que se le veía la comida en la boca. No se reía mucho el resto del tiempo. Aún tenía la cara seria que tenía de niño. No era un conversador. Era el tipo de hombre que decía algo una sola vez. Nunca tuvimos grandes discusiones. Nos decía que hiciéramos la tarea de la escuela y que respetáramos a Mai y nos quitáramos la ropa sucia en el patio junto a la lavadora y secadora. Cuando se enojaba, nos miraba fijo a los ojos sin mover un solo músculo. Enseguida dejábamos de hacer lo que estábamos haciendo.

Mai era completamente diferente. Era extrovertida y estaba llena de opiniones. Era la que nos gritaba y nos pegaba. Nos pegaba con lo que tenía a mano: una cuchara, un perchero o con el revés de la mano. Huíamos y ella corría tras nosotros, especialmente tras Yadier cuando éste se sumó a la familia. Era un feliciano travieso. Cheo y yo seguíamos las reglas, especialmente yo que era el mayor. Lo de Yadier era divertirse. Mortificaba a Mai, agarrándola por la cintura y dándole vueltas bailando cuando ella echaba chispas enojada, aunque a veces terminaba riéndose y bailando. Ella se veía mucho en Yadier. Pero cuando se empeñaba en pegarnos, no había quien la distrajera. Recuerdo una vez que Cheo y yo no dejábamos de reñir, Mai me cayó atrás con un cinto y yo me escondí debajo de la cama. "No te preocupes, en algún momento tendrás que salir de ahí", me dijo. Cuando anocheció y la casa estaba en silencio, salí escurriéndome, me metí en la cama todavía vestido de pelotero y me quedé dormido. Pero de momento estaba acorralado. Mai me estaba azotando las piernas.

—¡Te dije que te iba a agarrar! ¡Nunca huyas de mí!

Hubo veces que me pegaba en la espalda con el cinto y se me formaban dos marcas en forma de cruz. Cuando salía a jugar sin camisa, mis amigos se reían. "¿Qué hiciste ahora?" Las madres de ellos hacían lo mismo y la mayoría de sus padres. Hasta los maestros nos pegaban. En la clase de inglés de sexto grado, la Sra. Cuello caminaba por el aula con las manos detrás, dando la clase. Si no estabas prestando atención, se acercaba escurriéndose y te daba un golpe de karate en el cuello. Yo era extremadamente introvertido y odiaba tener que hablar en la clase, mucho menos de pie frente a la clase. Una vez que me negué a hacerlo, la Sra. Cuello me agarró contra el pizarrón, clavándome las uñas largas en el cuello. Otra vez me tiró un borrador. Yo me agaché y le dio a mi primo Mandy. Le dejó una marca rectangular de tiza blanca en la frente.

Los castigos físicos de Mai no eran inusuales. Ella era fuerte. Nada la intimidaba, ni siquiera las cucarachas y ratas que infestaban las casas de nuestro barrio. Uno abría un gabinete y una docena de cucarachas se dispersaban. Encontrábamos ratas casi todas las mañanas en las trampas que Mai ponía en el piso de la cocina o en las tiras de veneno debajo del fregadero o detrás de la estufa. No tenía problema alguno en recoger las muertas o pisotear alguna viva si tenía que hacerlo. Una vez vi a Mai torcerle y quebrarle el cuello a un pollo que gritaba cuando nadie más era capaz de hacerlo. Sumergía el pollo en agua hirviendo, lo desplumaba y le sacaba las entrañas. A Pai, en cambio, los perros y gatos le ponían los nervios de punta. Mai tuvo un perro cuando mis hermanos y yo ya no vivíamos en la casa y un día le pidió a Pai que lo bañara en la bañera plástica del patio. Pai sacó al perro y lo bañó con una manguera a cinco pies de distancia. Cuando Mai lo vio, le arrebató la manguera y volvió el chorro hacia él.

—¿Te gusta que te duchen? —le dijo.

Pai salió corriendo chorreando agua y gritándole que parara.

—¡Ni se te ocurra entrar a la casa así!

Mai era intensa. Tenía que manejar a cuatro hijos varones. A nosotros tres y a Pai.

Despúes de *El Chavo,* Pai iba a su habitación, se cambiaba los zapatos y salía con una bolsa de lona llena de pelotas y bates. Titi Graciela me dijo que Pai estaba loco de felicidad cuando yo nací porque tendría un hijo a quien llevar al terreno de pelota con él. Cheo nació menos de un año después. Cuando creció, Cheo se convirtió en un tipo bien parecido, con ojos amables y un fuerte cuerpo atlético. Igual que Mai, parecía que siempre estaba sonriendo, mientras que yo era serio como Pai. Pero hasta ahí llegaban las semejanzas. Pai tenía un cuerpo como un bloque de granito, la cara cuadrada y plana y el pelo corto. Yo era flaco con cara larga, una nariz grande, dos dientes delanteros separados, y un pelo tan rizado que el barbero Luis tenía que halármelo tan fuerte que casi me arrancaba el cuello. Y yo lloraba hasta que Pai me echaba una de sus miradas. Desde entonces me avergüenzo cada vez que me miro en el espejo.

Nos amontonábamos en el viejo Toyota y nos íbamos al terreno de béisbol, que estaba a pocas cuadras de aquella casa en Ponderosa. Cada pueblo en la parte de Puerto Rico donde vivíamos tenía, y aún tiene, dos puntos de referencia: la iglesia y un terreno de béisbol. A mis dos hermanos y a mí nos bautizaron en la iglesia grande de la plaza de Vega Alta. Mi bautismo y primera comunión se convirtieron en mis únicas experiencias religiosas. Mis padres ni siquiera se habían casado por la iglesia. Las bodas en la iglesia eran demasiado costosas.

En las pocas ocasiones que de niño visité la iglesia de Vega Alta, no me pareció que Dios viviera en un lugar como ése. La puerta era gruesa y pesada, y cuando se cerraba detrás de mí, me imaginaba que estaba sellado dentro de una cripta enorme, aislado del resto de los vivos.

El terreno de béisbol era totalmente diferente.

Había hierba y sol y, desde la primera vez que vi a Pai batear un jonrón, creí que los terrenos de béisbol eran lugares donde ocurrían cosas mágicas. Lo que Pai nos enseñaba acerca del juego profundizaba esa creencia. Nos decía que las líneas de foul no llegaban solamente hasta la cerca sino que se prolongaban hasta el infinito. Y que un juego de béisbol, decía, podía durar eternamente mientras un equipo se las arreglara para seguir llegando a las bases o ninguno de los equipos anotara carreras. O sea que el béisbol podía desafiar el tiempo y el espacio, lo cual se parecía más a Dios que cualquier cosa que yo oía en la iglesia.

El terreno de béisbol siempre parecía una prolongación de nuestra casa, aun antes de regresar a vivir en Espinosa, que tenía el terreno al cruzar la calle junto a las matas de tamarindo. Pai cuidaba los terrenos de béisbol igual que cuidaba nuestras casas. Traía un rastrillo para quitar las piedras y nivelar los terrones en el área del diamante. Traía enormes esponjas de diez pulgadas de grueso y una carretilla de arena para absorber la lluvia. A veces traía gasolina y prendía fuego a los charcos.

Metía un clavo en la tierra junto al plato del home y le enganchaba una cuerda cuyo otro extremo amarraba al poste de la línea de foul. Entonces esparcía puñados de cal a lo largo de la cuerda para enderezar las líneas del cuadrilátero. Luego medía el cajón de bateo y le echaba cal también.

Pai tenía un sistema para enseñarnos béisbol. Nos enseñaba cada vez algo distinto y no avanzaba hacia el próximo elemento hasta que no lo domináramos. Primero, nos enseñó a atrapar la bola. Durante días y semanas lo único que hacíamos era coger pelotas. *Usen las dos manos. Pónganse delante de la pelota.* No nos gritaba. Nos hablaba.

Se mostraba relajado y cómodo. Hablaba más una tarde en el terreno de béisbol que una semana en la casa. Se mostraba más suave en el terreno. Incluso se movía diferente, con más gracia y ligereza. No se sentía cómodo con las demostraciones de afecto, pero en el terreno nos ponía el brazo sobre los hombros y nos daba palmaditas en la cara cuando hacíamos algo bien o quería levantarnos el ánimo.

Cuando Cheo y yo atrapábamos la pelota casi todas las veces, nos enseñó a pararnos en el cajón de bateo. *Mantengan el equilibrio. Los pies separados y las rodillas dobladas ligeramente. Levanten las manos. Estén listos para batear. Miren la pelota, bateen la pelota. ¡Véanla, batéenla! ¡Véanla, batéenla! ¡A ver!*

Estábamos listos para batear hacia las cercas, igual que habíamos visto a Pai y los otros hombres hacerlo. *No,* dijo. *Primero aprendan a tocar la bola.*

Nos mostró cómo sostener el bate para el toque de bola de manera que el lanzamiento no nos golpeara los dedos. *Es así como uno baja el bate hacia donde viene la pelota.*

Finalmente nos dejó hacer swing.

Ojos en la bola. Dejen que la pelota venga hacia ustedes. Espérenla. Véanla. Entonces batéenla con fuerza hacia cualquier lado. Lo más fuerte que puedan. Mantengan las manos en el bate. Mantengan el cuerpo derecho, derecho, derecho. Okay, estás huyendo de la pelota. Muchos jugadores cometen ese error.

A veces nos lanzaba frijoles, granos de maíz o tapas de botellas. Era capaz de hacerlas que descendieran y curvearan, y nosotros teníamos que verlas fijamente para batearlas.

Nos enseñó a correr las bases: cuándo doblar en primera, cuándo seguir corriendo recto, cómo deslizarnos. Yo era ligero y rápido, uno de los más rápidos en mi escuela. Me encantaba correr las bases. Algo irónico, lo sé, dada mi reputación más adelante como el hombre más lento de las Grandes Ligas.

Entonces nos enseñó a lanzar. *Pónganse el guante en el pecho. Busquen un punto en el receptor. Alcen la pierna. Impulsen. Lancen la bola con fuerza. Por el centro del plato. Directamente en el guante. Lancen strikes. Manténgalo todo bien simple.*

Lo último que nos enseñó fue fildear. A pesar de cuidar tanto el terreno, había suficientes baches y piedras que le daban temor de que nos lastimáramos con un mal rebote. *Observen la pelota todo el tiempo hasta que entre en el guante. Jueguen con la pelota; no dejen que la pelota juegue con ustedes. Dóblense. Coloquen el guante sobre la tierra. Manténganse inclinados. Acomoden bien los pies.*

Nos dijo que no nos sintiéramos derrotados cuando no cogiéramos la pelota o hiciéramos un mal tiro. *Sean humildes. Este es un deporte difícil. Los jugadores que triunfan son aquellos que aprenden de sus errores y entonces los apartan a un lado. No se aflijan. Sigan adelante. Concéntrense en la próxima jugada.*

Dijo que las buenas jugadas y los buenos batazos no tenían importancia si no ayudaban al equipo a ganar. *Que cada vez que se pongan un uniforme sea para aprender y para ganar.* Nuestros propios logros no significan nada, porque el béisbol no es un deporte individual. *Sus compañeros de equipo son sus hermanos. ¿Cómo pueden ayudarlos a ganar? ¿Cómo pueden ayudarlos a ser mejores?* A Pai no le interesaban los jugadores que llamaban la atención hacia ellos mismos o se preocupaban por los elogios y sus propias estadísticas.

Estén siempre listos para jugar, nos dijo una y otra vez. *Si no están preparados, le están haciendo trampas al juego y afectando a sus compañeros de equipo. Si no hacen todas las cosas bien, no pueden caminar con la cabeza en alto.*

Cuando Pai estaba en el trabajo, Cheo y yo jugábamos solos. En nuestros juegos en la calle la zona de strike era un cartón cuadrado pegado a un poste o un cuadrado pintado con tiza en el costado de la casa. Hacíamos pelotas enrollando papel arrugado con cinta adhesiva eléctrica y bateábamos con palos de escoba. Jugábamos juegos completos entre nosotros o con otros muchachos del vecindario: dos contra dos, tres contra tres. Todos los muchachos que conocíamos jugaban béisbol. En aquel entonces no veíamos muchos juegos por televisión, excepto los playoffs y la Serie Mundial. Mi jugador favorito era Pete Rose, porque jugaba de la manera que Pai nos enseñó: dándolo todo. Nunca corrí el riesgo de perder mi postalita de Pete Rose en los juegos de postalitas en el patio del colegio. Las postales tenían un número en la esquina superior derecha del dorso. Jugábamos unos contra otros, una postal contra otra, y el número más alto ganaba. La de Pete Rose, sin embargo, la mantenía bien guardada en mi caja de metal donde llevaba el almuerzo.

En la calle con palos de escoba, yo *era* Pete Rose. Me agachaba en el cajón de bateo como lo hacía él. Aunque la mayoría de las veces no le daba a la pelota o la hacía rodar hacia el lanzador. Estaba ansioso de jugar en un equipo de verdad con lanzadores de verdad y uniformes de verdad. Entonces demostraría lo que era capaz de lograr.

Cuando yo tenía seis años y tenía ya edad para las Pequeñas Ligas, no encontraba un equipo al que pudiera incorporarme. Algunos de los compañeros de trabajo de Pai decían que sus hijos tampoco habían encontrado equipos.

Pai averiguó que había espacio en la liga en Kuilan. Así que creó su propio equipo allí, en el mismo estadio donde había jugado de niño. Pai inscribió a los hijos de sus compañeros de trabajo y a todos los otros muchachos que se habían quedado fuera. Nos mantuvimos juntos como equipo hasta casi el momento de graduarnos de secundaria. Pai fue siempre nuestro entrenador.

Nombró al equipo Los Pobres.

Pai tenía muchas reglas. Había que llegar a tiempo. Esa era una grande. Nada de pantalones cortos y zapatillas deportivas. Había que practicar en pantalones de pelotero y zapatos de spikes. Las camisetas del equipo eran solamente para los juegos y tenían que estar limpias. No se podía faltar a la escuela. Había que tener buenas notas. Trabajar duro. Apoyar a los compañeros de equipo. Jugar sin egoísmo. No discutir con el árbitro. No culpar a los demás.

Todas las reglas de Pai giraban alrededor del mismo concepto: el respeto. Respeto a los coaches, los árbitros, los compañeros de equipo, los maestros, los padres, el deporte y a uno mismo.

Durante las prácticas, dedicaba tiempo a cada uno de nosotros. Se paraba con nosotros en el cajón de bateo, demostrándonos cómo trasladar el peso sobre el pie trasero hacia el pie delantero y cómo extender los brazos para completar el swing con el bate.

—¡Muy bueno, muy bien! —Pai decía haciendo más lanzamientos—. ¡Otra vez!

Algunas veces Pai nos sorprendía en las prácticas lanzándonos pelotas de tenis en lugar de béisbol. Nos lanzaba una a la cabeza para que aprendiéramos a quitarnos de en medio de un lanzamiento adentro. Luego nos hacía batear un neumático enganchado en un poste. Tenía uno que batearlo duro para que girara, lo que nos entrenaba a hacer swing con todo lo que teníamos.

Nos enseñó estrategia. A robar bases. Jugadas de sacrificio. Batear detrás de un corredor. Mezclar los lanzamientos.

También nos enseñó las cosas que no aparecen en los manuales del juego. Cometer errores es parte del juego. Poncharse, que lo saquen out robando una base, hacer un tiro alto sobre la base. Aprender de los errores y seguir adelante. Si no, el juego te aplastará. No puede uno cambiar lo que ya ha hecho. Lo único que se puede controlar es lo próximo que hay que hacer. Lo que hay que hacer en ese momento.

Pai no nos gritaba. Él no era ese tipo de mánager. Nos hablaba con respeto. Como si fuéramos hombres.

Nuestro terreno de Kuilan no era mucho más que tierra, hierba, una cerca de protección detrás del receptor y unas gradas de madera. Pai tenía que traer el plato del home. Pero, como los mejores estadios de béisbol, el terreno nuestro tenía carácter. Grumosas vainas de la mata de tamarindo colgaban sobre la cerca del jardín izquierdo. Cuando estábamos aburridos, le tirábamos los guantes a las ramas para tumbar y comernos la agridulce fruta marrón de las vainas. Detrás del jardín central había una mata de jobo con frutas color amarillo pálido, jugosas como el mango. Si una pelota golpeaba las ramas del jobo y luego caía dentro del terreno, se declaraba un jonrón.

El área de los jardines parecía una pista de carrera de obstáculos. Había una zanja que empezaba en la loma sobre el jardín derecho y atravesaba el jardín central y el izquierdo, por la que corría agua de lluvia hasta un desagüe en la calle. Había un poste eléctrico en el medio del jardín izquierdo y otro en el jardín derecho. Había que estar preparado para tener que saltar sobre una corriente de agua y voltear un poste eléctrico para atrapar un batazo elevado.

Deslizarse en home era también una aventura. La cerca protectora detrás del receptor estaba demasiado cerca del plato y las afiladas puntas de la cerca de alambre se torcían hacia arriba como si fuera un papel viejo. Si uno no detenía el deslizamiento inmediatamente después de tocar el home, corría el riesgo de clavarse una de esas puntas en las piernas. Una vez, cuando el terreno estaba cerrado con llave, traté de colarme por una de esas puntiagudas aberturas de la cerca y me hice una herida en el tobillo derecho. Todavía tengo la cicatriz.

Pero nuestro extraño terrenito tenía todo lo que tiene cualquier terreno de béisbol en el mundo: tres bases y un plato en home, marcadas líneas de cal, un montículo para lanzadores, un cajón de bateo, dos círculos de espera para el próximo bateador y dos bancos de jugadores.

La noche antes de nuestro primer juego, los nuevos jugadores de Los Pobres nos sentamos con las piernas cruzadas en el piso de nuestra sala. Luis. Miguel. Jochy. Steven. Rolando. Una docena de nosotros. Pai estaba de pie junto a la ventana del frente al lado de la mesa donde comíamos, que ahora tenía encima pilas de gorras y un montón de uniformes que Mai había cuidadosamente doblado y envuelto en plástico esa mañana.

Unas semanas antes, Cheo y yo habíamos ido con Pai a comprar los uniformes en Marco Sportswear, un enorme almacén y fábrica con numerosos anaqueles con guantes, bates, medias, pantalones, cascos y zapatos de spikes en todos los tamaños y estilos. Escogí una perfecta pelota blanca como la nieve de una caja abierta. Yo nunca había tenido en la mano una pelota completamente nueva. Noté por primera vez que la cubierta estaba formada por dos piezas con forma de relojes de arena que encajaban una con otra como las piezas de un rompecabezas. Es curioso como uno puede ver algo familiar y de pronto sentir que lo está viendo por primera vez. Era la costura roja lo que lo confundía a uno. Unía ambas piezas de manera tan apretada que no parecían piezas separadas, sino una sola cosa.

Jesús Rivera "Mambe" Kuilan era el apoderado de nuestro equipo, una especie de administrador financiero que manejaba las cuotas del equipo y conseguía patrocinadores que pagaran por nuestros uniformes y equipos. Pai y Mambe hojearon un catálogo para escoger cada elemento de la camisa: el cuello, los botones, el corte, el largo. Ya habían decidido los colores: amarillo y negro, como Roberto Clemente y los Piratas de Pittsburgh. Muchos equipos vestían amarillo y negro por la misma razón. Muchas estrellas han surgido de los terrenos de pelota de Puerto Rico desde que el béisbol llegó a la isla a finales de los años 1800. Estaban los miembros del Salón de la Fama Orlando Cepeda, Roberto Alomar y Clemente. Superestrellas como Pudge Rodríguez, Javy López, Juan González, Juan Pizarro, Rubén Gómez, Bernie Williams, José Valentín. Más de doscientos jugadores puertorriqueños han jugado en las Grandes Ligas desde que Hiram Bithorn desbrozó el camino en 1942. Puerto Rico estaba tan orgulloso de sus estrellas de béisbol que las escuelas cerraron el día de 1954 en que Rubén Gómez —El Divino Loco— lanzó por los Gigantes de Nueva York en el tercer juego de la Serie Mundial. Fue el primer lanzador puertorriqueño en las Grandes Ligas. Los Gigantes ganaron la serie, y cuando Gómez aterrizó en el Aeropuerto de San Juan, miles de personas acudieron a recibirlo. El gobernador declaró ese día un día feriado.

Pero Puerto Rico nunca tuvo un héroe como Clemente. En la época en que yo estaba creciendo, en muchos hogares, incluyendo el nuestro, había dos retratos de hombres famosos colgados en sitios de honor entre las fotos de la familia: Jesús y Roberto Clemente. La mayoría de nosotros sabía más sobre Clemente, que firmó con los Piratas de Pittsburgh a los veinte años en 1954, ganó la Serie Mundial en 1960, fue votado el Jugador Más Valioso de la Liga Nacional en 1966, ganó una segunda Serie Mundial en 1971, bateó su hit número 3.000 y el final hit de su carrera el 30 de septiembre de 1972.

Pero no era ésa la razón por la que lo veneraban. Creció en el pueblo costero de Carolina, al este de San Juan. Tenía ocho años cuando Bithorn se convirtió en el primer puertorriqueño que jugó en las Grandes Ligas. Pero Bithorn era blanco, como los otros jugadores latinos que estaban llegando a las Grandes Ligas. Clemente era negro. Nadie en las Grandes Ligas tenía el color de su piel, por lo que acudió a la Liga Negra a buscar un modelo a seguir. Cuando era niño, Clemente iba en ómnibus a San Juan a ver a las estrellas de la Liga Negra jugar en el invierno. Vio a Satchel Paige, Josh Gibson y a su favorito, Monte Irvin, un jardinero de los Newark Eagles. Irvin podía lanzar una pelota a una milla de distancia. Podía atrapar cualquier batazo. Volaba rodeando las bases. Pero no era bienvenido en las Grandes Ligas.

El racismo en Estados Unidos condenaba a los puertorriqueños. En Puerto Rico, había gente de todos los colores, pero nada les impedía comer en el mismo mostrador de una cafetería, hospedarse en el mismo hotel o casarse unos con otros. La madre de Clemente era de Loiza, un pueblo fundado por esclavos que habían escapado del Ejército español. El padre de Clemente, un capataz en los cañaverales, había nacido sólo diez años antes de que se aboliera la esclavitud en la isla en 1873. Pero no había división social entre los descendientes de esclavos y los descendientes de los españoles del Gobierno.

Clemente hizo su debut con los Piratas de Pittsburgh en 1955, sólo seis años después de que Monte Irvin llegara finalmente a las Grandes Ligas como el primer jugador afro-americano en jugar con los Gigantes de Nueva York. Clemente encontró que la barrera racial había sido rota pero apenas destruida. Durante el entrenamiento de primavera en Florida, Clemente tenía que hospedarse con una familia negra en otra parte del pueblo mientras sus compañeros de equipo blancos se hospedaban en un hotel. Tenía que esperar en el ómnibus mientras sus compañeros de equipo comían en las cafeterías en el camino. A menudo los cronistas deportivos estadounidenses lo citaban con burla por su acento en inglés, alimentando la imagen de latinos —especialmente los de piel oscura— como personas brutas sin educación.

Pero Clemente era tan espectacular en el terreno y tan noble fuera de él que trascendía todos los estereotipos. Con discreta virtud, hablaba de los temas de igualdad y justicia social, elevando su estatura más allá del mundo de los deportes. Después de que los Piratas ganaron su segunda Serie Mundial, Clemente comenzó enfáticamente su conferencia de prensa de post-juego en español, hablándoles directamente a los fanáticos en Puerto Rico y en toda América Latina.

En la víspera de Año Nuevo en 1972, Clemente salió de Puerto Rico en un avión de hélice DC-7 a llevar suministros de socorro a Nicaragua, que había sido devastada por un terremoto. El avión cayó en el océano poco después de despegar y murieron todos los que estaban a bordo. Cuando la noticia se esparció, personas de todas las esquinas de Puerto Rico acudieron a la playa Isla Verde, sus ojos fijos en el oscuro océano, como esperando que Clemente apareciera caminando hacia la costa. Solamente pudo recuperarse el cuerpo del piloto. Los buzos encontraron el maletín que llevaba Clemente. Tres meses después, la Asociación de Cronistas de Béisbol de Estados Unidos tuvo una elección especial para introducir a Clemente en el Salón de la Fama, obviando el requisito de esperar cinco años.

Clemente fue toda la evidencia que Pai necesitaba para apoyar su creencia de que el béisbol le ganaba a la religión de seis maneras los domingos en formar personas fuertes y decentes.

En nuestra sala en Vega Alta, Pai se paró junto a la mesa mientras Mai observaba desde la cocina, sonriendo como siempre cuando tenía la casa llena de gente.

—¡Miguel López! —llamaba Pai como si estuviera presentando el equipo de la Serie Mundial—. ¡Número siete!

Miguel saltó de su asiento en el piso. Pai le entregó una gorra y un uniforme. Uno a uno, fue llamando a los chicos a la mesa con uniformes amarillos y negros. Finalmente, sólo quedaba un uniforme.

—¡Bengie Molina! —llamó Pai—. Número once.

Caminé hacia Pai y él me puso el uniforme y la gorra sobre las palmas de mis manos. Llevé el paquete con las dos manos, como si fuera una fuente frágil, caminando sobre las piernas y manos de mis compañeros de equipo hasta llegar a mi sitio en el piso junto a Miguel. Ya él tenía la gorra puesta y yo también me puse la mía. Escuchamos a Pai explicar que los uniformes significaban que ahora éramos una familia y teníamos que pensar en los demás más que en nosotros mismos. Aceptamos el concepto sin hacer preguntas, como yo lo haría el resto de mi vida de béisbol. Mis compañeros de equipo —no importaba en qué equipo me tocara jugar— eran mi familia. Habría hecho cualquier cosa por ellos. Y eso vino de Pai, comenzando con Los Pobres.

Cuando los otros niños y sus padres se marcharon, me metí en el baño y cerré la puerta. Saqué la camiseta del plástico y me la puse. Tenía una *P* cursiva en el frente. Me paré sobre el inodoro para verme en el espejo. Doblé la visera de la gorra para crear una curva perfecta. A los ojos de un niño de seis años, con mi uniforme negro y amarillo de Los Pobres, me parecía mucho a Pai.

AL ENTRAR AL banco de jugadores Pai dio unas palmadas y me señaló hacia la caja de bateo.

—Vamos, Bengie —dijo—. La vista fija en la pelota.

Mai gritaba, animándome desde las gradas detrás de mí. Su voz era inconfundible. Le gustaba gritar, tan diferente de Pai. Era pequeña y fornida, con los brazos de alguien que en cualquier momento te tumba de un solo golpe. A menudo se mantenía haciendo comentarios durante todo el juego. Le gritaba a un jugador que se deslizara, protestaba que los árbitros tenían mala vista, señalaba errores y cuestionaba estrategias. Me llamaba a mí o a Cheo, y más adelante a Yadier, a la cerca para rectificar nuestro bateo o señalar alguna debilidad del lanzador contrario. Después en la casa, a Pai o a cualquiera que estuviera presente, ella era capaz de hacerle un análisis profundo del juego. Yo le decía a la gente después que si yo fuera mánager, a la primera que contrataba era a Mai.

Yo tenía diez años, casi once, pero parecía tener ocho o nueve. En el cajón de bateo pisoteaba la tierra con el pie trasero, excavando hacia el cajón. Las rodillas ligeramente dobladas, los codos levantados, los hombros alineados. Miré el primer lanzamiento y me paralicé, el bate inmóvil e inútil en las manos.

Primer strike.

Podía casi sentir las manos de Pai sobre las mías, ajustándome el agarre, guiándome los brazos hacia atrás y luego hacia adelante encima del plato, como si el bate estuviera cortando una manzana en el aire.

Segundo lanzamiento. Me incliné hacia adelante, le hice swing y no le di. Demasiado lejos de la bola.

Segundo strike.

Un pánico familiar comenzó a surgir.

Ya Pai me había bajado al noveno lugar en el orden de bateo, el sitio reservado para el peor bateador.

Tercer lanzamiento. Vi que iba a pasarme muy por encima de la cabeza. Un lanzamiento ridículo. Pero el bate ya estaba en movimiento. Le tiré a la bola como si estuviera matando moscas.

Tercer strike.

El lanzador le dio una palmada al guante, aplaudiéndose.

Mis ojos se llenaron de lágrimas cálidas. Agaché la cabeza para que Pai no me viera llorando. Me senté de golpe en el extremo del banco. Me odiaba a mí mismo por llorar. Me odiaba por fallar otra vez, aunque Pai me dijera que lo olvidara y siguiera adelante. Sentía que mi fracaso era el fracaso de Pai también. Una reflexión de él. La vergüenza era casi insoportable.

Miré hacia Pai. Estaba observando al siguiente bateador.

—¡La vista en la pelota! —le gritó—. ¡Listo!

Yo quería que me mirara, que notara que yo estaba disgustado.

Me sequé la cara y caminé hacia él. Me paré a su lado, recostándome ligeramente sobre su cadera. Me miró, asombrado de verme allí. Yo quería que me pasara el brazo por encima y me dijera lo que dicen los padres, que todo estaba bien.

Pero su mirada era dura. Me dijo que dejara de llorar.

—Este no es un lugar para eso —me dijo sin alterarse—. Sal al terreno y haz lo que tienes que hacer o ve y siéntate con tu madre.

Me ardía la cara.

Pai volvió a ponerle atención al juego.

Yo sabía que yo era demasiado sensible. Me tomaba las cosas a pecho. Nada de esto me era fácil. Yo no era fuerte como Pai. Sabía que llorando no iba a llegar a ninguna parte. Pero no estaba seguro de que yo tenía lo que hacía falta para ser fuerte como él.

Mi más oscuro temor era que ya él lo sabía.

EL BATE ERA muy grande y muy pesado para mí. Cualquiera se daba cuenta de eso. Tenía doce años pero todavía era más pequeño que mis compañeros de equipo. El bate era nuevo y bello, amarillo y negro como nuestros uniformes. Todos los demás lo usaban y chocaban con la bola. Yo también quería chocar con la bola. Era el único en el equipo que todavía no había bateado la pelota a la loma del jardín izquierdo en el estadio de Maysonet, donde teníamos algunos de nuestros juegos.

Llevé el bate grande al círculo de espera.

Detrás de mí oí a Pai.

—Usa el más liviano.

—Quiero probar con éste —le dije volteándome hacia él.

—Usa el más liviano.

—Quiero usar éste.

—No me faltes el respeto.

El pecado mayor. Pai una vez expulsó al gran Pudge Rodríguez de un equipo todos-estrellas por tirar el casco. Pudge, que llegó a convertirse en uno de los mejores receptores de todos los tiempos en las Grandes Ligas, tenía como quince años en esa época y era sin lugar a dudas el mejor jugador del equipo.

—Quítate el uniforme —le dijo Pai.

Pudge empezó a protestar. Los demás jugadores se paralizaron, preguntándose qué pasaría. Pai le repitió a Pudge que tenía que entregar el uniforme y abandonar el terreno.

—Estás fuera del equipo.

Pudge se quitó la camiseta, se la tiró a Pai y se fue enojado.

La semana siguiente, Pudge llegó al terreno con su padre. "Benjamín, siento mucho lo que hice", dijo. "Quiero seguir jugando en el equipo. No lo voy a hacer más". Pai nunca volvió a tener problemas con él.

Yo sabía todo eso cuando ignoré la orden de Pai de que usara el bate más liviano. No me importaba. No quería ser el único jugador demasiado débil para usar el bate nuevo. Pai me echó una de sus miradas. Solté el bate pesado y saqué el liviano del banco. Llegué echando humo al cajón de bateo. Dejé pasar tres buenos lanzamientos sin la menor intención de tirarle. Tiré el bate al suelo y le pasé por el lado a Pai cuando llegué al banco.

Cuando me senté al final del banco vi de reojo una mano que se me abalanzaba por detrás de la cerca. Mai me agarró por el pelo y me lo haló a lo largo de todo el banco, lanzándome contra mis compañeros de equipo que se apartaron corriendo. Me sacó a empujones del terreno frente a todo el mundo. Me gritó y me daba cogotazos mientras me llevaba al automóvil al otro lado de la calle. Me empujó dentro del asiento trasero y tiró la puerta. Yo estaba furioso, pero sabía que no podía contestarle mal a Mai. Por la ventana del automóvil la miré regresar a las gradas, donde permaneció hasta el final del juego.

Sin tener algo que me provocara en el asiento trasero, mi furia se fue calmando. Entonces el miedo se apoderó de mí. ¿Qué haría Pai cuando terminara el juego? Cuando las gradas se vaciaron y mis compañeros de equipo se dispersaron, vi a Pai caminando hacia el automóvil. Su rostro no me decía nada. Cuando abrió la puerta trasera, me cubrí esperando el golpe, aunque él nunca nos pegaba. Mai era la que nos pegaba. Pai me había pegado una sola vez en mi vida. Pero había ocurrido recientemente y todavía lo tenía fresco en la mente.

Cheo y yo habíamos estado peleando toda la tarde. Mai nos amenazó con que se lo iba a decir a Pai. Seguimos peleando. Se suponía que yo era el hombre de la casa cuando él no estaba. Se suponía que yo tenía que cuidar a mis hermanos y obligarlos a hacerle caso a Mai. Cuando Pai llegó del trabajo, Mai comenzó a contarle. Yo la miré molesto, suspirando en voz alta por sus quejas, y me fui al baño. Yo estaba sentado en el inodoro cuando mi padre abrió la puerta violentamente. Reflexivamente me paré por respeto.

—Necesito hablar contigo —dijo.

Empecé a explicarle lo que había pasado cuando oí a Mai desde la otra habitación cuestionando mi versión de los hechos.

—¡Cállate, Mai! —le grité.

Pai me golpeó duro en la cara.

Aturdido, me tiré en el piso y me cubrí la cabeza. Pensé que iba a seguir pegándome. Nunca lo había visto tan enojado. Pero cuando miré, se había ido. Me fui a la cama directamente del baño. No podía creer lo que había pasado. Pai me había pegado. Me sentí mal y avergonzado por haberlo decepcionado. Cuando desperté la mañana siguiente, ya Pai se había ido a trabajar. Me sentí indispuesto todo el día. No sabía lo que él iba a decir cuando llegara del trabajo. ¿Estaría todavía enojado? ¿Habrá perdido el respeto hacia mí?

Esa tarde llegó a la casa sin decir una palabra. Se sentó en su butaca de la sala y prendió el televisor a esperar que empezara *El Chavo*.

—Bengie, alcánzame un vaso de agua —dijo.

Me paré de un salto y le busqué el agua. Fuimos al terreno como siempre y jugamos béisbol. A la hora de dormir me detuvo en el pasillo.

—Tienes que respetar a tu madre —dijo—. Ella es la que te cuida. Te lava la ropa. Te hace la comida. Tienes que respetarla.

—Yo lo sé, Pai —dije—. Lo siento mucho.

Me convertí en el que implementaba las reglas y el que mantenía la paz, tratando de ganarme otra vez el respeto de Pai. Descubrí que me gustaba cuidar a mis hermanos. Peleaban por todo. Cheo era más de siete años mayor que Yadier y le molestaba que Yadier fuera mejor que él en casi todo. Cuando Yadier le ganó en NBA en Vivo en el PlayStation de nuestro primo, Cheo insistía en que Yadier había ganado porque era el equipo anfitrión y el juego de video favorecía al equipo anfitrión. Cambiaron de equipos y cuando Yadier volvió a ganar —jactándose de superioridad sobre su hermano mayor— volvieron a enredarse en el piso como gatos feroces. Si yo apartaba a Cheo primero, se quejaba: "¿Por qué me agarras a mí? ¿Por qué no lo agarras a él?". Y si separaba a Yadier primero, Cheo protestaba de todos modos. "¿Por qué lo agarraste a él primero? ¡Es tu favorito!"

Pero la rivalidad cesaba en el terreno. Nunca sentíamos celos uno del otro o competencia en el terreno de béisbol. Eso era impensable. Pai y Mai nos habían inculcado que siempre teníamos que apoyarnos mutuamente. Eso es lo que hacían las familias. Yo veía cómo Pai y sus hermanos y hermanas se cuidaban mutuamente. Especialmente sus hermanas. Ellas oían su automóvil avanzando sobre la entrada para vehículos de la propiedad donde se habían criado y comenzaban enseguida a salir por todas las puertas. Su madre, sus hermanas Panchita, Graciela y Pillita y su hermano, al que todos llamaban Tití, todavía vivían allí en varias pequeñas casas, al igual que Titi Clara Virgen, Tío Chiquito, Tío Blanco y Titi Nanita.

"Chino!" gritaban. Pai las visitaba casi todos los días, pero cada vez que su madre y hermanas lo veían era como un regalo de Navidad. Le rogaban que entrara a comer algo. Pai siempre decía, "No, no, nada". Mis tías revoloteaban alrededor de él, ofreciéndole buscarle una cerveza o un café, sirviéndole platos de arroz con pollo. Nadie más recibía ese trato. Él era el príncipe de la familia, al que todos querían más que a nadie.

Cuando yo iba con Pai, mi prima Ivis y mi titi Pillita, que era sólo cuatro años mayor que yo, me halaban para jugar a algo. Pero yo escuchaba a los adultos, sonriendo cada vez que alguien bromeaba y hacía un chiste que hacía reír a todos. Cuando mis tías preguntaban por Mai, Pai elevaba las cejas como diciendo: "Ni hablar". Sus hermanas reían y lo palmeaban en el hombro. Querían mucho a Mai.

Cuando nos íbamos, yo veía que Pai les dejaba algunos dólares en una cartera o en el mostrador de la cocina cuando no estaban mirando. Entonces salía apresurado hacia el automóvil. Yo daba un salto y corría detrás de él, volviéndome para decirle adiós con la mano a mis tías y abuela.

Yo sabía que no teníamos mucho dinero. En la casa no había más libros que una colección de la Enciclopedia Británica. Pai manejaba un Toyota Corolla usado que había comprado con cinco mil dólares que se ganó en la lotería. Casi nunca íbamos al médico. Si teníamos dolor de estómago o de cabeza, Abuelita nos frotaba con un aceite especial. Detenía un sangramiento por la nariz colocándonos cuidadosamente una moneda de un centavo en la frente. Fui al dentista una sola vez durante mi infancia. (Finalmente me empastaron unas caries y me cerraron el espacio que tenía entre los dientes delanteros cuando llegué a las Grandes Ligas).

Cada vez que Pai oía a José, Yadier o a mí deseando tener zapatos de spikes de marca o jeans Lee con bragueta de botones o el bonito Toyota con radio que un compañero de escuela tenía, nos decía: "Ellos tienen lo que tienen. Ustedes tienen lo que tienen". Era una variante de lo que decía en el terreno de béisbol. "Este es el equipo que tenemos. Esta es la situación que tenemos. Así que con eso es que trabajamos".

Ahora, después de mi pataleta sobre el bate pesado, yo pensaba en el chiquillo malcriado e irrespetuoso que había sido. Me daba vergüenza. Mai y Pai hacían todo por nosotros. También sentí miedo cuando Pai abrió la puerta del automóvil. Me cubrí contra el golpe que esperaba. Sabía que lo merecía. Pero lo único que hizo fue tirar el bolso de lona con los bates y las pelotas en el piso, cerró la puerta y se sentó en el asiento del chofer.

Cerré los ojos y respiré, pero oí que la puerta trasera se abría otra vez. Era Mai para darme otro cogotazo.

El siguiente fin de semana, cuando salí de mi habitación vistiendo el uniforme de Los Pobres, Pai movió la cabeza.

—No hay juego para ti hoy.

Mai, Cheo y Yadier —que tenía cuatro años y ya tenía el cuerpo de un tanque— fueron al terreno con Pai. Oía los gritos y los hurras por la ventana de celosía. Cuando mis compañeros de equipo entraban a la casa entre innings para ir al baño, me preguntaban si estaba enfermo.

—Si no quieren estar aquí como yo —les dije—, no le falten el respeto a nadie.

CUANDO PAI ERA niño, sus amiguitos y él cortaban ramas de los árboles de la selva a lo largo del borde de Espinosa. Escogían las que tenían la madera más dura. Las tallaban y les daban lija para convertirlas en bates enormes, y les hacían un huequito en la punta de arriba y un borde de agarre abajo como los bates de verdad que habían visto.

Pai era el más pequeño de todos los chicos. La primera vez que trató de hacer swing con el pesado bate hecho a mano, se le cayó al suelo. Lo agarró fuerte por el mango y tampoco pudo. Siguió agarrándolo hasta que las manos estaban en la mitad del bate, debajo de la parte ancha. Finalmente logró hacer swing con velocidad y control, aunque sin mucha fuerza. Lucía ridículo. Pero podía batear cualquier cosa que le tiraran: frijoles, tapas de botella, toronjas, pelotas hechas con cintas adhesivas. La extraña manera de agarrar el bate volvía locos a los lanzadores. Se paraba pegado al plato en el cajón de bateo, algo necesario cuando sólo se tiene la mitad del bate sobre la zona de strikes. Si un lanzador le lanzaba adentro, corría el riesgo de golpear a Benjamín y enviarlo a primera base. Si lanzaba sobre el plato, Benjamín podía darle a la bola con la parte gruesa del bate y enviarla más allá del diamante. Así que los lanzadores le lanzaban afuera y eso los ponía en desventaja en el conteo, lo cual los obligaba a lanzar sobre el plato. Benjamín esperaba la buena y la bateaba.

—Benjamín era el mejor —me contó Tío Chiquito—. Era tremendo, algo increíble. Cuando jugábamos en las montañas, corría por esos terrenos como un chivo y llegaba a todas las pelotas, dondequiera que estuvieran. Era increíble, increíble.

El padre de Pai, Francisco, jugó un poco de béisbol cuando era niño. Tío Chiquito contaba que era receptor de un equipo del barrio que llamaban Combate. Pero Francisco trabajaba largas horas y la mayoría de los otros chicos estaban por su cuenta aprendiendo a jugar. Pai, Chiquito, su amigo Junior Díaz y algunos primos limpiaron un terreno detrás de la casa de Mama donde una vez había habido una siembra de matas de guayaba. Sacaron raíces y quitaron piedras con palas, rastrillos y escobas hasta que formaron un terreno pequeño. Cortaron cuatro pedazos de madera para hacer las bases. Las matas de guayaba y los robles de la montaña eran las cercas en los jardines.

Mama les guardaba las bolsas de papel del mercado que les servían de guantes. Pero terminaban jugando a mano limpia porque los guantes se desintegraban por el sudor y el uso.

Cuando podían, los chicos iban a ver jugar a un equipo amateur

Clase A en Maguayo, un barrio de Dorado cerca de Espinosa. Hurgaban entre los desechos del equipo buscando bates rotos y pelotas desgarradas. Le metían clavos a los bates para repararlos. Les quitaban las cubiertas rotas a las pelotas y las cubrían con cinta adhesiva alrededor del estambre y los núcleos de corcho. Practicaban todos los días en su terreno improvisado y pronto jugaron su primer torneo.

En el primer inning del primer juego, los descalificaron por los clavos en los bates.

Se regó entre los equipos de otros vecindarios la noticia de que había un chico con una extraña manera de agarrar el bate y la velocidad de un rayo en el terreno. Cuando el equipo de Guarisco, del sector anexo a Kuilan, lo reclutó para que jugara con ellos, lo que Pai usaba como guante eran tres pares de medias. Los otros jugadores eran más grandes y más fuertes y la mayoría tenía guantes. Él le decía a su primo que cuando la pelota le golpeaba la mano lo sentía en el corazón. Aprendió a bloquear pelotas con el cuerpo. Más que correr como un dardo lo que hacía era flotar hacia el punto donde tenía que estar, y tal parecía que apenas había movido un músculo.

Pai y sus primos ganaban dinero vendiendo las alcapurrias de María Julia de puerta en puerta. Ella les pagaba treinta y cinco centavos por cada dólar que cobraban. Los chicos también hurgaban en los tanques de basura en busca de cobre, con lo que podían ganarse veinticinco o cincuenta centavos. Con ese dinero se compraron guantes plásticos que costaban cinco dólares y zapatos de spikes de seis dólares en Bargain Town de Bayamón.

Muy pronto otro sector de Espinosa, Río Nuevo, reclutó a Pai y lo sacó de Guarisco. Entonces Maguayo lo reclutó de Río Nuevo. Iba adquiriendo una reputación. La gente venía a ver a este jugador no convencional que bateaba todo lo que le lanzaban y cogía todo lo que le bateaban.

UN DÍA UNA tormenta nos estropeó las prácticas. Pai se puso la chaqueta, cogió las llaves del mostrador de la cocina y se dirigió a la puerta de la casa. Yo sabía que iba al bar de Junior Díaz.

—Pai, ¿puedo ir contigo? —le pedí. Yo tenía doce años.

Mi madre estaba lavando platos en el fregadero. Cuando mi padre dijo que podía ir con él, mi madre lo miró seria y yo salí corriendo hacia el automóvil antes de que él cambiara de parecer.

El bar podía haber tenido un nombre oficial, pero todos lo llamaban el bar de Junior Díaz, que era el dueño. Estaba al doblar de la esquina de nuestra casa, cerca de La Número Dos, la calle principal que atravesaba Dorado. Nunca había estado dentro del bar, aunque había visto a mi padre allí muchas veces. Desde afuera, se podía ver un pequeño mostrador donde Junior Díaz vendía cerveza, papitas fritas, dulces, cigarrillos y en ocasiones especiales, asopao, una espesa sopa de arroz, vegetales y camarones. Los hombres se sentaban a las mesas a beber cerveza y jugar dominó. Los chicos merodeaban con sus monedas para comprar refrescos y chocolate.

Pai y yo caminamos en silencio. Ya la lluvia había aflojado y el sol hacía sombra a través del patio. Entré con Pai.

—¡Chino!

—¡Aquí está!

—¡Ay, mi suerte acaba de cambiar!

—¿Traes a alguien que *sepa* jugar?

Pai se rió y agarró una botella de Coors Light que Junior Díaz había destapado cuando nos vio entrar.

En el patio de concreto había dos mesas de dominó y una docena de sillas de distinto estilo llenas de hombres del vecindario, amigos de la infancia de Pai. Reconocí a la mayoría de ellos. Se parecían a Pai: piel curtida, ojos oscuros, brazos gruesos. Pero a diferencia de mi padre, eran barrigones. Mi padre todavía tenía los hombros anchos y la cintura estrecha. Se le veían los músculos de la espalda moviéndose debajo de la camisa cuando caminaba.

Pai caminó con la cerveza hasta el muro bajo del patio, vertió unas cuantas gotas en el suelo y bebió un trago largo. Uno de los hombres empujó sus fichas de dominó hacia el centro de la mesa y se puso de pie, señalándole con la cabeza que tomara su puesto.

—¿Éste es el mayor? —preguntó el hombre cuando Pai se sentó.

—Bengie —dijo Pai. Su rostro estaba suave y relajado.

—Bendición —le dije al padre de Junior Díaz, que era mi padrino. Era el dueño original del bar.

—Dios te bendiga.

Junior Díaz me trajo un Hawaiian Punch en lata. Me dio una palmada en la espalda y dijo que esperaba que aprendiera algo de dominó con mi padre.

Pai sonrió, revolviendo las fichas en la mesa.

Me recosté en el muro y me tomé el Hawaiian Punch directamente de la lata. No iba a pedir una pajilla allí para tomármelo.

Mi padre colocaba ahora las fichas ruidosamente sobre la mesa, bebiendo una Coors Light tras otra. Los hombres apostaban, no dinero sino cervezas. Con cada cerveza, Pai se ponía más conversador, como lo hacía después de nuestros juegos, cuando los padres de mis compañeros de equipo —compañeros de trabajo y amigos de Pai— se reunían en nuestra casa. Se reía mucho y contaba cuentos. Yo me reía de sus cuentos, incluso los que no entendía. Examinaba su rostro, los huesos chatos de las mejillas, los dientes derechos, el pelo corto negro salpicado de gris. Me sorprendió mirándolo.

—¿Otro Hawaiian Punch? —preguntó.

Dije que no con la cabeza. Quería demostrarle que yo no sería un estorbo.

Uno de los hombres me preguntó si yo sabía que Pai había jugado béisbol Doble A cuando tenía sólo quince años. Yo no lo sabía.

—Nadie sabía cómo lanzarle. Le lanzaban aquí y la bateaba —decía Junior Díaz hablando de Pai—. Le lanzaban allá y la bateaba. Le lanzaban más allá y la bateaba.

De repente todos estaban contando anécdotas de béisbol de Pai. Le llamaban el búfalo y las voces les cambiaban cuando hablaban de él. Yo sabía que él era famoso, aunque casi nunca me hablaba sobre su carrera de béisbol. Yo le preguntaba sobre los trofeos de la sala y ni siquiera levantaba la vista del periódico. "Eso fue hace mucho tiempo".

Escuchando a Junior Díaz, me puse a pensar. Si Pai era tan bueno, ¿por qué trabajaba en una fábrica en vez de en béisbol? ¿Por qué no jugaba profesionalmente? ¿Qué había ocurrido?

—¿Tu hijo juega como tú? —preguntó alguien.

Sentí que se me salían los colores. Los hombres me miraban, examinándome de arriba abajo. ¿Qué iba a decir Pai? Yo todavía era uno de los peores bateadores del equipo. No había bateado jonrones. Casi ningún hit.

—Tiene buenísimas manos —dijo Pai—. Las mejores del equipo.

Le dijo a los hombres que le gustaba ponerme a jugar primera base porque no dejaba ir ningún batazo. "Sé que puedo confiar en Bengie", dijo.

Sentí una ola de puro placer.

Cuando regresamos a casa, Mai tenía la cena lista. Comí en

silencio, repitiendo las palabras de mi padre en la cabeza, sintiendo la misma ola de placer en cada ocasión.

En mi cama esa noche, traté de imaginarme en una de las sillas de la mesa de dominó, escuchando a los hombres contando anécdotas de mis hazañas en el terreno de béisbol. Pero no pude visualizar la imagen. Era siempre mi padre sentado en la silla.

POCO DESPUÉS DE ese día en el bar de Junior Díaz, tuve un juego particularmente desastroso. Me ponché tres veces. Con cada swing que fallaba, con cada tramo solitario que caminaba hacia el banco, me sumergía más en un estado de tristeza. Pai nunca demostraba que estaba decepcionado o avergonzado, pero lo imaginaba preguntándose cómo un hijo suyo pudiera ser tan espectacularmente débil e improductivo.

Después del juego, fui directamente a mi habitación y cerré la puerta. Más tarde ese día mi primo Mandy tocó en la ventana. Abrí la persiana.

—¿Qué estás haciendo? —preguntó.

—No me siento bien —le dije, lo cual era cierto.

Cuando Mai me llamó a comer, le dije que no tenía hambre.

—Vas a comer.

Caminé fatigosamente hacia la mesa y caí en un oscuro silencio, sin siquiera fingir que estaba comiendo. Yadier contó una discusión que había tenido con un chico en la escuela. Yadier nunca se echaba atrás frente a nadie. Era un chico duro. Iba a la escuela primaria en Vega Alta, como lo hicimos Cheo y yo, porque Titi Charo y Titi Yvonne, hermanas de Mai, eran maestras allí y les decían cuando faltábamos a clase o nos metíamos en algún lío. Cheo y yo nunca tuvimos problemas. Pero Yadier tenía sus propias ideas acerca de la escuela. Era inteligente, pero nunca le importaba lo que pensara nadie. Mai le pegaba y le gritaba, pero todos sabíamos que ella tenía su punto débil con su hijo menor. Le gustaba su espíritu combativo. Escuchaba los cuentos de Yadier y deseaba que yo fuera más como él.

De repente Pai me dijo que me pusiera de pie y lo siguiera. Mi madre, hermanos y yo nos miramos, preguntándonos cuál era su problema. Nunca nos levantábamos de la mesa en medio de la cena.

—Ven —dijo.

Abrió la puerta de afuera y cruzó la calle en dirección al terreno. Yo iba corriendo detrás de él. ¿Es que me iba a hacer más prácticas de bateo? Pero no llevaba el bolso de los equipos.

Alcancé a Pai en el portón de entrada al terreno. Entró y se detuvo en el círculo de espera de los bateadores.

—Mírame —dijo. Tenía una expresión suave.

Entonces dijo lo que menos yo esperaba.

—Te quiero mucho, mi hijo.

Mi corazón palpitaba con fuerza. Nunca me lo había dicho. Estaba sorprendido, emocionado y paralizado. Quería decirle que yo lo quería mucho también, pero nada me salió.

—Bueno o malo, te quiero —dijo—. Te va a ir bien en todo. Dios tiene un plan para ti. ¿Entiendes?

Señaló hacia el terreno.

—Mira eso.

Miré. Las bases. El montículo del lanzador. La malla de protección detrás del receptor. Los bancos.

—¿Ves eso? —dijo Pai—. Tú lo sabes. Te va a ir bien. No te preocupes.

No sabía qué se suponía que yo dijera.

—¿Entiendes?

Asentí con la cabeza. Pero no entendía nada.

—Muy bien —dijo. Entonces echó a andar hacia el portón de regreso a la casa. Se volvió hacia mí—. ¿Vienes?

Crucé la calle corriendo y entré a la casa detrás de él. Mi madre y hermanos levantaron la vista de sus platos y nos examinaron en silencio mientras nos sentábamos.

¿Qué es lo que me quería decir? ¿Que me iba a ir bien en béisbol? ¿Que yo siempre podría regresar allí?

Al día siguiente en la escuela, le conté a mi primo Mandy lo que había pasado.

—¿Dijo eso? —dijo Mandy con ojos de asombro, como si le hubiera dicho que Dios mismo había descendido de las nubes para bendecirme personalmente—. Oye, si te dijo que te iba a ir bien, entonces eso es lo que es. Te va a ir bien.

Asentí con una sonrisa.

Pai veía algo en mí que yo mismo no podía ver todavía. Supe entonces que comenzaría a batear. Tal vez no ese mismo día. Pero iba a ocurrir.

Sabía que tenía que ponerme más fuerte. El primo de mi padre tenía un hijo llamado José Miguel, que recientemente había firmado con los Cachorros de Chicago como un prospecto de alto nivel. Era musculoso y fuerte y una vez que lo vi en nuestro terreno me habló de hacer ejercicios con pesas, flexiones y otras cosas para fortalecer el cuerpo.

Camino a casa de mi escuela secundaria un día, encontré exactamente lo que necesitaba: un poste de metal de unos cuatro pies de largo, probablemente parte de una cerca de alambre. Ya tenía dos latas grandes de galletas de soda del tamaño de los envases de avena de Quaker. Teníamos media bolsa de cemento en la marquesina. En esa época estábamos alquilando una casa otra vez en Vega Alta frente al terreno de béisbol. Mezclé el cemento con agua en el piso de la marquesina y le agregué algunas piedras. Con una pala metí la mezcla en una de las latas de galletas. Empujé el poste en el cemento y lo enderecé en el centro.

Al otro día, cuando el cemento se había secado, hice lo mismo con la otra lata en el otro extremo del poste. Pero esta vez no fue tan fácil colocar la barra. El peso de la lata de arriba desplazaba el poste del centro de la lata debajo. La sostuve en su posición hasta que parecía estar en su lugar. Al día siguiente el poste estaba un poco inclinado, pero bastante centrado. Ahora tenía que añadir una barra al resto de mi gimnasio en la marquesina. Mi primo Ramirito, hijo de Titi Gorda, me prestó una bicicleta estacionaria de hacer ejercicios. Yo tenía además un neumático amarrado a una soga. Tenía también un hacha de mi tío que vivía al lado. Y afuera de la marquesina había un árbol para hacer dominadas. Hacía flexiones regulares y de espalda en el piso de cemento.

Levantaba la barra todos los días, a veces antes de ir a la escuela, otras veces después. Una de las latas de galletas pesaba más que la otra, por lo que tuve que cambiar la barra de manos para no sobrecargar un brazo más que el otro.

Me amarraba la soga en la cintura y corría con el neumático detrás por la arena del terreno de béisbol. La idea la tomé de la película *Rocky*. Corría hacia arriba por nuestra calle, que tenía una loma de un cuarto de milla de distancia y terminaba en el basurero. Subía y bajaba unas cuantas veces. A veces Tío Felo o uno de mis primos me llevaba en su automóvil a la Playa Breñas o la Playa Dorado para trotar en la arena. Usé el hacha en los bosques detrás de la casa cortando árboles hasta que no podía alzar los brazos. Otra idea que aprendí de la película *Rocky*.

A lo largo del año siguiente, mi cuerpo se fue rellenando. Los hombros se ensancharon. Los brazos se endurecieron. Mi manera de batear se hizo más rápida y más poderosa. Mi vista se estaba agudizando. Me estaba convirtiendo en un estable bateador de contacto. Pai podía contar conmigo para ejecutar una jugada de bateo y corrido o batear un toque de sacrificio. Me fue subiendo en el orden de bateo, de octavo a séptimo a quinto. Pai incluso me puso de primer bateador algunas veces. Y ya no protestaba cuando yo escogía el bate más pesado.

Un día, en nuestro terreno en Kuilan, me lanzaron una recta rápida sobre el plato. La bateé explosivamente y la pelota se elevó como un cohete hacia el jardín central. Doblé por primera base mirando a ver si era un doble o un triple. La pelota siguió elevándose. El jardinero central corrió hacia atrás hasta la cerca, y la pelota pasó por encima de su guante y fuera del parque. Mi primer jonrón. Tenía quince años.

Pai estaba de coach en tercera base con una enorme sonrisa en el rostro. Cuando le pasé por el lado, traté de hacer algo con estilo. Levanté la mano para palmear la suya. Cuando chocamos las manos mi sonrisa era tan ancha que casi empecé a reírme.

Ése fue el año en que me subieron a la Legión Americana —Puesto #48 en Bayamón— mientras todavía jugaba con Los Pobres. Estaba jugando cuatro juegos a la semana y mejorando rápidamente. Era un jugador clave, en ese momento uno de los mejores. José también. Pero no como yo; él siempre fue una estrella. Los scouts lo estaban observando a pesar de que todavía le faltaban dos años para terminar su secundaria. Habían muchos jugadores de Puerto Rico firmando contratos profesionales y viajando a Estados Unidos: Sandy Alomar Jr., Benito Santiago, Carlos Baerga, Pudge, José Hernández, Rubén Sierra, Edgar Martínez, Roberto Hernández, Rafy Chávez, Luis DeLeón, Miguel Alicea, Pedro Muñoz, Coco Cordero, Julio Valera. Regresaban para el invierno con mejores zapatos de spikes, mejores guantes, pelotas nuevas, bates nuevos.

Yo estaba usando un guante de jardinero que un jugador de la liga Doble A que yo conocía iba a tirar a la basura. Estaba desgarrado en la palma y en los costados y había perdido mucho relleno. Era grueso en el dedo pulgar y plano en la palma. Le metí papel de periódico en la palma y le sellé los desgarres con cola de pegar Krazy Glue. Cada vez que atrapaba una pelota, revisaba las áreas de Krazy Glue para asegurarme de que no se habían desprendido. El papel de periódico se desintegraba pronto por el sudor. Pero era el único guante grande de jardinero que tenía.

Cheo y yo hablábamos todo el tiempo acerca de cómo sería jugar béisbol profesional. Pero cuando Pai nos oía, nos decía que pensáramos en la práctica de ese día, el juego de ese día. El resto vendría solo. Pero no podía evitarlo. Imaginaba lo orgulloso que Pai estaría. ¿Podría haber un mejor regalo que tomar el sueño de mi padre y llevarlo hasta el final? Si yo llegaba a las Grandes Ligas, sería como si ambos llegáramos.

Un pelotero grande.

MI CRECIENTE CONFIANZA en el terreno de béisbol no tenía efecto alguno en el resto de mi vida. Odiaba mirarme en el espejo. Mi desordenado pelo estilo afro me ganó el apodo de Fósforo. Era tan introvertido y autoconsciente que casi nunca hablaba con chicas y mucho menos salir con ellas. Había veces en béisbol que yo ardía en deseos de pararme y decirle a mis compañeros de equipo que mantuvieran la fe, que siguieran apoyándose mutuamente. Lo tenía en la mente con el deseo de expresarlo, pero no podía articularlo. Si llegaba tarde a las clases, me sentaba en el banco fuera del aula en lugar de llamar la atención entrando. En mi último año, teníamos que leer *Don Quijote* y hablar sobre él frente a los demás. Los chicos con quienes andaba todos los días me persuadieron a que practicara frente a ellos. Comenzaba a leer y me sentía aturdido y mareado, como si estuviera a punto de vomitar. No podía hacerlo.

Después de la clase un día, le entregué a la maestra una versión escrita de mi presentación sobre el libro.

—No sé si esto cuenta —le dije—, pero eso es lo que diría en clase.

Me dijo que tenía que hacer la presentación frente a la clase. Ésa era la tarea.

—No puedo.

La maestra fue amable.

—Muy bien, léelo frente a mí.

Se me trabó la voz en la garganta. Ni eso fui capaz de hacer.

La maestra dijo que estaba bien y aceptó el trabajo escrito. Me dio una calificación de C. Habrías obtenido una A, me dijo, si lo hubieras presentado en voz alta. La verdad es que yo prefería que me diera una F que tener que hablar frente a la clase.

TODOS LOS JUGADORES de béisbol en Puerto Rico luchaban contra el reloj. Antes de 1990, los jugadores puertorriqueños no participaban en el reclutamiento amateur de Estados Unidos. Los contrataban como agentes libres igual que cualquier otro jugador latinoamericano, usualmente en su adolescencia. Los más jóvenes eran enviados a academias de béisbol administradas por los equipos en la isla hasta que estuvieran suficientemente maduros para trasladarse al sistema de entrenamiento en Estados Unidos. Los equipos deseaban recibirlos jóvenes y desarrollarlos ellos mismos. Si no los firmaban cuando cumplían dieciocho, las probabilidades de firmar disminuían. La mejor esperanza era entrar a jugar en una universidad en Estados Unidos y abrigar la esperanza de que alguien observara el juego de uno. Si eso no ocurría, lo más probable era que terminara trabajando en una fábrica.

Me gradué de secundaria en 1990, el primer año que Puerto Rico participó en el reclutamiento amateur de junio. Tenía dieciséis años, la edad en que la mayoría de los chicos en Puerto Rico se graduaban de secundaria. Todos me decían que me reclutarían. Me invitaban a una o dos pruebas de Grandes Ligas a la semana. A Cheo lo invitaban a menudo también. Él estaba en el radar de muchos scouts. Era un receptor nato, con piernas gruesas y un brazo fuerte. Igual que Yadier.

Yo no. Yo era lanzador, jardinero y jugador de cuadro. Jugaba todas las posiciones *menos* receptor. Confiaba en que mi versatilidad aumentara mi valor. Los scouts no lo veían de esa manera. Me midieron lanzamientos de 88 millas por hora, pero querían 90. Marcaron mi velocidad corriendo más de 60 yardas en 7,1 segundos, pero querían 6,9. Así y todo me dijeron: "Toma, llena esta información. Danos tu número de teléfono". Pero nunca me llamaban.

A los scouts les gustaban los tipos de seis pies cinco pulgadas que lucían bien en papel, cuyas estadísticas podían anotarse en los renglones apropiados, incluidas en un párrafo, ingresadas en una computadora y clasificadas como corresponde. No les gustaban los tipos de cinco-nueve con el corazón grande y las mentes ágiles en béisbol. No sabían medir eso.

El reclutamiento de junio llegó y pasó. Nueve jugadores de mi Legión Americana fueron seleccionados. Mi teléfono nunca sonó.

PAI HABÍA JUGADO béisbol profesional cuando todavía estaba en la escuela secundaria. Tenía catorce años cuando un scout nombrado Jacinto Camacho lo vio jugar por primera vez en Clase B en Maricao, un sector de Vega Alta. Jacinto tenía buen ojo para encontrar talento y tenía conexiones con los mejores jugadores y equipos en Puerto Rico. Vio algo especial en el adolescente de poco tamaño con un talento crudo y habilidades no refinadas. Se lanzaba en picada tras la pelota como un pájaro. En el cajón de bateo bateaba hits uno tras otro con la mitad del bate. Decidió tomar al chico bajo su cuidado. Lo colocó entre otros jugadores que ansiaban llegar a jugar profesionalmente en Estados Unidos.

—Tu padre tenía miedo de estar con estos otros tipos —me dijo Jacinto cuando me senté a conversar con él alrededor de un año después de la muerte de Pai—. Era un chico de sólo catorce años. Pero demostró ser mejor que cualquiera de los demás.

Estaba más motivado también. Jacinto me dijo que nunca había visto a un chico tan enfocado en el béisbol.

—Era en lo único en que pensaba Benjamín —dijo—. No pensaba en ninguna otra cosa.

El siguiente año, cuando Pai tenía quince años, Jacinto lo llevó a practicar con jugadores de Doble A, la liga de más alto nivel en Puerto Rico. Era allí donde los scouts de Estados Unidos encontraban a sus futuros jugadores de las Grandes Ligas. Era una locura que un chico de quince años pudiera jugar al nivel de Doble A, donde cada temporada se reclutaba uno o dos jugadores de alrededor de cien que se sometían a la prueba. Pero Jacinto no sólo se apareció allí con un chico de quince años, sino que anunció ante todos los presentes: "Este chico va ser el campeón de bateo".

Efectivamente, el chico de Espinosa fue uno de los seleccionados. Firmó con el equipo Maceteros en Vega Alta por veinticinco dólares por juego. (Aunque los jugadores estaban clasificados como amateurs, les pagaban por jugar). Rápidamente abandonó la secundaria, feliz de dedicarse a practicar béisbol todas las tardes y jugar tres juegos cada fin de semana. Aunque no fue campeón de bateo el primer año, hizo realidad la predicción de Jacinto algunas temporadas más tarde, desafiando toda norma convencional con su extraña manera de agarrar el bate.

NUESTRA LEGIÓN AMERICANA ganó el campeonato de Puerto Rico en el verano de 1990. Viajamos a Estados Unidos a competir en el campeonato nacional. Yo nunca había salido de la isla. Nunca había estado en un avión. Pai y Tío Papo eran asistentes del mánager y también fueron. Mi primo Papito me prestó su guante para que yo no me avergonzara con el mío pegado con Krazy Glue.

Antes de salir, Félix Caro, un amigo de la familia, dijo que tal vez pudiera ayudarme a entrar en un equipo de béisbol universitario en Estados Unidos. Se suponía que hubiera más scouts en los juegos universitarios que en las pruebas de Puerto Rico. Y eran scouts estadounidenses, que tenían más palanca para firmar a jugadores. El colegio universitario probablemente estaría en Florida, dijo Félix Caro. Estaba bien. No muy lejos de casa. No pensé mucho en eso. Estaba demasiado entusiasmado con nuestro viaje a Estados Unidos. Me tocó un asiento de ventana en el avión y recosté la frente sobre el cristal.

¿Era Dorado eso que veía allá abajo? Lo conocía muy bien, pero nada me era familiar desde tanta distancia.

En Arkansas para los playoffs regionales, nos hospedaron cuatro en cada habitación en un hotel que tenía televisión en colores, una máquina de hacer hielo en el pasillo, una sirvienta que nos hacía las camas, una barra de jabón en la ducha y desayuno gratis en el vestíbulo. La buena vida.

Cuando ganamos en Arkansas, viajamos a Oregón para jugar contra otros ganadores regionales. Félix Caro me llamó a la habitación del hotel allí. Había encontrado un colegio universitario en una ciudad llamada Yuma. Había otros jugadores puertorriqueños allí. Viajaría yo allá cuando terminara de jugar en Oregón. Pai estaba feliz por mí. Me dijo que estudiara mucho para aprender inglés, que era el idioma de las Grandes Ligas. Me dijo que tuviera un compañero de cuarto estadounidense para poder practicar todos los días.

No podía pensar en estudios universitarios todavía. El torneo estaba demasiado emocionante. Ocupaba yo el primer lugar en carreras impulsadas y bases robadas, algo muy distante de mis fracasos de pocos años antes. ESPN trasmitió nuestro juego contra Maryland por el campeonato. Perdimos, pero el estadio lleno con todas las entradas vendidas y las cámaras de televisión nos dieron un adelanto de cómo sería una vida dedicada al béisbol.

La noche antes de salir de Oregón, Pai sacó su billetera y me dio veinte dólares.

—Que te duren un mes. Entonces te podré enviar más.

Nada parecía real hasta que subimos al autobús del equipo para ir al aeropuerto. Empecé a sentirme mal. Nunca había vivido lejos de casa. Nunca había jugado béisbol sin Pai. No podía imaginármelo. El béisbol era mi padre.

El autobús se detuvo primero en mi terminal. Los demás regresaban a Puerto Rico desde otra terminal. Pai se bajó conmigo del autobús. Saqué mi maleta del compartimento de equipaje. Pai me dio un abrazo.

—Dios te bendiga, mi hijo —dijo—. Ve y haz algo con tu vida.

—Voy a extrañarlos mucho a todos —dije en voz baja. Lo iba a extrañar a él de manera especial.

—Este no es el momento para pensar en eso. Ve a jugar béisbol. Diviértete. Sé tu propia persona.

Se montó en el autobús. Permanecí de pie en la acera mientras mis compañeros de equipo daban palmadas en las ventanas gritando: "¡Buena suerte!" Pai no me miró cuando el autobús suspiró y se puso en marcha. Sentí que se me desprendía un pedazo de vida.

El avión hizo una parada donde me transferí a otro vuelo que me llevó el resto del viaje. Este avión no parecía más grande que un ómnibus escolar. Aterrizó apenas cuarenta minutos después de despegar. ¿Estábamos ya en Florida?

—¿Yuma? —le pregunté a un hombre a mi lado.

—Yuma —respondió.

Salí del avión hacia una ola de aire caliente. La tierra alrededor de la pista era un paisaje lunar. Plano y desolado hasta donde alcanzaba la vista. No había agua en ninguna parte. Esto no era como las fotos que había visto de Florida. Seguí a los demás pasajeros hacia la zona de recoger el equipaje. Un hombre blanco con una gorra de pelotero se me acercó. Era bajito y delgado, entre treinta o cuarenta años.

—¿Bengie Molina?

—¡Sí!

—*Welcome* —dijo, estrechándome la mano. Siguió hablando,

pero yo no le entendía nada, aunque pude descifrar que era el entrenador de béisbol del colegio universitario.

—Lo siento, no comprendo —le dije finalmente.

—*No problem* —dijo, sonriendo.

Tomamos una carretera de dos carriles agrietada por el sol y atravesamos planicies de la tierra más seca que había visto jamás. En el horizonte se elevaban montañas sin una manchita de verde. ¿Cómo podía algo sobrevivir aquí? Pero comenzaron a aparecer campos de lechuga y huertos de cítricos aquí y allá. Y de repente, edificios.

El letrero del frente decía: "Arizona Western College". ¿Arizona? Nunca había oído hablar de Arizona. No tenía idea dónde estaba. Tampoco tenía manera de preguntar. Llegamos a una fila de tres edificios idénticos de dos pisos con muchas ventanas. Aulas, imaginé. Cuando el entrenador se estacionó y sacó mi maleta del baúl, me di cuenta de que allí era donde me iba a hospedar. Parecía un cacerío, edificios con pequeños apartamentos donde vivía la gente pobre.

El entrenador me llevó a un vestíbulo, donde firmé algunos papeles y me entregaron una llave y una carpeta con información. Alguien aproximadamente de mi edad me condujo a la Habitación 116 en el primer piso. Sentí nostalgia instantáneamente. La habitación olía a ropa sucia. Olor a hombres. Había una litera preparada con sábanas, una frazada y una pequeña almohada, además de un bolso grande de lona en la litera de abajo. Había una mesa pequeña, y las paredes y el piso no tenían nada.

Detrás de una puerta, había un baño con ducha e inodoro conectado a otra habitación. Dejé caer mi maleta en una esquina y no desempaqué. Sabía ya que no iba a quedarme allí. Tenía dieciséis años, una edad en que los muchachos estadounidenses estaban aún en la escuela secundaria. No hablaba inglés. Nunca había estado separado de mi familia o fuera de Puerto Rico hasta el viaje de la Legión Americana. ¿Qué hacía yo aquí en este lugar extraño y solitario?

Me subí a la litera superior que estaba junto a la única ventana de la habitación y la abrí. Era un horno. Podía ver las montañas en la distancia y algunos otros edificios. El aire no tenía olor a árboles y océano. No había lluvia ni flores ni la comida casera de Mai. Nada más que polvo y tierra. Saqué el brazo por la ventana y le daba vueltas a la mano pensando en cuánto tiempo tomaría hervir una mano humana en este calor.

La habitación no tenía ni televisión ni radio. No sabía lo que se suponía que yo hiciera. Regresé al vestíbulo. Un par de chicos estaban sentados en un sofá viendo televisión. No había dominó. Ni música. Regresé a la habitación y empecé a hojear el folleto de bienvenida. Pude leer algunas palabras por haber tomado clases de inglés en la secundaria, pero la mayor parte del texto no era más que letras en una página.

Había cometido un gran error. Esto no era para mí. Regresaría a Puerto Rico y jugaría béisbol amateur y trataría de llegar a las Grandes Ligas por esa vía. Fui otra vez al vestíbulo y me las arreglé para que alguien me mostrara cómo utilizar el teléfono público en el pasillo: Presionar el cero, decir *collect call*, presionar el número dos para español y darle a la operadora el número de teléfono.

—Esto no es para mí —le dije a Mai, tratando de sonar formal y serio. Sabía que Pai todavía no había regresado del viaje de la Legión Americana. La imaginé a ella en la cocina en su bata, y Cheo y Yadier viendo televisión en la sala. Allí era donde yo quería estar.

—No me gusta —dije—. El aire es demasiado seco. No hablo el idioma. No voy a entender nada de lo que el entrenador me diga.

—¡Ay, Bengie, no empieces con eso! Ni siquiera has estado allí un día. Dale un chance.

No hablamos mucho porque las llamadas revertidas costaban mucho dinero.

Tenía hambre, pero no salí de la habitación. El entrenador me había indicado dónde estaba la cafetería cuando entramos, pero no sabía cómo funcionaba el sistema ni cuándo se suponía que fuera.

Alrededor de las diez y media de la noche la puerta se abrió bruscamente.

—¡Bengie! ¡Llegaste!

Era Kenny Marrero de Espinosa. El padre de Kenny trabajaba con Pai. Andaba con otros cuatro puertorriqueños. Conocía a Ángel "Bambi" Sánchez de las Pequeñas Ligas; había jugado contra él toda la vida. Conocía a Alex Córdoba de la escuela en Vega Alta. No conocía a los demás, incluyendo a mi compañero de cuarto, un estudiante de primer año llamado René Reyes, a quien todos llamaban Flaco, porque era muy delgado.

Comenzaron las clases, así que todos estos tipos, excepto Flaco y yo, habían estado ya en el colegio algunos días.

—¿Tú sabes quién es el padre de este tipo? —dijo Kenny—. Uno de los jugadores más famosos en Vega Alta. Mi papá me decía que bateaba como Rod Carew.

Nos dijo a Flaco y a mí que estuviéramos en el vestíbulo a las siete la mañana siguiente para desayunar antes de las clases. Conocimos a otros jugadores en la cafetería donde, haciendo lo que hacían los demás, mostré mi tarjeta de comida, tomé una bandeja y, como no hablaba inglés, señalé con los dedos a los huevos, la tocineta, las papas y algo que parecía avena. Tenía tanta hambre que comí de todo. La señora detrás del mostrador servía cucharadas de cada cosa en un plato dividido en compartimentos. Me lo devoré todo.

—Soy capaz de comerme otro plato —dije.

—Repite. Puedes comer todo lo que quieras.

Repetí huevos y tocino. Kenny me señaló otro mostrador, donde había cereal, jugo, fruta, pan y todo lo que yo quisiera. Y lo único que tenía que hacer era darle al cajero mi tarjeta de comida. Había refrescos en una máquina expendedora como las que hay en un restaurante de comida rápida. Kenny me dijo que podía rellenar el vaso con Coke o 7-Up cuantas veces quisiera.

Flaco y yo éramos los nuevos alumnos en la clase. Inglés como Segundo Idioma (ESL, por sus siglas en inglés). Había también otros tres alumnos de habla hispana y unos diez adultos de la comunidad de Yuma. Esa era nuestra única clase, aunque duraba todo el día con un receso para el almuerzo. Nos daban créditos para un certificado de ESL que nos preparaba para cursos universitarios de más alto nivel.

—¡Bienvenidos! Mi nombre es la señora Davene El-Khayyat.

Me había sentado en la fila delantera para aprender lo más pronto posible el idioma de las Grandes Ligas.

—Esto es Inglés como Segundo Idioma —nos dijo la señora El-Khayyat a Flaco y a mí en español—. Esta es la última vez que me van a oír decir algo en español. Si tienen alguna pregunta, no tengan pena de preguntarme en español. Pero como estamos aquí para aprender inglés, de ahora en adelante todo será en inglés.

Era una mujer de mediana edad con pelo corto canoso y la estatura de Mai. Usaba jeans, una blusa floreada de cuello y espejuelos. Su voz era directa y balanceada. Tenía un acento, pero no era español. Tal vez del Medio Oriente.

—Tienen que hacer presentaciones en clase —dijo.

Presentaciones. Se me revolvió el estómago. No había manera de que yo hiciera ningún tipo de presentación. Me ponía bastante nervioso hablar frente a una clase en mi propio idioma, mucho menos en inglés. Había estado viendo la televisión de Estados Unidos en Puerto Rico y en habitaciones de hotel en Arkansas y Oregón. Me decían que era una buena manera de aprender inglés. No entendí casi nada.

—Todos deben participar. Es la única manera de aprender. ¿Entienden?

Nadie habló.

—¿Entienden?

—¡Sí! —respondimos.

—Nada de sí. *Yessss!*

—*Yessss!*

La señora El-Khayyat nos dio a Flaco y a mí cuadernos de trabajo y nos dijo que nos quedáramos después de la clase para revisar lo que nos habíamos perdido antes de venir.

—¡Ricardo! —dijo, elevando la vista de la carpeta de clase—. Por favor venga al frente y lea la primera oración de la página siete.

Ricardo era bajito y redondo y parecía tener una edad de entre los cincuenta y los sesenta años. Se rió nerviosamente y negó con la cabeza.

—Ay, no, no.

—Gracias, Ricardo —dijo la señora El-Khayyat, como si Ricardo hubiera aceptado. Se apartó a un lado de su escritorio para dejarle espacio al viejo.

Ricardo se levantó lentamente. Abrió el libro y lo sostuvo con ambas manos como un himnario. Al frente del aula, se volvió para mirarnos y de repente le brotó una sarta de palabras en un inglés chapurreado que provocó una ola de risas contenidas. Mi corazón me latía como si fuera yo el que estaba al frente. Sentí vergüenza por él. Pero él levantó la vista del cuaderno de trabajo cuando terminó y sonrió.

La señora El-Khayyat pronunció las palabras chapurreadas correctamente y le dijo que tratara otra vez. La segunda vez lo hizo mejor.

—Gracias, Ricardo.

Sus ojos recorrieron el aula. Yo me hundí en mi asiento. Llamó a uno de mis compañeros de equipo, que lo hizo tan mal como Ricardo. Uno tras otro, los alumnos se ponían de pie y destrozaban las extrañas palabras. Llegó un momento en que nos reíamos a carcajadas, incluyendo a los que leían y hasta yo mismo. Pero la señora El-Khayyat no se reía. Ella daba palmadas como un entrenador. "¡Vamos, vamos!" le decía al alumno que se equivocaba. "¡Despacio!"

Finalmente me llamó a mí.

Se me secó la boca. Prefería darle cincuenta vueltas al terreno en las prácticas de béisbol que pararme un minuto al frente del aula.

—Página trece —dijo la señora El-Khayyat—. Vamos.

No había escapatoria. Me puse de pie, cuidando de no levantar la vista y ver a toda aquella gente mirándome. Respiré profundo. Las palabras salieron como un chirrido en trinos torturados, como si alguien estuviera estrangulando a un pájaro. Pero nadie se rió. Ni siquiera una risita contenida. Lo mío era demasiado patético.

—Más alto, por favor, Benjamín.

Dijo "Benjamín" en inglés, pronunciando la *j* como una *g* en lugar de una *h*. Repetí la oración, tratando de enunciar cada sílaba.

—¡La próxima oración! ¡Más alto!

Ella no cedía.

Traté de producir un poco de saliva. Leí cada palabra

cuidadosamente. No tenía idea lo que significaba ninguna de las oraciones. Tenía la mente en blanco.

—¡Magnífico! —dijo la señora El-Khayyat—. ¡Gracias!

Me hundí en la silla mientras otro alumno se levantaba a leer. Me seguió latiendo fuerte el corazón hasta que sonó el timbre para el almuerzo. Regresamos dos horas más por la tarde y con eso terminamos. Faltaba una semana o más para que comenzaran las prácticas de béisbol.

Fui directamente hacia el teléfono público.

—Tengo que regresar a casa, Mai. Esto no es para mí.

Me dijo que no podía regresar.

Al día siguiente pedí hablar con Pai. Él no era tan fuerte como Mai. El entendería.

—Mai me dijo que estabas en Arizona —me dijo, riéndose—. Yo creía que ibas a la Florida. ¿Dónde está Arizona?

—No sé.

Preguntó sobre el dormitorio, el colegio y la gente.

—Pai, necesito un boleto para regresar a casa.

—No voy a tener dinero para un boleto hasta que reciba el bono de Navidad.

Llamé todos los días durante una semana. Pai me seguía diciendo que todo iba a estar bien cuando comenzara el béisbol. Estaba tan nostálgico que casi no dormía. Si no encontraba a los otros puertorriqueños, no comía. No me sentía lo suficientemente seguro para ir a la cafetería solo. Me enfermaba cada vez que tenía que hablar en la clase de la señora El-Khayyat. Quería oír los coquís por la ventana y la lluvia en el techo y a Cheo roncando en la cama al lado mío.

Pai finalmente se cansó.

—No vas a regresar a ninguna parte. Pórtate como un hombre.

Ni siquiera has empezado a practicar. Si me hablas de regresar a la casa una vez más, te quedas allí por tu cuenta. No voy a hablar más contigo.

No llamé el día siguiente. Ni el día después. Entonces comenzaron las prácticas. Tenía que decirle a Kenny que le pidiera un guante al entrenador. El que había usado en el torneo de la Liga Americana era de mi primo. Pai pensaba que el entrenador podía prestarme uno, y así fue. Mis zapatos de spikes tenían tantos huecos que un compañero de equipo me regaló sus ASICS viejos y el tercer día de prácticas otro me regaló un guante viejo.

Me encantaron las prácticas desde el primer minuto. Todo era muy organizado. Nos dividimos en grupos y rotábamos de batear a fildear y lanzar. Bateábamos primero con la bola en un soporte, después con lanzamientos suaves, luego hacíamos prácticas de bateo normales con un lanzador. Mi posición era jardinero y simulábamos situaciones de juegos. "¡Hombre en segunda! ¡Un out!" Devolvíamos la pelota al jugador que interceptaba, quien a su vez lanzaba al home. Bam-bam. Fenomenal.

Al final, nos reuníamos en el plato para correr las bases. El entrenador entonces decía alguna palabras y terminábamos.

Las dos horas y media volaban. Nunca había estado en unas prácticas así. Cada minuto contaba. Así era el béisbol en el siguiente nivel. Era increíble. Ansiaba siempre que llegara el próximo día de prácticas.

Pai tenía razón. Lo que yo necesitaba era la hierba, la tierra, las líneas de cal. Todo iba a salir bien. Sabía dónde estaba.

SEGUNDA PARTE

EL SOL EN Yuma parecía como si tuviera algo personal en contra de uno. Yo seguía esperando una buena lluvia. Extrañaba eso más que casi todo lo demás de mi casa. En Puerto Rico, se puede oler la lluvia antes de que llegue. El aire se enfría por unos minutos. La brisa susurra entre los árboles. Entonces los cielos estallan. La lluvia puertorriqueña no anda con boberías. Desciende en gotas grandes y fuertes, zarandeándonos. Me encantaba su sonido repiqueteando en el techo.

En Yuma, si llovía, lo que caía era polvo húmedo. La primera vez que llovió en Yuma durante mi primer semestre, mis compañeros puertorriqueños y yo corrimos hacia la cancha de baloncesto para deslizarnos en los charcos. Pero el calor absorbió el agua antes de formar un solo charco, dejando atrás sólo una capa de lodo. En el terreno de béisbol, cuando escupíamos la saliva desaparecía al instante de caer al suelo. El sol nos quemaba el cuello, los brazos y las manos. Los rayos de sol que no nos caían directamente rebotaban del suelo para quemarnos todo el cuerpo. Al final de las prácticas teníamos la piel resbalosa de sudor, tierra y polvo. Una costra nos cubría los dientes como si hubiéramos comido arena.

Pero a mí no me importaba. Me encantaba practicar béisbol. Me sentía como si fuéramos profesionales. Corríamos a una hora determinada. Bateábamos a otra hora determinada. A veces me quedaba dando batazos en la jaula de practicar bateo hasta que se me rompían los guantes de batear y me sangraban las manos. El entrenador era fuerte y exigente, y me gustaba eso también. Un día preguntó quiénes habían lanzado alguna vez. Le dije que yo lo había hecho, y me puso a lanzar además de jugar como jardinero. En otra ocasión, cuando el torpedero se lesionó por el resto de la temporada, preguntó quién había jugado como shortstop, y yo volví a levantar la mano y me probó en esa posición. Mi compañero Bambi jugaba segunda base y hacíamos doble plays como si hubiéramos jugado juntos durante años. Me encantaba jugar como shortstop y como lanzador, mis dos posiciones favoritas. Nunca más regresé a los jardines.

Uno de los puertorriqueños, Roberto, era nuestro mejor jugador. Lo conocía de la isla y siempre había sido engreído. Ahora era peor, exactamente el tipo de jugador que Pai no toleraba. Yo tenía curiosidad de saber cómo lo manejaría nuestro entrenador.

Un día, después de las prácticas, el entrenador nos puso a correr desde el poste de foul del jardín izquierdo hasta el poste del jardín derecho y volver de nuevo. Veinticinco veces. De pie en el jardín central cerca de la pista de alerta, nos comunicó dos reglas a seguir: No correr en la pista de alerta y que no lo tocáramos a él cuando le pasáramos por el lado. Habíamos casi terminado cuando, por supuesto, Roberto rozó el cuerpo del entrenador.

—Veinticinco postes más —dijo el entrenador—. Todos.

Nos dio la opción de correr los postes en ese momento, lo cual significaba que perderíamos la cena, o hacerlo al día siguiente, nuestro único día libre. Fulminamos a Roberto con la mirada. Era tarde y teníamos hambre. Pero corrimos los postes. Le gritábamos a Roberto mientras corríamos. Para la mayoría de nosotros, este entrenador y este colegio universitario eran nuestra última oportunidad de llegar a jugar béisbol profesional. Ellos nos mantenían en la lucha. A lo mejor no llegábamos. Pero estábamos sacándole el jugo a cada práctica y a cada juego. Mientras Roberto lo tiraba todo a broma.

—Nosotros estamos aquí tratando de ser mejores jugadores —dije yo corriendo junto a él—. Y tú estás aquí nada más que para divertirte y hacernos correr.

—Odio al entrenador.

—No importa si lo odias o no. Uno debe respetar a la persona que está a cargo.

—Es un culo.

Me daban ganas de tumbarlo de un puñetazo. Él no merecía estar allí. No tenía suficiente interés.

UN DÍA, CUANDO Pai tenía dieciséis años, el scout que lo descubrió, Jacinto Camacho, le dio una sorpresa. Lo llevó a San Juan a ver a los Senadores de la liga de invierno. El estadio de béisbol de veinte mil asientos era el más grande de la isla. Había sido construido cuatro años antes, en 1962, para remplazar el estadio viejo que sólo tenía alrededor de trece mil asientos. El estadio anterior llevaba el nombre del campeón de boxeo de la isla, Sixto Escobar. Pero el estadio nuevo tenía el nombre del primer jugador de Grandes Ligas de Puerto Rico, Hiram Bithorn, una decisión que acentuaba el cambio de boxeo a béisbol como el deporte más popular de la isla. Bithorn había sido un héroe, por lo que nadie hablaba mucho de su trágico fin. Tras alcanzar su histórico logro, anduvo por las Grandes Ligas algunos años más antes de conseguir un trabajo como árbitro en la Liga Pionera Clase C. Entonces, casi en la pobreza total, trató de hacer un regreso en México. Luego desapareció. Su familia perdió todo contacto con él hasta que supieron que había sido asesinado en El Mante, México, en 1951 y enterrado como un indigente en una fosa común. Reclamaron el cadáver y lo trajeron a Puerto Rico, donde se le hizo un homenaje en el estadio de San Juan que luego llevaría su nombre. Miles de fanáticos acudieron a honrar al héroe nacional. No les importaba que la mayor parte de la vida de Bithorn había sido triste y trágica. Lo único que les importaba era que un día, mucho tiempo antes, había llegado a las Grandes Ligas.

La pasión por el béisbol en Puerto Rico atrajo a los mejores jugadores a la temporada de invierno de la isla. En los años sesenta y setenta, las mayores estrellas puertorriqueñas regresaban todos los años en octubre para jugar los 70 juegos programados allí después de haber jugado 154 juegos (que luego ascendieron a 162) de la temporada de Grandes Ligas. (A mediados de los ochenta, la liga de invierno redujo el número de juegos a 48 y 60). Pero no fueron sólo los grandes jugadores puertorriqueños quienes jugaban en la liga de invierno. Los equipos enviaban a sus mejores prospectos para perfeccionar sus habilidades. Docenas de futuros miembros del Salón de la Fama, desde Willie Mays y Hank Aaron hasta Sandy Koufax, Johnny

Bench y Reggie Jackson, adelantaron sus carreras en los estadios de San Juan, Mayaguez, Arecibo, Aguadilla, Ponce, Guayama, Humacao, Santurce, Caguas, Bayamón. Jugadores veteranos utilizaban la liga de invierno para recuperarse de lesiones o resucitar sus carreras cuando decaían. Todos venían a unas vacaciones de trabajo, disfrutando la cálida temperatura mientras ganaban dinero extra entre una temporada y otra.

En equipos puertorriqueños se podían ver combinaciones de jugadores todos-estrellas que no podían verse en Estados Unidos. En la temporada de 1954–55, la superestrella de veintitrés años de edad de los Gigantes de Nueva York, Willie Mays, jugó con los Cangrejeros de Santurce junto a un prospecto de los Piratas de Pittsburgh llamado Roberto Clemente. El tercer jardinero de Santurce esa temporada fue el jugador de treinta y siete años Bob Thurman, un jonronero de la Liga Negra de Oklahoma que batearía más jonrones en su carrera con la liga de invierno que ningún otro jugador en la historia. Hubo un momento en que Mays estaba bateando .304, Clemente .378 y Thurman .366. En el montículo de Santurce estaba El Divino Loco, el lanzador de los Gigantes de Nueva York Rubén Gómez, reciente aún su triunfo como el primer puertorriqueño que lanzaba en una Serie Mundial. El jugador que participó dos veces en los juegos de todos-estrellas, Sam Jones, primer afro-americano que lanzó un juego sin permitir hits en las Grandes Ligas (con los Cachorros), también jugó con ese equipo de la liga de invierno. Al igual que Don Zimmer, shortstop de los Dodgers de Brooklyn que logró jugar o ser coach de seis campeones de las Series Mundiales. Hasta el cargabates tenía calidad de estrella: Orlando Cepeda, futuro miembro del Salón de la Fama con los Gigantes e hijo de la estrella de la liga de invierno Pedro "Perucho" Cepeda. A nadie sorprendió que los Cangrejeros fueran los campeones de la liga y de la Serie Mundial del Caribe. Y la gran temporada de Thurman convenció a los Rojos de Cincinnati a darle una oportunidad en las Grandes Ligas. (Hizo su debut en las Grandes Ligas en 1955, cuando le faltaba un mes para cumplir treinta y ocho años. Mostró algunos destellos de la estrella que había sido en sus años mozos, pero en 334 juegos de las Grandes Ligas durante cinco temporadas, sólo bateó treinta y cinco jonrones).

Los fanáticos no eran como los de Estados Unidos. Se ponían de pie en sus asientos, agitaban pancartas, se burlaban de jugadores y árbitros y coreaban después de una gran jugada. Recaudaban dinero en gorras o vasijas para los jugadores peor pagados que hacían jugadas espectaculares o bateaban jonrones. Los jugadores se iban a sus casas con los bolsillos llenos de monedas de cinco y diez centavos. Billetes de dinero también volaban en las gradas de mano en mano de apuestas que se hacían sobre strikes, bolas, fouls, errores, quién anotaba la primera carrera, a cuál lanzador sacaban primero del juego, cualquier cosa. Hasta el olor en el estadio era diferente. En lugar de perros calientes y mariposas de maíz, los estadios puertorriqueños olían como la comida que les cocinaban las madres en su casa: el bacalao frito de los bacalaítos, la carne de las alcapurrias, la corteza de hojaldra de los pastelillos.

Las rivalidades eran profundas. En Puerto Rico la gente siente mucho orgullo de sus pueblos de origen. Cuando se habla con alguien, responden que no son sólo de Puerto Rico, sino de Santa Grande o Santurce o Dorado. Toman su terruño tan a pecho como su propia familia. Yo nací en Río Piedras. Fui a la escuela en Vega Alta. Pero soy de Dorado. Crecí en Dorado. Mis luchas fueron en Dorado. Las vicisitudes de mi familia fueron en Dorado. Hubo un poeta puertorriqueño llamado Enrique Zorrilla que captó nuestro profundo sentido del lugar del que procedemos: "Mi orgullo es mi tierra / Pues aquí nací / No la amo por ser bella / La amo por ser mía / Pobre o rica, con ardor / La quiero para mí".

El hijo de este poeta, Pedrín, llegó a ser el dueño de ese gran equipo de Santurce con Mays y Clemente. Veía la profunda conexión de los puertorriqueños con su pueblo de origen cada semana durante la liga de invierno. Se decía que los fanáticos que asistían a un estadio rival —un fanático de San Juan visitando a Santurce, por ejemplo— usualmente estacionaban sus vehículos a buena distancia del estadio, pues los fanáticos de Santurce podían dañar un automóvil que tuviera pegatinas u ornamentos de San Juan. Los fanáticos vivían para el béisbol de invierno, agrupándose alrededor de un aparato de radio cuando no podían ir al estadio. Oí que un año, durante un juego en Caguas, una tormenta de lluvia cayó en el cuarto inning de un juego. Cuando cesó de llover, dos pulgadas de lluvia cubrían el terreno. Al ver eso, los jugadores se retiraron a la casa club para cambiarse de ropa. No habría juego. Pero los fanáticos no opinaban igual. Ya habían perdido casi una semana de juegos debido a la lluvia, por lo que aquellos que vivían cerca fueron a sus casas y regresaron con carretillas que habían llenado de tierra de debajo de las gradas y la dispersaron por todo el terreno. Cuarenta minutos más tarde, el juego se reanudó.

A Pai le encantaban los Senadores. Tenía ocho años cuando Clemente comenzó a jugar con ese equipo en la temporada de 1957–58. Dos años más tarde, cuando los Piratas ganaron la Serie Mundial, Clemente regresó a Puerto Rico como héroe nacional. En el invierno de 1966, cuando mi padre acompañó a Jacinto al Estadio Hiram Bithorn, Clemente ya había ganado tres títulos de mejor bateador de la Liga Nacional y el premio Jugador Más Valioso. Era un dios, y Pai debió de haberse sentido emocionado cuando lo fue a ver jugar aquel día.

Pero cuando Jacinto y él llegaron al estadio, en lugar de subir las escalinatas a sus asientos en las gradas, Jacinto llevó a Pai directamente a la casa club de los Senadores. Allí, entre los jugadores a medio vestir, se erguía un hombre alto de piel oscura, y elegante, con pantalones de pelotero y una camiseta. Sus hombros y brazos parecían haber sido tallados de una ceiba.

Roberto Clemente. Tenía treinta y un años, en el pleno apogeo de su carrera.

Imaginé a Pai de dieciséis años en ese momento, paralizado en su sitio, con el corazón palpitándole en el pecho a toda velocidad.

—¡Jacinto! —dijo Clemente.

Al parecer, todos conocían a Jacinto Camacho.

Los hombres se estrecharon la mano.

—¿Quién es éste? —preguntó Clemente.

—Éste es un jugador especial —dijo Jacinto—. Benjamín Molina Santana.

Clemente estrechó la mano del chico y lo miró de arriba abajo. Pai tenía los hombros anchos y estaba en forma, aunque apenas impresionaba con sus cinco pies y ocho pulgadas. Clemente le preguntó a Benjamín qué posición jugaba, de dónde era y si todavía iba a la escuela, conversando como si fuera un tipo en una esquina del barrio. Ahora me pregunto si la humildad de Clemente fue uno de los factores que influyó en la creencia de Pai de que era esa virtud la más importante característica de un buen hombre.

Cuando Jacinto y Benjamín estaban a punto de marcharse, Clemente invitó a Benjamín a sentarse con él en el banco de los jugadores. Hasta Jacinto se sorprendió. No se permitía a personas que no fueran jugadores estar en el banco durante los juegos. Pero se trataba de Clemente. ¿Quién podía negárselo? Cuando Clemente regresó a su vestidor para terminar de ponerse el uniforme, Pai le dijo a Jacinto que no podía sentarse junto a Clemente. Estaba demasiado nervioso.

—¿Estás loco? —le dijo Jacinto.

Le dio al adolescente un amistoso empujoncito y salió de la casa club a buscar su asiento en las gradas. Nunca supe de lo que Clemente y Pai hablaron en el banco durante el juego. Nunca supe ni siquiera que Pai había conocido a Clemente. No entendía ese aspecto de la personalidad de mi padre. Si yo hubiera conocido a Clemente, sentiría mucho orgullo en decírselo a mis hijos. Pero él nunca lo mencionó. Tal vez en su mente lo veía como un alarde. Tal vez en su mente lo que importaba era el presente, no el pasado.

Pero Jacinto me dijo que veía mucho de Clemente en Pai. No físicamente; tenían diferentes cuerpos y estilos de jugar. Pero ambos eran de lo más fuerte que había. Pai era bajito, pero era un toro. Un corredor podía clavarle los spikes deslizándose en segunda, pero aún así él completaba el doble play. Él arremetía contra un receptor del doble de su tamaño y se levantaba como si nada.

"Nunca se quejaba", decía Jacinto. "Eso era lo que lo caracterizaba".

Igual que Clemente, Pai nunca dudó de sus habilidades. Podía estar bateando de 15-0 y aún así, en su próximo turno al bate se afincaba en el cajón de bateo como si no pudiera fallar. Creía en su propio talento, pero más que todo sabía que nadie se preparaba mejor que él. Observaba a cada lanzador desde el banco, descifrando sus patrones, buscando debilidades que pudiera explotar. Captaba todo, al menos en el terreno.

Pai no tenía idea de la chica en el estadio de Vega Alta que había estado semanas observándolo.

Gladys Matta Rosado era la inquieta hermana de Felo, compañero de Pai en el equipo Doble A en Vega Alta. Era simpática y extrovertida y era una sabia estudiante del juego. Le gustaba cómo Pai lucía, los altos huesos de sus mejillas y su cálida sonrisa. No era un hombre grande, pero parecía ocupar más espacio en el terreno que los demás. Tenía inteligentes ojos de acero, aunque nunca esos ojos se posaban en ella. Su concentración no trascendía el terreno. Mai le preguntó a su hermano sobre él. Felo se rió. Le dijo a su hermana que ese hombre era tan callado y tímido que no estaba seguro de haberlo oído hablar fuera del estadio.

Una vez le pregunté a una de mis tías cómo se las arregló el introvertido de mi padre para comenzar a noviar con Mai.

—Tú quieres decir, cómo empezó a noviar *ella* con él —dijo Titi Panchita, riéndose.

Mai buscó la manera de que los presentaran, y después de que Pai le pidió permiso al padre de Mai, los dos empezaron a salir juntos. El mejor amigo de Pai, Junior Díaz, también tenía una novia en Vega Alta. Dos veces a la semana, después de las prácticas de béisbol, los dos tomaban el ómnibus de Kuilan a Vega Alta y allí se separaban para cada uno ir a la casa de su novia. La familia de Mai era tan pobre como la de Pai. Hasta los nueve años, su familia vivió sobre una loma en medio del bosque, en una cabaña que tenía piso de tierra y sacos de tela en las ventanas. Mai y sus seis hermanos y hermanas cargaban baldes a la escuela para traer agua del río a la casa a su regreso. El padre de Mai consiguió un trabajo como guardia de seguridad en una compañía de tractores y la familia se mudó más cerca del pueblo, a la casa donde Gladys vivía cuando Benjamín la conoció. Tenía pisos de madera, agua corriente y un inodoro dentro de la casa.

Cuando Pai visitaba, se sentaba con Mai y la familia en sillas plásticas en el patio. Pai se marchaba a las diez para encontrarse con

Junior Díaz. Los ómnibuses no pasaban tan tarde, por lo que tenían que caminar una hora en la oscuridad de regreso a Espinosa.

Mai hacía buena pareja con Pai. Era alegre y suficientemente sociable para llenar los silencios de Pai. Y qué suerte tuvo él de encontrar a una mujer a quien le gustara el béisbol tanto como a él.

EN EL COLEGIO universitario, todavía me preocupaba por mi apariencia. Todavía no había salido con una chica. Pero seguía tropezándome con la misma chica de mi dormitorio. Siempre me miraba y sonreía. Ninguna otra chica se había fijado en mí. Tenía pelo negro y la piel clara y vivía en la parte del dormitorio donde se hospedaban las chicas. Yo la había visto en los terrenos del colegio de manos con un chico, por lo que sabía que estaba fuera de mi alcance. No que yo supiera cómo pedirle una cita a una chica de todos modos. Aun así, cada vez que nuestros caminos se cruzaban, me sonreía y empecé a buscarla en todos los caminos del colegio. Un día que yo estaba sentado afuera del dormitorio conversando con unos amigos alrededor de una mesa de picnic, la vi venir sola en dirección a nosotros.

Antes de darme cuenta de lo que hacía, me levanté y me acerqué a ella. Ella no me vio hasta que yo estaba a veinte pies de distancia. Sonrió. Y ya yo estaba a diez pies. Le devolví la sonrisa cuando estaba a sólo cinco pies. Nos miramos y llegó el momento de decir algo. Hola. Oye. ¿Qué hay de nuevo? Cualquier cosa.

Pasé junto a ella sin decir una palabra. ¿Y ahora qué? Caminé algunas yardas hasta que me di vuelta y la seguí hasta el dormitorio. Empujó la puerta para entrar y desapareció. Mis amigos se estaban riendo cuando regresé a la mesa de picnic. Me habían estado mirando todo el tiempo.

—¿Y eso qué fue? —preguntó Kenny.

—¡No sé!

Yo también me reí. Qué idiota. Tenía dieciséis años y nunca le había hablado a una chica que me gustara.

Unas semanas después, la vi sentada en un banco sola. Yo venía del dormitorio. Se me secó la garganta.

—*Hi* —alcancé a decir.

Levantó la vista del libro que estaba leyendo. Su rostro se iluminó.

—Hola —dijo ella—. Siempre te veo por ahí.

Me sorprendió oírla hablar español. Creía que era americana.

—Sólo quería saludarte —dije.

—¡Oh! Muy amable.

Cerró el libro sobre sus piernas.

Era mi turno de decir algo. Lo sabía bien. Sus cejas se arquearon. Respiré como para decir algo, pero nada salió. Sus cejas se arquearon aún más y su barbilla se inclinó, prestando atención. Pero yo estaba completamente mudo.

—Okay —dijo ella, volviendo a abrir el libro—. Nos vemos por ahí.

—Okay, nos vemos —dije yo, haciéndole eco como un niñito aprendiendo a hablar.

La próxima vez que la vi, estaba otra vez sola sentada afuera en un banco. Todavía me quemaba por dentro la vergüenza del último encuentro. No estaba seguro de poder atreverme a hablarle otra vez. Cuando me acerqué, vi que estaba llorando.

—¿Te pasa algo? —le pregunté.

Levantó la vista. Tenía los ojos rojos. Me senté junto a ella y de momento pensé que tal vez no debí hacerlo.

—No quiero crearte problemas con tu novio —dije.

—Nos peleamos.

Me contó sobre la ruptura y sobre ella. Se llamaba Josefa y era de México, al otro lado de la frontera de Yuma. Su padre trabajaba en un huerto de frutas durante la semana y regresaba a México los fines de semana. Le conté sobre mí. Hablamos tanto que se me pasó la hora de la cena.

A LAS SEIS semanas de haber comenzado el semestre, ya había gastado los veinte dólares de Pai. De lunes a jueves comía en la cafetería dos veces al día. Pero los viernes, sábados y domingos solamente servían una comida. Entonces nosotros íbamos a Circle K y comprábamos cuatro latas de sopa por un dólar; hamburguesas de microonda por un dólar; pan, jamón, queso y mayonesa por ocho dólares. Mis compañeros y yo compartíamos el champú y el detergente para lavar. Se me había acabado el dinero.

Estaba tratando de encontrar una solución al problema del dinero cuando un compañero de equipo de México me ofreció un trabajo en el equipo de béisbol mexicano de su tío. Pagaban cuarenta y cinco dólares. El único problema era que los juegos eran los domingos, el día que descansábamos del béisbol y el entrenador insistía firmemente en utilizar ese día para descansar. No quería desafiarlo jugando los domingos. Pero tampoco quería pedirle dinero a Pai.

El domingo siguiente me subí a la cama de una camioneta con algunos de los demás compañeros de equipo. Yuma está en la esquina más al suroeste de Arizona, en las fronteras con California y México. Bajamos veinticinco millas por la Ruta 95 hacia San Luis, Arizona, y cruzamos la frontera. Los juegos eran divertidos. Había muchas familias y gente del pueblo en las gradas. Y nos pagaban instantáneamente en efectivo. Jugaba todas las semanas y de repente me vi forrado en dinero. En vez de comprar solamente mis necesidades, derrochaba el dinero en salchichas de Bolonia, Fritos, Doritos, Cheetos, 7-Up y jugos de fruta. Con el tiempo, me compré pantalones especiales para deslizarnos en las bases para remplazar los míos que ya estaban ripiados y un suspensorio nuevo. Me compré un par de jeans, una camiseta y una camisa de cuello en Kmart. Me estaba independizando.

CERCA DEL FINAL del semestre, la señora El-Khayyat hizo el anuncio que yo me temía.

—El lunes y martes harán sus presentaciones —dijo—. Así que tienen el fin de semana para prepararse.

Nos dio un cuento de dos páginas en inglés, un cuento diferente a cada uno. Para nuestra presentación teníamos que leer el cuento completo frente a la clase y luego explicarlo en español para asegurarnos de que lo entendimos. ESL era mi única clase. La señora El-Khayyat era mi única maestra. Estaba con ella desde las siete y media de la mañana hasta las dos y quince de la tarde. Era buena y me alentaba mucho, nada como la capataz difícil que pareció ser el primer día. Le encantaba el béisbol y después de la clase nos preguntaba a mi compañero Kenny Marrero y a mí sobre el béisbol puertorriqueño, cómo eran los terrenos y los fanáticos. Nos dijo que su esposo era del Medio Oriente y que tenía un hijo y una hija jóvenes. Nos invitó a Kenny y a mí a comer en su casa, una pequeñísima casa con muchos periódicos y revistas del extranjero. Nos recogió en el dormitorio y nos cocinó pollo al horno. Nos enseñó a colocarnos las servilletas sobre las piernas y decir: "¿Me pasa la sal, por favor?"

No era una maestra como las que yo había tenido antes. Enseñaba inglés como Pai enseñaba béisbol, paso a paso, poco a poco, terminando un segmento de cada nueva aptitud antes de avanzar hacia el próximo. Esperaba que la respetaran a ella y a los compañeros de clase llegando a tiempo a clase. Nos hablaba cortésmente y confiaba en que le respondiéramos de igual manera. Como Pai, nos insistía que el fracaso era el precio que se pagaba por progresar. Soporté las pequeñas lecturas frente a la clase con el mismo pánico de siempre y sudando frío, pero con la creciente convicción de que mejoraba más rápidamente que el resto de la clase. El consejo de Pai de tener un compañero de cuarto estadounidense estaba dando frutos. A principios del semestre me había mudado con uno de nuestros lanzadores, un chico alto y rubio de Arizona. Señalaba las cosas en la habitación y me enseñaba la palabra en inglés. *Bed. Sheet. Window. Floor.* Me enseñó a decir *Please* y *May I?* y *Excuse me.* Me dijo que escuchara a Garth Brooks, y lo hice. Revisaba palabras en el periódico local. Veía televisión en inglés.

Pero ahora tenía que leer *dos páginas completas* en voz alta. No pude pensar en otra cosa todo el fin de semana. Me imaginaba al frente de la clase toda una eternidad, lo suficiente para que la desconfianza en mí mismo se deslizara de mi mente y se envolviera alrededor de mis cuerdas vocales, enmudeciéndolas. Practiqué el cuento una y otra vez en mi habitación, preguntándole a mi compañero de cuarto sobre las pronunciaciones y las definiciones.

En la clase del lunes, cuando llegó mi turno, me sentí enfermo. La señora El-Khayyat sonrió y me dio la bienvenida al frente de la clase. No hubo manera de escapar como lo había hecho en la escuela secundaria. Leí mis dos páginas y las resumí en español. Mi voz jamás se quebró. Mis compañeros aplaudieron como lo hacían después de cada lectura.

Entonces la señora El-Khayyat me entregó el periódico *Arizona Republic,* doblado en la página de deportes.

—¿Puedes leernos esto?

¿Más? Yo no había practicado esas palabras. Comencé a protestar, pero la señora El-Khayyat hizo un gesto hacia el periódico, que ahora yo tenía en mis manos.

Las palabras fluyeron y la mayoría del lenguaje tenía sentido. Tropecé un poco en las contracciones —*don't, weren't, isn't*—, pero me sentí emocionado. *Hablé* frente a otras personas. Y me *gustó*. Fue como aquella película sobre Helen Keller, cuando ella de repente entiende la palabra que significa *agua* y el mundo entero se abre. Así de milagroso me sentí. Le dije a la señora El-Khayyat después de la clase que me sentía como una persona diferente.

—Lo sé —dijo ella—. Me di cuenta. Es que no hay una regla que diga que uno tiene que ser tímido porque toda la vida lo ha sido. O que uno tiene que ser de cierta manera porque siempre ha sido así. Uno mismo decide lo que va a ser.

—Yo sería feliz si pudiera ser como mi padre.

Le había contado mucho sobre Pai, cómo todos lo respetaban y cómo nos entregaba todo su tiempo.

—Parece ser una gran persona.

—Es increíble.

—Pero tú eres tú —dijo ella.

Yo no sabía lo que me quería decir.

—Tú no eres tu padre.

—Lo sé. Por eso es que me esfuerzo tanto. Para *tratar* de serlo.

Su rostro indicaba que quería añadir algo, pero no lo hizo.

ESTABA ANSIOSO DE regresar a casa en el receso de invierno. Respiré profundo cuando salí del avión en San Juan. Aspiré el olor a pomarrosa y me quedé dormido esa noche oyendo los coquíes y la lluvia bailando sobre el techo. Yadier dormía en una pequeña cama en la habitación de Mai y Pai. Cheo y yo aún compartíamos el segundo cuarto. Mai cocinó un asopao de camarones y frió bistec con cebollas, mis platos favoritos. Pai quería saber sobre el béisbol. Habíamos hablado por teléfono cada dos semanas, pero las llamadas eran breves y ahora quería saber detalles. ¿Cómo eran los entrenamientos? ¿Y los otros jugadores? ¿Cómo me las arreglaba para entender lo que decía el entrenador? ¿Cómo iba mi inglés? Cheo y Yadier también querían oírlo todo. Les hablé del entrenador y de Kenny Marrero y de Roberto, el jugador que era siempre problemático. Les hablé de la señora El-Khayyat.

Quería regresar a Yuma más grande y más fuerte para el comienzo de la temporada universitaria de primavera. Hice más ejercicios que nunca. Subí la barra con la lata de galletas en la marquesina y tiraba de la llanta en el terreno. Trotaba por todo Kuilan con mi nuevo accesorio: una casetera Walkman que le había comprado a un tipo en el colegio. Los audífonos estaban un poco sueltos y los aseguré con una media sanitaria blanca amarrada en la cabeza. Los vecinos me llamaban El Caballo Loco.

Comía todo lo que Mai me ponía delante. Arroz con frijoles. Pollo. Chuletas de cerdo. Pollo frito. Bistec de cebolla. Carne curada. Hígado. Huevos fritos. Espagueti de Chef Boyardee. Macarrones con Spam. Más comida equivalía a más fortaleza. Aumenté quince libras en un mes. Mi cuerpo, que antes era terso y esbelto, se había vuelto grueso y cuadrado. Me gustaba la transformación. Era más fuerte y definitivamente más grande, aunque un poco más lento.

LLAMÉ A JOSEFA desde un teléfono público en el mercado cerca de La Número Dos: $1,25 por la conexión inicial y después veinticinco centavos por cada dos minutos. Hablé con ella hasta que se me acabaron mis tres dólares.

EL EQUIPO EL Hatillo Tigres, de la liga amateur Doble A —en el que Pai se había hecho famoso— me pidió que jugara como jardinero durante el mes que estuve en casa. Hatillo estaba como a una hora de Espinosa. Yo iba pidiendo a los automóviles que transitaban en La Número Dos que me llevaran. Mis ejercicios estaban teniendo impacto. La liga utilizaba bates de madera y aun así bateaba hacia las gradas en las prácticas de bateo. Terminé como líder de los bateadores con un promedio de .400 y seguimos avanzando hasta ganar el campeonato de la liga.

No me importaba ya montarme en el avión de regreso a Estados Unidos. A diferencia de mi llegada al colegio universitario en agosto, ahora sabía que Yuma era donde yo debía estar. Creía firmemente que me conduciría al béisbol profesional.

EN UN JUEGO en los finales de mi primera temporada universitaria, nos salió mal una jugada fácil de toque de bola. El bateador llegó a primera y finalmente anotó una carrera. Íbamos a perder un juego crucial. Estábamos luchando por llegar a los playoffs. Cuando terminó el inning, estaba echando humo. Corrí desde mi posición de shortstop y tiré el guante en el banco. Las palabras salieron solas.

—¡Vamos, podemos ganar! —dije—. Los equipos buenos hacen bien las jugadas de rutina. Tenemos que trabajar duro y apoyarnos mutuamente. ¡Podemos ganarles a estos tipos y estamos desperdiciando el momento! ¡Vamos! ¡A toda máquina!

Mis compañeros no habían oído mi voz en toda la temporada. Me miraron fijamente durante un segundo y comenzaron a aplaudir.

—¡Sí, vamos! —dijeron.

Unimos nuestras fuerzas y ganamos. La señora El-Khayyat me había ayudado a encontrar mi voz. Pai me había dado las palabras.

EN ESA ÉPOCA, ya Josefa y yo éramos novios. Me llevó a México un fin de semana a conocer a sus padres. Eran aún más pobres que nosotros. La casa era de barro en un patio de tierra y caminos de terraplén. Dormí en el sofá de la sala y decidí que estaba enamorado.

JUGUÉ SUFICIENTEMENTE BIEN en la primera temporada universitaria y el equipo me nombró Novato del Año entre los catorce jugadores de primer año. Los scouts habían estado en las gradas en muchos de nuestros juegos. Yo estaba en sus radares. Regresé a Puerto Rico a fines de mayo, listo para saber cuál equipo me seleccionaría en el reclutamiento de la primera semana de junio. Mientras tanto, jugué con los Maceteros de Vega Alta en los últimos meses de la temporada Doble A, que duró de enero a junio, más los playoffs de julio. Los equipos contaban con los jugadores universitarios para reforzar sus alineaciones. Jugué en la posición de shortstop, lanzador abridor y lanzador relevo, lo que hiciera falta.

El reclutamiento terminó. No recibí ninguna llamada.

—¿Por qué no te contratan? —me preguntaban amigos y familiares.

—No sé. Yo firmaría por una caja de Twix.

Me preguntaba si eso era lo que le había ocurrido a Pai, un pequeño fracaso sobre otro hasta que sus esperanzas desaparecieron.

Todavía no tenía sentido que él no hubiera triunfado, con todo lo que había oído sobre su talento y reputación. Yo no preguntaba. Pensé que el tema revolvería malos recuerdos que habían sido sepultados. Pero tal vez no preguntaba porque realmente no lo quería saber. Un fracaso de esa magnitud —perder el sueño más grande de su vida— era demasiado triste para siquiera pensar en él.

LOS SCOUTS PROFESIONALES comenzaron a observar mi segunda temporada en el colegio universitario Arizona Western. Tenía un promedio de 2.90 en carreras permitidas (ERA, por su sigla en inglés) y un promedio de bateo de .385. Hombres con grandes sombreros de pajilla y camisas de golf merodeaban por las gradas preguntando por información para contactarme. Les daba la dirección de mi abuela en Vega Alta porque en el barrio nuestro no se recibía correo. Los scouts no hacían promesas, pero yo sabía que su presencia significaba que sería reclutado.

—Prepárense —les dije a Mai y Pai—. Éste es el año.

Pensé en el ejemplo que les daría a Cheo y Yadier, cómo yo abriría el camino para ellos. Imaginé lo orgulloso que Pai se sentiría con un hijo jugando béisbol profesional en Estados Unidos. Yo no tenía ilusiones de que me firmarían por mucho dinero. Lo único que yo necesitaba era estar en una alineación, una oportunidad para demostrar mis habilidades.

El último día de clases, me senté con la señora El-Khayyat en un banco afuera de su aula. Le di las gracias por todo.

—Si el béisbol te falla —dijo—, todavía puedes ir a la universidad y recibir una educación. Eres un buen estudiante. Eres capaz de lograr muchas cosas.

—El béisbol es lo único que quiero.

Me abrazó y le di las gracias otra vez.

En la casa en Puerto Rico, Pai entró a la habitación mientras yo empacaba. Notó mi placa de Jugador Más Valioso en mi cómoda.

—¿Y esto qué es? —preguntó. No podía leer lo que decía en inglés.

—MVP (Jugador Más Valioso) —dije—. El equipo votó por mí.

—¿Por qué no has dicho nada?

Me encogí de hombros. Claro que había querido decírselo a él. Pero habría sonado como un alarde. Nadie alardeaba de nada en nuestra casa. No se hacía ostentación por premios recibidos. Pai no creía mucho en trofeos y placas. Eso lo aprendí temprano en la vida. Tenía yo seis años cuando una inundación atravesó nuestra pequeña casa de listones en Alta Vega. Mai y Pai habían llenado el automóvil de ropa y fotos familiares y cualquier mueble que cupiera. Nos quedamos unos días en casa de Mama, que tenía una casa en un terreno más alto.

Cuando la lluvia cesó, Pai condujo, evitando ramas caídas y escombros para llegar a nuestra casa. La puerta del frente estaba abierta de par en par, tumbada por la presión del agua. Subimos los tres escalones del frente. Mai aguantó la respiración. El piso estaba lleno de fango. La puerta trasera también estaba abierta. La mesa de la cocina se había caído contra la pared. El sofá estaba negro y enchumbado en agua. Casi todo lo demás había desaparecido, el agua lo había arrastrado.

—¡Pai! —dije yo, afligido—. ¡Tus trofeos!

Los chicos del vecindario solían venir a la casa a ver sus trofeos. Nadie tenía tantos trofeos como Pai.

—Estamos bien todos —dijo Pai, inspeccionando la casa por dentro con las manos en las caderas—. Eso es lo que importa.

Mientras Mai y él paleaban el fango de la sala y la cocina, Cheo y yo bajamos una ligera cuesta que daba a campo abierto, donde otros chicos ya estaban hurgando entre sillas rotas, cortinas de baño, sartenes de freír, estatuas de la Virgen María, televisores, camisetas, coches de niños, latones de basura, maletas, gavetas de cómodas, pantuflas.

Revolvimos todas las pilas.

Después de un rato, Cheo gritó de alegría.

—¡Encontré uno!

Tenía en la mano un trofeo enfangado que tenía el nombre de mi padre.

Poco después, yo encontré otro.

Los limpiamos con la camisa y corrimos a la casa con los trofeos en los brazos. Pai estaba destornillando una bisagra jorobada en la puerta trasera.

—¡Mira, Pai! —dijo Cheo.

—Mmm —murmuró, mirando el trofeo—. ¿Qué más?

Le mostré el que yo traía.

—¡Recuperamos dos!

—Aguántame aquí —dijo, dándome el destornillador. Pai manipuló la puerta, tratando de alinearla con el marco.

—¿De qué era éste? —pregunté, tratando de atraer una reacción más entusiasta por haber rescatado esas valiosas posesiones.

—Hace mucho tiempo de eso —dijo, sin levantar la vista—. Pónganlos por ahí y ayuden a su mamá.

Cheo y yo nos miramos. ¿Cómo podía importarle tan poco? Eran evidencia tangible de sus éxitos, como medallas en el uniforme de un soldado. Pero él casi nunca hablaba de sus honores y premios, por lo que años después, cuando gané el premio al Jugador Más Valioso, no lo mencioné.

En la habitación, mientras seguía empacando, Pai examinó la placa y la puso otra vez en la cómoda. No se dijo nada más el resto de la noche. Al día siguiente, la placa no estaba en su lugar.

Volvió a aparecer cuando Pai regresó del trabajo.

MAI ME HIZO compañía mientras yo esperaba la llamada junto al teléfono. Era el primero de junio de 1992. Día del reclutamiento. El reclutamiento amateur de las Grandes Ligas a principios de los años noventa no tenía un número fijo de vueltas. Duraba mientras los equipos seguían seleccionando jugadores. Un reclutamiento podía tener sesenta, setenta, ochenta vueltas durante cuatro o cinco días, con más de mil seiscientos jugadores seleccionados. Éste era mi tercer período de reclutamiento. No me llamaron en 1990 cuando terminé la secundaria, y tampoco en 1991 después de mi primer año en Arizona Western.

Yo sabía que era un bateador mucho mejor ahora y más versátil en el terreno que la mayoría de los jugadores. Había jugado todas las posiciones excepto receptor. No podía haber mil seiscientos jugadores jóvenes mejores que yo. Seguro que me seleccionarían en una de las últimas vueltas el tercer o cuarto día, cuando seleccionaban a cualquiera que pudiera llenar una vacancia en sus equipos afiliados. No me importaba cómo llegara a una alineación. Aunque fuera el último de los seleccionados.

Entonces no había Internet, teníamos que esperar junto al teléfono. Pai se sumó a Mai y a mí cuando llegó del trabajo. Cheo y Yadier entraban y salían entre la escuela y las prácticas. Cheo sería elegible para el reclutamiento el año siguiente, cuando terminara la secundaria. Ya los scouts estaban revoloteando alrededor de él como nunca lo habían hecho conmigo. Cheo tenía poder al bate y era receptor, una posición que estaba siempre en demanda. No todos tenían las habilidades y la personalidad particular que requería la posición.

Yadier tenía diez años y era mucho mejor que Cheo y yo a esa edad. Era fornido y sólido y tenía un cañón en el brazo. Ya podía batear pelotas sobre la cerca del terreno frente a nuestra casa, una hazaña que yo no logré hasta bien entrado en mi adolescencia. Era cuarto bate en el equipo de Pequeñas Ligas del que Pai, por supuesto, era el mánager. Los dioses del béisbol habían besado a Yadier no sólo con su cuerpo y su talento, sino también con haber nacido en una familia de béisbol. Tenía la ventaja de tener tres entrenadores en la casa: Pai, Cheo y yo. Yo ayudaba a Pai a dirigir el equipo de Pequeñas Ligas de Yadier. Él absorbía todo lo que le decíamos, aun cuando estuviera retozando sin prestar atención.

Permanecí mirando el teléfono durante cuatro días, saliendo solamente para ver a José o Yadier. El cuarto día, cuando estaba sentado en las gradas en uno de los terrenos locales, uno de los amigos de Pai dijo que el reclutamiento había terminado. Se lo había dicho un scout. Mil cuatrocientos diez jugadores habían sido reclutados. Los equipos habían dejado de seleccionar después de cincuenta vueltas.

No podía creerlo. Estaba enojadísimo con los scouts puertorriqueños. ¿Por qué no me apoyaban? Sabían cómo yo jugaba. ¿Por qué no me defendían? ¿Es que no consideraban que valía la pena seleccionarme siquiera en la vuelta cincuenta? En ese momento, no quería tener nada que ver con el béisbol. No jugué en dos semanas. Ni siquiera tuve en mis manos una pelota o un guante. Cuando Mai y Pai me preguntaban por qué no jugaba con los Maceteros, respondía: "¿Para qué? ¿Quién se va a fijar en mí?"

Ellos no decían nada. Sabían cuánto me dolía todo el asunto. Jugué un juego en tres semanas. Necesitaba los setenta y cinco dólares.

Cuando terminó la temporada de los Maceteros, Pai y yo estábamos en el terreno, hablando con otros tres o cuatro entrenadores. Nadie entendía por qué no me habían reclutado. Había tipos a quienes firmaban por miles de dólares que no eran tan buenos como yo.

—Oye —dijo Pai—. Tú vas a tener tu oportunidad.

Tú no la tuviste, pensé. ¿Cómo podía él creer en la imparcialidad y la *belleza* del béisbol cuando lo había jodido a él igual que me estaba jodiendo a mí? Los scouts era unos morones. No fueron capaces de ver el talento de mi padre hace veinte años y no podían ver el mío ahora.

—Puedes jugar amateur aquí —dijo Pai—. A los universitarios les pagan como cien por cada juego.

Pensé en darme por vencido, pero estaba demasiado enojado.

A principios de septiembre empecé a jugar con Hatillo otra vez en la liga Doble A y le pedí a Pai que me consiguiera un trabajo en la fábrica.

—Concéntrate en el béisbol —dijo.

Sabía que se me estaba agotando el tiempo. Acababa de cumplir dieciocho años. Mis amigos se estaban casando con sus novias de secundaria. Era así como funcionaban las cosas. Uno noviaba con una chica y se casaba con ella. Así que llamé a Josefa desde un teléfono público en el mercado de la esquina y le pedí que se casara conmigo.

MAI Y PAI se casaron cuando ella tenía veinticuatro y él tenía veintidós. Pai se negó a ponerse un traje. Se puso una guayabera blanca. A Mai no le importó. Ella se puso una blusa blanca y pantalones blancos. Casarse por la iglesia no entraba en los planes. No tenían dinero.

Se casaron en la sala de la casa de Titi Rosalía. Jacinto Camacho fue el padrino y pagó por la torta. Nadie trajo regalos. Mai y Pai no los esperaban.

—¿Qué mejor regalo que yo? —decía Mai siempre que contaba el cuento.

La luna de miel se redujo a dos noches en un hotel de la playa en Vega Alta.

Pai ya tenía un trabajo como operador de máquina ganando $1,40 la hora en la fábrica de Westinghouse. Su línea de ensamblaje hacía interruptores de circuito eléctrico. En aquella época, antes de yo nacer, trabajaba los turnos de madrugada para poder practicar béisbol por la tarde y en la temporada jugar por la noche. Mai nunca faltó a un juego.

EN SEPTIEMBRE ME fui del equipo de Hatillo y viajé a la casa de mi prometida en San Luis, México, a pedirle permiso al padre para casarnos. La boda se planeó para diciembre. No tenía suficiente dinero para regresar a Puerto Rico y viajar otra vez a México para la boda. Me quedé en México, durmiendo en el sofá de la familia. Jugaba béisbol los domingos y empecé a buscar trabajo.

Un compañero de equipo me consiguió empleo recogiendo coliflores en Yuma. Salíamos de San Luis a las cuatro y media de la mañana con almuerzos de burritos y frijoles en vasijas de Tupperware y cruzábamos hacia Yuma. Mi compañero me enseñó a agarrar la coliflor por la corona, cortarle el tallo, voltearla, cortarle las hojas y colocarla rápidamente en el camión que avanzaba junto a nosotros. Los trabajadores en el camión la limpiaban, la envolvían y la metían en cajas. Yo no podía cortarlas suficientemente rápido y tenía que pasarme el día alcanzando a los demás. El segundo día el supervisor vio que yo no tenía remedio y me puso a trabajar en el camión, lavando, envolviendo y empacando. Catorce horas después de haber comenzado nuestra jornada, llegábamos a San Luis. Comía, me quedaba dormido y lo volvía a hacer todo otra vez al día siguiente cuando salía el sol.

Pai no estaba contento de que yo estuviera trabajando en el campo.

—¿Es eso lo que quieres? —me preguntó.

—Tengo que ganar dinero.

—Si te interesa el béisbol, tienes que dedicarte al béisbol.

Tenía razón, pero yo estaba a punto de convertirme en un esposo. Tenía que pensar en ganarme la vida.

Cuando la cosecha de coliflor terminó, conseguí trabajo en Jack-in-the-Box en Yuma por $4,25 la hora, de medianoche a las ocho de la mañana. Mi prometida me llevaba en automóvil hasta la frontera y yo caminaba a través de la aduana hasta la parada de ómnibus y desde allí me iba a Yuma. El turno de mi prometida en Jack-in-the-Box comenzaba cuando terminaba el mío. Ella llegaba en el Chevelle de su familia a las ocho de la mañana y yo dormía en el auto hasta que ella ponchaba el reloj a las dos de la tarde. Entonces regresábamos a México juntos. Y yo me iba a practicar béisbol.

Mai y Yadier viajaron a México para la boda en diciembre. Asistieron nada más que unas veinticinco personas. Pai tuvo que trabajar y Cheo no tenía suficiente dinero para el boleto de avión.

En marzo, después de cinco meses haciendo hamburguesas y limpiando mesas, la voz de Pai se volvió más alta en mi cabeza. *Si te interesa el béisbol, tienes que dedicarte al béisbol.* Los scouts no iban a México. De modo que si quería una oportunidad, no sería en México. Mi esposa estuvo de acuerdo en mudarnos con Pai y Mai para yo poder jugar Doble A y asistir a cualquier prueba de las Grandes Ligas a la que pudiera ir. Todavía faltaban más de dos meses para el reclutamiento de junio.

Pai estaba encantado de tenerme de vuelta en el terreno frente a la casa, donde me bateaba pelotas por el suelo y servía de lanzador en mis prácticas de bateo como siempre. Mai y él dividían su tiempo entre los juegos de Cheo en la Legión Americana, los de Yadier en las Pequeñas Ligas y mis juegos con los Maceteros en la Doble A en Vega Alta. Yo iba a ver a Cheo y a Yadier cada vez que podía. Cheo estaba en su último año de secundaria y había florecido como jugador. Había ganado estatura y fortaleza en el año anterior y podía tirar a segunda base con tanta fuerza que los corredores casi nunca intentaban robarse la base. Se veía lo bien que controlaba el juego detrás de home.

En ese momento Yadier jugaba como lanzador, tercera base y receptor. Seguía siendo el cuarto bateador y bateaba hacia todas partes. Parecía que no había lanzamiento que él no pudiera batear. Había madurado mucho desde que yo lo había entrenado cuando niño. Mai siempre contaba que Yadier era el único niño de cinco años en la historia de las Pequeñas Ligas que enfurecía al árbitro hasta el punto de que lo expulsaba del juego. Al parecer, el pequeño Yadier le decía al árbitro que era un cabrón.

—Siempre tiene que haber una oveja negra —bromeaba Mai.

Pai se enojaba con Yadier, pero a la vez era más tolerante con él que con José y conmigo. Cuando Yadier tiró al suelo el casco una de las raras veces que se ponchó, Pai lo regañó en el banco.

—¡Que sea ésta la última vez que tiras un casco! —dijo Pai.

—¡Es que quiero ganar! ¡Quiero batear! —dijo Yadier.

Si José o yo hubiéramos tirado el casco, Pai nos habría enviado a la casa. Pero él le permitió a Yadier quedarse en el juego. No le gustaba su conducta, pero le encantaba su chispa, su ardiente deseo de ganar. Recuerdo una vez cuando a los siete u ocho años Yadier tiró su guante de receptor al suelo y se volvió a gritarle al árbitro, que casualmente era un cercano amigo de la familia.

—¿Por dónde quiere que pase la pelota? ¡Está en la zona de strike! ¿Adónde está mirando?

En otra ocasión, se quitó todos los arreos de receptor en el medio de un juego porque se enojó por algo. "¡No voy a jugar más como receptor!" exclamó. Pai lo mandó al banco. Cheo y yo nos sentamos con él y le hablamos amablemente sobre el concepto del respeto, de cómo ser un líder y un ejemplo. Si uno quería que Yadier lo escuchara, no podía confrontarlo. Sólo tenía que hablarle.

Ahora que era un adolescente, Yadier era más calmado y era absolutamente el líder del equipo. Mai, en cambio, no se había suavizado nada. Una vez que se formó una bronca en uno de los juegos de Yadier, Mai corrió hacia el terreno con un bate en la mano para proteger a su niño. Solamente una vez vi a Pai estallar de esa manera, y fue en la temporada que yo regresé a jugar en Puerto Rico en mi último esfuerzo para que me firmaran. Jugaba tres veces a la semana para los Maceteros. Como shortstop, en los jardines y como lanzador relevista que cerraba el juego. Mis compañeros de equipo me llamaban "College Boy" y me seguían preguntando por qué no me habían firmado. La mayoría de los universitarios que conocían habían obtenido contratos. ¿No era ése el propósito de ir a un colegio universitario en Estados Unidos? ¿Para qué ir dos años si no te firman? Yo no tenía respuesta.

Estábamos enfrentando a uno de los mejores lanzadores en el campeonato de la Doble A Norte. En varios juegos, yo había bateado de 7-7 contra él. Cuando vine a batear en el juego decisivo del campeonato, me hizo un lanzamiento a la cabeza. Me aparté. El próximo lanzamiento me golpeó en el codo. Vi a Mai en las gradas gritando con un bate en la mano. Después del juego, estaba en el banco cambiándome los zapatos y la camisa —los equipos visitadores no tenían áreas de vestidores— cuando oí un tumulto. Pai había esperado al lanzador afuera de la casa club. Mis hermanos y él lo confrontaron y Pai le tiró dos puñetazos que el lanzador amablemente esquivó. Él conocía a Pai, como todos, y esto no era característico de Pai.

—¡Señor Benjamín! ¿Qué está haciendo?

Los jugadores estaban sujetando a los dos hombres cuando yo llegué. Pai tenía la cara roja y sus fosas nasales dilatadas. Los músculos de la mandíbula se le retorcían. Nunca lo había visto tan furioso. De regreso a casa, me dijo que si yo lanzaba al día siguiente tenía que desquitarme y golpear a uno de sus jugadores. No a la cabeza, dijo. Tírale al trasero. Afortunadamente, no me tocó lanzar, porque no tenía la intención de golpear a nadie. Pero entendí la ira de Pai. Él sabía que yo me estaba esforzando mucho para que me firmaran y que se me estaba agotando el tiempo. Y ese lanzador había tratado de lastimarme y arruinar cualquier oportunidad que me quedaba.

Cuando Pai no podía ir a los juegos, trataba de escucharlos por radio. Después analizaba todo conmigo, inning por inning, mis turnos al bate y estrategia como lanzador. Nunca resentí sus comentarios. Me encantaban esas conversaciones con él. Recibía su completa atención y disfrutaba cada elogio.

Estaba en la mejor forma física de toda mi vida. Me ejercitaba más fuerte que nunca, motivado hasta la obsesión por el reloj que tenía en la cabeza. Corría con mi Walkman sujetado por la media sanitaria, trotaba en la playa, levantaba mis barras con las latas de galleta. El Caballo Loco. Iba con mi primo Julito al terreno de enfrente y nos tirábamos pelotas que llevábamos en un cubo de Pai. Cuando nos cansábamos de caerle atrás a los batazos, las bateábamos contra la cerca detrás del home. Cheo iba con nosotros cuando estaba en casa. Yadier también. Nos bateábamos por el suelo y batazos de fly. Yo practicaba tirándole pelotas desde los jardines a Cheo en home. Cheo practicaba retirando a corredores tratando de robarse la segunda base. Corríamos las bases, tratando de doblar en cada almohadilla de la manera más eficiente posible para lograr reducir nuestros tiempos una décima de segundo.

No había espacio en la casa de Mai y Pai para mí y mi esposa. No podía alquilar con sólo cien dólares por juego que recibía de los Maceteros. Necesitaba otro trabajo. Tío Papo era supervisor en la General Electric, y me consiguió un empleo en la línea de ensamblaje de la fábrica en Manatí, a veinte minutos de Espinosa.

Cuando llegué al trabajo el primer día encontré que dos de mis antiguos compañeros del equipo de Los Pobres trabajaban también en la línea de ensamblaje. Rápidamente me explicaron enfáticamente, como lo hice yo también, que ese trabajo era absolutamente temporal, un paliativo hasta que me firmaran, lo cual ocurriría definitivamente si los scouts tuvieran la mitad de sus cerebros.

Los scouts puertorriqueños eran nuestro tema favorito de conversación en la línea de ensamblaje. Todos estábamos de acuerdo en que eran unos idiotas y bribones que sabían todo sobre estadísticas y nada sobre béisbol. Se enamoraban de jugadores que *parecían* jugadores de béisbol, altos y anchos de hombros. Pero no podían ver a los *verdaderos* jugadores de béisbol que tenían delante. Hablamos mal del más reciente joven superestrella, asegurándonos unos a otros que éramos tan buenos como ese chico. Él simplemente tuvo la ventaja de ser lo suficientemente grande para que se fijaran en él. Nos aferramos a nuestras esperanzas de llegar a ser profesionales, o ser tan vehementes como cualquiera haciendo enchufes en una línea de ensamblaje.

Mi trabajo era atornillar tres piezas de plástico a un enchufe parcialmente ensamblado y pasárselo al que estaba a mi lado. Él hacía su parte y lo pasaba al próximo y así seguía hasta el final de la línea. Terminábamos un enchufe completo cada tres o cinco minutos desde las 7:30 de la mañana hasta las 3:30 de la tarde. Todos los días. La misma rutina. La mayor parte del tiempo de pie.

¿Cómo Pai podía haber hecho esto durante dos décadas? Nunca había pensado en lo que Pai hacía cuando no estaba en casa. Lo único que sabía era que trabajaba en una fábrica. Ahora sabía un poco más. Él calibraba los interruptores eléctricos terminados antes de que fueran puestos en cajas y embarcados. "Uno hace lo que necesita hacer, aunque sea limpiando pisos", me dijo uno de sus compañeros de trabajo de muchos años. Pai permanecía de pie todo el día excepto para hacer sus reportes diarios. En sus cincuenta y pico de años, me dijo su compañero, Pai ganaba doce dólares la hora. Pagaban los viernes. Pai y los demás trabajadores cobraban sus cheques en la hora de almuerzo y gastaban mucho en un restaurante frente a la planta. Después del trabajo, iban a beber al bar de Rafy, al Barceloneta, El Motivo o Guacaro. La gente me contaba que Pai daba una fuerte palmada en el mostrador del bar y decía: "¡Una ronda por la casa!" y la gente se alborotaba cuando les servían. Luego volvía a dar otra palmada. Más alboroto, más cerveza. Sin embargo, si su equipo de Pequeñas Ligas tenía prácticas, me contó su compañero, Pai se iba enseguida. "Nunca les falló a esos chicos", dijo.

Con mi jornal de $187 semanales, mi esposa y yo rentamos un estudio de una habitación por $250 mensuales en el primer piso de un triste edificio grande donde los vendedores de drogas hacían sus ventas y chanchullos en las escaleras. No estaba lejos de Mai y Pai. Espinosa nunca había sido como Mayberry, pero ahora tenía una vertiente criminal que tenía a todos cerrando sus automóviles con llave y manteniendo a los hijos cerca de la casa. La primera noche oímos disparos. Empecé a esconder un bate debajo de la cama. Procuraba que mi esposa pasara la mayor parte del tiempo en casa de Mai y Pai mientras yo estaba trabajando, en las prácticas o en alguna prueba.

Estaba jugando mejor que nunca. Era el líder de carreras impulsadas en la liga Doble A y estaba entre los primeros cinco en jonrones y promedio de bateo. Estábamos a finales de mayo de 1993. El reclutamiento sería en dos semanas. Había estado asistiendo a las pruebas semanales desde que llegué a Puerto Rico. Siempre había un scout impresionado porque yo jugaba tantas posiciones. Me pedía el número de teléfono. Pero nunca llamaba.

Una noche a finales de mayo, el último viernes de la temporada de primavera, bateé de 5-4 con dos triples y dos dobles. Una de las mejores noches de mi vida. Y ocurrió en Utuado, donde Pai había adquirido su fama.

—¡Qué juego! —dijo Pai cuando regresábamos a la casa—. Ese triple fue un swing perfecto.

En lugar de levantarme el espíritu, los elogios de Pai me deprimían. No podía jugar mejor. Era mi mejor juego. Y nunca iba a ser suficiente. Esa verdad me golpeó súbitamente con una claridad transparente. Nunca me iban a firmar. Nunca iba a ser lo que los scouts querían. No bateaba con suficiente poder. No lanzaba con suficiente velocidad. No corría las bases con suficiente agilidad.

¿Cómo iba a decirle a Pai que acababa de ver mi último juego de béisbol?

De regreso a casa en el automóvil, pasamos por algunos terrenos de béisbol en nuestro vecindario. En lugar de sitios mágicos, los terrenos parecían ahora horribles espejos mostrándome verdaderamente quién yo era. Uno más. No más que un aspirante. Un joven destinado a vestir un uniforme en una fábrica y a ponchar una tarjeta.

En la cama esa noche finalmente tranquilicé mi mente y me dormí, sólo para despertarme bruscamente cuando oí a alguien tocando a la puerta fuertemente. Saqué el bate de debajo de la cama, me puse de pie de un salto y le grité a mi esposa que se escondiera en el clóset. Me coloqué junto a la puerta. Si alguien entraba a la fuerza, lo iba a sentir. El picaporte se sacudió. Levanté el bate. Oí las pisadas alejándose.

¿Qué clase de vida era ésa? Indigentes y adictos. Paredes derrumbándose. En La Número Dos pidiéndole a la gente que me llevara en sus vehículos porque no podía comprar un automóvil. Comiendo en casa de Mai porque no nos quedaba nada ya en los gabinetes.

—Oye, yo sé que estás extrañando a tu familia —le dije a mi esposa, regresando a la cama—. Estoy cansado de toda esta basura. Vamos a empacar. Voy a conseguir un trabajo en Yuma.

Sabía que podía ganar mil dólares a la semana recogiendo lechuga. Yuma era la capital de la lechuga en Estados Unidos. Después de la cosecha, tal vez regresaría a los estudios como había sugerido la señora El-Khayyat y haría algo con computadoras.

Cuando abrí los ojos había ya amanecido, y se posaron inmediatamente en mi bolso de béisbol en el piso junto al baño. Lo halé hacia mí y me senté en el borde de la cama. Saqué mis zapatos de spikes Pony que estaban debajo de los bates y guantes. Me pregunté cuántas millas entre bases habían corrido esos spikes. Los amarré juntos por los cordones. Mi esposa se volvió hacia mí.

—¿Qué estás haciendo? ¿Qué hora es?"

—Ahora regreso.

El cielo tenía un color naranja-rojizo a través de las ramas de la pomarrosa y el aire olía a limpio y fresco. Hasta el apartamento pudriéndose se veía casi gentil en la luz de la mañana. Los vehículos hacían un zumbido en la distancia por La Número Dos. Un gallo cantó. Las calles estaban vacías. Caminé en dirección a la carretera hacia el primer grupo de postes telefónicos. Miré arriba hacia el cable eléctrico que se estiraba entre dos postes y medí la distancia. Medí la distancia y el ángulo, dando un paso atrás y luego dos. Agarrando un zapato con una mano, lancé el otro sobre el cable. Se enrollaron un par de veces alrededor del cable y allí quedaron. Su última carrera. Se mecieron unas cuantas veces y se detuvieron, colgados encima de mí como algo muerto.

Le dije a Pai que había terminado.

—No puedes darte por vencido —dijo—. Necesitas seguir jugando.

Todavía él pensaba que todo se iba a resolver. Pensaba que todo me iba a ir bien, como me decía siempre. Pero nada me iba bien. No podía vivir a la altura de sus expectativas sobre mí. Yo sentía más ganas de jugar que nunca, pero no podía seguir esperando y confiando y desplomándome hasta que Pai me tuviera lástima. No podía verme haciendo eso. Una vez había sido inconcebible que yo me pasaría la vida en una línea de ensamblaje. Ahora tenía el mal olor de la inevitabilidad.

—Pai —dije, modulando mi voz temblorosa—. Voy a estar bien. Conseguiré más horas en la fábrica y ayudaré a Cheo y a Yadier para que ellos sí lleguen.

Ellos podrían hacer realidad el sueño de Pai.

En la cama esa noche, me pregunté si era eso lo que Pai sintió cuando finalmente tuvo que enfrentar la realidad y darse por vencido. ¿Entendía él realmente lo que estaba dejando escapar? ¿Que estaba perdiendo la mejor versión de su persona? A mí me gustaba lo que yo era en el terreno. No tenía dudas ni inseguridad. ¿Qué iba yo a ser sin eso y sin las reglas y el marco de béisbol para guiar mi vida?

La mañana siguiente, mi esposa y yo estábamos viendo televisión y haciendo planes para Yuma cuando alguien tocó ferozmente a la puerta y la sacudió.

—¡Coño! —dije yo, agarrando el bate otra vez—. ¿Qué cosa es esto? ¡Vete, o te reviento el cráneo!

—¡Bengie, abre!

La voz de Cheo.

Abrí la puerta y se me tiró encima en un abrazo.

—¿Qué te pasa? —pregunté—. Casi nos matas del susto.

—¡Te van a probar!

—¿De qué estás hablando?

Me explicó que había tenido una prueba esa mañana en el terreno Parcelas Carmen con dos scouts de los Ángeles de California, uno puertorriqueño y uno estadounidense. Mai había ido con él y le había agitado un puñado de recortes de periódico a los scouts en la cara. "¡Tienen que ver a mi otro hijo!" Había llevado artículos sobre mí como el mejor jugador del torneo de la Legión Americana, el Jugador Más Valioso en el colegio universitario y líder en carreras impulsadas en la Doble A. Llevaba también la primera plana de la sección de deportes de esa mañana con una foto mía grande y un artículo por el juego de la noche en que bateé de 5-4 con los Maceteros.

Cheo dijo que Georgie, un scout puertorriqueño de mucho tiempo, le decía a Mai que se fuera, pero ella no cedía.

—Me lo puedo imaginar —dije.

Movido por la cortesía, la exasperación o el temor, el scout estadounidense accedió a probarme a las tres de la tarde.

Si un scout tiene que ser presionado por la mamá de alguien para hacerle una prueba, no era probable que estuviera entregando un contrato inmediatamente después.

—Ve tú y ten una buena carrera —le dije a Cheo—. Eso es bueno. Yo estoy bien. Mi tiempo ya pasó.

—Ponte los pantalones y la camisa. Esta puede ser tu oportunidad.

—No voy a ir.

—Sí vas a ir.

—Es una pérdida de tiempo.

—Ve y dile eso a Mai.

Accedí finalmente a ir al terreno Parcelas Carmen a las tres.

—Hay un solo problema —dije.

Llevé a Cheo a la calle y le señalé donde estaban colgados mis spikes. Cheo dijo que usara los suyos, aunque eran una talla más grandes.

Cheo, Mai y Pai fueron conmigo a Parcelas Carmen. Tenía el pecho apretado. No por la prueba. Es que sabía que no tenía chance. Pero no quería decepcionar a Mai y a Pai. Ellos todavía pensaban que, después de mis más de setenta y cinco pruebas, alguien iba a ver algo en mí que los demás no habían visto. Tal vez esta prueba los convencería de que el béisbol ya ha terminado para mí. Necesitaban ser testigos ellos mismos del rechazo, como alguien que tiene que ver el cadáver para aceptar que alguien ha muerto.

En el terreno, el scout estadounidense estaba solo en las gradas. Mai enseguida se le sentó al lado. Le estreché la mano y le di las gracias en inglés por la oportunidad. Su nombre era Ray Poitevint. Saludé con la mano desde lejos a Georgie, el scout puertorriqueño, que estaba en el terreno. No me gustaba Georgie. Nunca me hizo una prueba justa. Corrí hacia el jardín derecho y me tiré algunas pelotas con Pai para aflojarme el brazo. Él notó lo nervioso que estaba. Pensó que me preocupaba de que no me fuera bien.

—Relájate —dijo Pai—. Es sólo una prueba más. Haz lo tuyo y todo va a salir bien.

—Estoy bien.

—Yo lo sé.

Poitevint me llamó.

—¡Oye, ven para acá, detrás de home!

Pensé que quería medir mi velocidad de home a primera. Está bien, pensé. Acabemos esto de una vez. Sabía que yo sería demasiado lento para encajar en su logaritmo o lo que fuera que usaba para seleccionar a jugadores.

Cuando llegué al home, Poitevint estaba esperando.

—¿Estás listo? ¿Tienes el brazo suelto?.

Entonces me dio una mascota de receptor.

—Tira a segunda base —dijo Poitevint, colocándose detrás de la malla que está detrás del receptor. Tenía un cronómetro en la mano—. Vamos a ver cómo te va.

Miré a Pai. Esto era una locura. Esa era la única posición que yo nunca había jugado, ¿y era esa precisamente la que querían ver?

—Oye —dijo Pai—. Tienes dos hermanos receptores. Tú los has visto. Dale.

Me agaché detrás del plato. Pai, en el montículo, lanzó una pelota. La agarré y la tiré con toda mi fuerza a Cheo en segunda.

—*Wow*! —dijo Poitevint, silbando y mostrándole el cronómetro a Georgie—. Uno-ocho.

—Otra vez —dijo.

Recibí el lanzamiento de Pai y le tiré a Cheo.

—Uno-nueve. ¿Tú nunca has sido receptor?

—Lanzador, jardinero y en el cuadro —dije.

Me observó tirar una docena más.

—Vamos a ver tu bateo.

Yo había traído un bate que me había dado el primo de mi padre, Carmelo Martínez, que había jugado con los Padres, los Cachorros y los Piratas. Era uno de 35 pulgadas; usualmente usaba el de 33. Pero quería ver si me daba más poder. No tenía nada que perder. Pai lanzó y bateé la bola hacia los jardines, una línea tras otra. Poitevint, de pie detrás de la malla detrás del receptor, comenzó a indicarme hacia dónde batear:

—¡Jardín derecho!

—¡Hálala!

—¡Jardín central!

¡Ban! ¡Ban! ¡Ban! Las pulvericé todas.

—Ahora batea y corre hacia primera.

Los zapatos grandes de Cheo me hicieron más lento que de costumbre. Crucé la primera y me volví a tiempo para ver a Poitevint mirar su cronómetro y arrugar el ceño.

—No necesito ver más —me dijo.

No me sorprendí. Se acabó.

—Mi hijo, él es muy bueno —oí que Mai decía en español cuando llegué junto a Poitevint detrás de la malla. Félix Caro, que había hecho los arreglos para que yo fuera al colegio universitario, había llegado. Seguro que Mai lo llamó. Traía el anuario de béisbol de Western College. Lo abrió a la página donde hay una foto mía recibiendo la placa de Jugador Más Valioso. Poitevint se llevó a Félix a un lado, pero pude oír la conversación.

—¿Por qué no han firmado a este chico? —preguntó Poitevint.

—No sé. Deberían haberlo firmado.

—¿Es un chico malo? ¿Usa drogas? ¿Es un cañón suelto?

—Éste es uno de los mejores tipos que vas a conocer en tu vida. Trabaja duro. No sé por qué nadie le ha dado una oportunidad.

Los dos hombres se unieron al resto del grupo. O a la mayoría de nosotros. Pai se había ido detrás de las gradas. Tal vez no podía presenciar que me eliminaran por última vez.

—Bueno —me dijo Poitevint en inglés—. Me gusta todo lo que hiciste. Se ve que vienes de una familia de béisbol. Pero no te puedo firmar como lanzador o tercera base o jardinero. Nunca vas a salir de Clase A con tu manera de correr. Pero me gusta tu brazo y tu bate. Así que, hoy es sábado —continuó—. Georgie va a ir a tu casa el lunes para firmarte. Empieza a empacar. Vas a ir a Mesa, Arizona, para los juegos de novatos el martes. Vas a aprender a ser receptor.

Mai me agarró por el brazo.

—¿Qué está diciendo? Dime lo que dijo.

—Quiere que yo juegue béisbol de novatos —dije en español, apenas creyéndolo yo mismo.

—¿Qué? —gritó Mai.

De momento Georgie empezó a discutir con Poitevint.

—Él no es receptor. Si quieres un receptor, firma a Cheo.

—¡Oye, cállate, hombre! —dije en español—. ¿Este es mi único chance y me lo vas a estropear? ¿Qué estás haciendo?

La cara de Mai se oscureció como lo hace cuando está a punto de estallar. Pero Poitevint se le adelantó.

—Si yo te digo que firmes a un jugador, tú lo firmas —Entonces se volvió hacia mí—. ¿Estás listo para jugar profesional?

—He estado esperando toda mi vida.

Mai me agarró el brazo otra vez.

—¿Te va a firmar? ¿Por cuánto?

Le pregunté a Poitevint directamente.

—¿Cuánto, señor?

—Veinticinco mil.

Le traduje a Mai y empezó a llorar.

—¿Oíste, Benjamín?

Pai salió de detrás de las gradas. Había perdido toda la conversación.

—¿Qué?

—¡Bengie va a jugar con los novatos! ¡Con los Ángeles!

—¡Ay, hombre! —dijo Pai, alumbrándosele la cara como si se hubiera ganado la lotería. Me abrazó y se demoró más de lo usual en soltarme—. Te mereces esto.

Poitevint me dijo que me quedara con la mascota de receptor, modelo Lance Parrish. Estaba feliz de quedarme con ella, aunque sólo fuera como evidencia de que lo que acababa de ocurrir había realmente ocurrido.

Irrumpí en nuestro apartamento agitando mi nueva mascota.

—¡Nos vamos de este basurero! —le dije a mi esposa—. ¡Salimos el martes!

Celebramos esa noche en casa de Mai y Pai. Mai había llamado a las tías, tíos y primos. Pai exprimió toronjas de la mata y preparó cócteles de vodka. Mai cocinó bistec con cebollas, arroz, frijoles y tostones. Todo parecía un sueño.

El lunes, Georgie trajo el contrato a la casa de Mai y Pai. Nos sentamos alrededor de la mesa de la cocina: Mai, Pai, Cheo, Yadier, mi esposa y yo. El contrato estaba en inglés y no tenía mi nombre ni la cantidad de dinero. Sólo la fecha de ese día.

—No te preocupes —dijo Georgie—. Yo me ocupo de rellenar el resto.

No confiaba en él, pero firmé. Me dijo que recibiría mi cheque en el campamento de novatos.

Poitevint llamó esa tarde.

—¿Estás listo para mañana?

—Sí, señor. ¿Qué debo llevar conmigo?

—Ellos te darán todo lo que necesites.

Le di las gracias otra vez y le dije que yo iba a trabajar duro para demostrarle que había tomado la decisión correcta.

Mi esposa y yo empacamos todo lo que teníamos en una maleta y en un maletín de mano.

—Bueno, ahora eres un profesional —me dijo Pai, abrazándome en la puerta de embarque del aeropuerto—. Es oficial.

—Gracias por todo. Estoy yendo por ti. Te quiero, Pai.

—Trabaja duro. Pon tu mayor esfuerzo siempre. Déjalo todo en el terreno. Ésta es la oportunidad que has estado esperando. Aprovéchala. Haz que todo salga bien.

En el avión, recé una oración. Sabía que era infantil para un hombre adulto pensar que Dios concedía deseos como el genio de la lámpara. Pero oré de todos modos.

Por favor, déjame estar a la altura del momento. Por favor, déjame hacer realidad el sueño de Pai.

TERCERA PARTE

LOS JUGADORES DEL campamento parecían haber salido de una revista de béisbol: mandíbula cuadrada, hombros anchos, piernas largas. Exhibían un brillo de confianza en los ojos. Caminaban por la casa club como si todo el asunto de las ligas menores fuera una mera formalidad, como sus nombres ya estuvieran cosiéndose en los uniformes de las Grandes Ligas.

A mí me quedaba grande todo aquello.

Sabía lo que diría Pai: No te preocupes. Todo se prueba en el terreno.

Mi vestidor en el complejo de ligas menores de los Ángeles en Mesa estaba junto a los de otros cinco receptores. En el campamento había una gama de receptores jóvenes. Todos éramos parte de lo que llamaban el sistema de granjas, donde las organizaciones de las Grandes Ligas "cultivan" a sus próximas estrellas. El sistema de granjas de cada equipo tiene cinco niveles de competencia: béisbol de novatos, Clase A Baja, A Sencilla, Doble A y Triple A. Sin embargo, A Sencilla tiene a su vez tres niveles: A Corta, A Baja y A Alta. Juegan en diferentes partes del país contra otros equipos de ligas menores. La mayoría de los jugadores de ligas menores habían sido enviados a equipos en Boise, Idaho, Lake Elsinore, California y Midland, Texas; sus temporadas comenzaban en abril.

Los que quedaban en el campamento ahora, en mayo, caían en tres categorías: novatos como yo, jugadores de experiencia recuperándose de lesiones y jugadores descartados por otros equipos. Los novatos permanecerían en Mesa para jugar en la Liga de Novatos desde mediados de junio hasta fines de agosto. Los demás serían enviados a un equipo de ligas menores, colocados en la lista de inhabilitados o liberados.

Desempaqué mi pequeño bolso de béisbol que había traído de casa —un guante de jugador de cuadro, la mascota de receptor de Poitevint, desodorante, un peine, una cuchilla de afeitar. En mi vestidor había colgadas dos camisas de uniforme con un logo rojo en el frente que decía Angels.

Entonces desempaqué el bolso más grande de los Ángeles que me había entregado Eric, el auxiliar que me había recogido en el aeropuerto de Phoenix. Dos pares de pantalones de uniformes, shorts de deslizarse, camisetas de prácticas con el logo de los Ángeles, medias sanitarias, medias atléticas y un equipo completo de receptor: protectores de las piernas, careta y protector del pecho. Todo nuevo.

Metí la mano en el bolso.

Nada, no había spikes.

Miré a los vestidores a mis dos lados. Todos tenían sus propios spikes. Me fijé también en sus mascotas de receptor. Eran magníficas, gruesas. Las partes que amortiguaban los lanzamientos eran negras y el resto de la piel era marrón terciopelo, el color de la tierra del cuadro, impresionantemente arañado y marcado. Los gruesos cordones de los bordes estaban apretados como músculos tensos. Si alguna vez tuviera que cubrir una granada, estos eran los guantes que usaría.

Noté que el receptor en el vestidor contiguo miraba detenidamente a mi mascota en el banco entre nosotros. La miraba y la miraba a como tratando de saber si era la que yo iba realmente a utilizar. Mi mascota, comparada con la suya, era un juguete de playa de plástico. Me di cuenta de que no era siquiera piel de verdad. Las partes cosidas se veían baratas. Pero a mí no me importaba. Estaba feliz. Así y todo, la quité del banco y la metí en el anaquel de mi vestidor.

Me fui a buscar a alguien que tuviera un par de spikes extra. Di unos pasos y regresé enseguida para coger mi mascota. Había visto a varios jugadores alrededor de mi vestidor, mirándola embobados.

Busqué a los jugadores latinos que había conocido en el vestíbulo del hotel esa mañana. Los latinos se sentían más cómodos apoyándose mutuamente que los jugadores estadounidenses. Tal vez era porque la mayoría había crecido en la pobreza. Compartíamos los juguetes. Inventábamos juegos juntos. Nunca nos sentíamos realmente solos. Cuando estaba en mi casa en Dorado, los vecinos se apiñaban en las cocinas de los demás y en los patios para celebrar cumpleaños, velar a los muertos, arreglar goteras y cuidar a hijos e hijas. Cuando uno tenía dificultades, los demás compartían la carga. El béisbol lo jugábamos de la misma manera.

Pero, por supuesto, ninguno de los jugadores latinos tenía un par de spikes extra. No tenían más dinero que yo.

Encontré a Eric, el auxiliar, en la lavandería doblando toallas.

—¿No trajiste spikes? —preguntó.

Le dije que había olvidado traerlos, lo cual sonaba menos estúpido que si le hubiera contado que los había tirado sobre un cable eléctrico.

—Dame unos minutos para ver qué tenemos.

Regresé al vestidor y me di cuenta de que tampoco tenía guantes de batear.

Regresé a la lavandería.

Eric me dijo que esperara y desapareció por el pasillo. Regresó con spikes que otro jugador había dejado y dos pares usados de guantes de bateo.

Zapatos prestados, guantes prestados, mascota prestada. Casi nada era mío, ni siquiera la posición que se suponía que yo jugara.

EL MÁNAGER DEL béisbol de novatos de los Ángeles, el ex receptor Bill Lachemann, tenía el pelo blanco y la cara curtida. Su cuerpo era como el mío: bajito, con cintura gruesa y piernas fuertes. La casa club hizo silencio cuando él salió de su oficina y se paró frente a todos. Se sonrió y se frotó las manos, mirándonos.

—Bienvenidos a los Ángeles de California —dijo.

Respiré profundo. Cuatro días antes había estado planeando irme a recoger lechuga en Yuma.

Lachemann introdujo a sus coaches asistentes. Reconocí al coach de receptores, Orlando Mercado, muy conocido en Puerto Rico. Era de Arecibo y había jugado con ocho equipos de las Grandes Ligas. Lachemann explicó que nos dividiríamos en grupos y nos dispersaríamos en los cuatro terrenos del complejo, dos jaulas de prácticas de bateo y alrededor de veinte montículos de lanzadores. Cada grupo tenía su propio horario de prácticas, que sería escrito cada mañana en una pizarra. Un sonido de corneta nos indicaría que debemos movernos hacia la próxima práctica y sitio.

Los seis receptores formamos un solo grupo. Cuando me tocó el turno detrás de home ese primer día, recibí un lanzamiento y Mercado me detuvo.

—¡B-Mo! Gira la mano hacia el otro lado! ¡El pulgar hacia arriba!

Si uno imaginara el guante como un reloj, el pulgar se suponía que estuviera en la hora dos o tres. Pero yo levantaba el codo cuando venía el lanzamiento y ponía el pulgar apuntando a la hora seis. Y ahí colgaba esperando que lo fracturaran. Además, si uno trataba de recibir un lanzamiento adentro de esa manera, retorcía el brazo y la mano hacia afuera. Tenía que permanecer centrado, con el codo hacia abajo y el pulgar hacia arriba, permitiendo un alcance más amplio y una mayor flexibilidad para reaccionar a los lanzamientos.

Lo hice bien en algunos lanzamientos, pero el pulgar empezó a apuntar hacia abajo otra vez. Mercado me rectificó. Y yo me repetía: *hacia arriba, arriba.* Era definitivamente el peor receptor del campamento.

—¡B-Mo, baja la rodilla y gírala hacia acá! —decía Mercado, mostrándome cómo girar mi rodilla izquierda hacia adentro y abajo para que no interfiriera cuando tuviera que recibir lanzamientos hacia mi izquierda. Mercado, Lachemann y otro coach de receptores, John McNamara, trabajaron duro conmigo. McNamara me enseñó más acerca de la parte mental del juego: cómo controlar el tiempo, como concentrarme, cómo permanecer fuerte. Mercado era el técnico. Me enseñó literalmente cómo recibir los lanzamientos.

Pronto me empezó a doler la mano por el impacto de los lanzamientos. El área de la palma de la mano de mi mascota barata había empezado a romperse y a arrugarse. Sabía bien que no podía culpar a la mascota de mi torpeza. No buscar excusas era una de las reglas de Pai. La aprendí el día que revisamos el terreno de béisbol después de la inundación que se llevó la mayoría de sus trofeos.

Llevábamos rastrillos y palas en el baúl del automóvil de Pai. El terreno no se veía tan mal. Rellenamos baches y barrimos charcos. Los chicos del vecindario se aparecieron con envases plásticos y empezaron a cavar tierra más seca de las líneas entre las bases para regarla sobre el fango en primera y tercera.

Todavía quedaba un poco de luz solar cuando Pai sacó el bolso de pelotas y bates del automóvil. Los otros chicos corrieron a sus casas a buscar sus guantes. Pai me bateó algunos roletazos hacia el campo corto mientras Cheo recibía mis tiros en home. Pai les asignó posiciones a los chicos del barrio y nos bateaba elevados y líneas y roletazos. Yo apenas podía parar un machucón. Una tras otra, las pelotas se me escapabas por debajo del guante o rebotaban y se me iban. Yo tenía sólo seis años, pero así y todo esperaba mucho más de mí mismo.

—¡Dóblate! —decía Pai—. ¡Enfréntate a la pelota!

Cuando el sol cayó por debajo de las matas de tamarindo, nos llamó. Cheo, que tenía cinco años, empezó a meter las pelotas y los bates en el bolso de Pai. Yo no me moví de mi posición en el campo corto.

—Unas más —dije. En la luz rosada-gris, tenía que entrecerrar los ojos para ver a Pai en el home.

Me bateó una por el suelo. Y otra. Diez. Veinte. Treinta. Se me escapaban la mitad. Con cada una que fallaba, aumentaba mi frustración. Sentía el ardor de lágrimas reprimidas en la nariz y los ojos. Pai siguió bateando y yo seguí fildeando hasta que oscureció demasiado y no se podía ver.

De regreso a casa, me senté encorvado en el asiento junto a Pai en el automóvil.

—Tienes que hacerle frente a la pelota —dijo Pai—. No le quites la vista. Tienes buenas manos.

Empecé a golpear el guante con la otra mano, doblando los dedos hacia el centro.

—El guante es muy pequeño —dije.

—El guante está bien.

En el asiento trasero, Cheo estaba desatando un nudo a los zapatos mojados.

—El terreno estaba muy mojado —dije.

—El terreno está bien.

Me volteé con los brazos cruzados. En la ventanilla podía verme la cara torcida como una media vieja. Pai no trataba de hacerme sentir mejor. ¿Del lado de quién está?

—Mi hijo —me dijo—. Escúchame.

Me volví hacia él.

—Uno juega con lo que tiene —dijo Pai—. Tienes que saber cómo arreglártelas para que sea suficiente.

En Mesa, entre las estrellas y los machazos del campamento de novatos de los Ángeles, mi mascota rota tendría que ser suficiente. Cuando regresamos al hotel esa tarde, caminé al 7-Eleven y compré Krazy Glue.

ERIC ME ENTREGÓ un sobre en la casa club. Era un cheque por $770 de los Ángeles. Toqué a la puerta de Bill Lachemann y le pregunté por el resto de los $25.000 de mi bono por firmar.

—Lo único que sé es que eso es lo que te corresponde —dijo—. Lo siento si te dijeron algo diferente.

—¡Georgie sabe bien que el scout estadounidense dijo $25.000! —Pai me dijo por teléfono elevando la voz—. ¡Si los Ángeles te mandan a casa, mejor es que Georgie se cuide!

Pai sabía, como lo sabía yo también, que mientras menos dinero invirtieran en uno, menos comprometidos estaban con el éxito que uno tuviera. Un equipo se daba por vencido más pronto con un jugador de $1.000 que con uno de $25.000 o uno de $300.000. Mi compañero de cuarto, un lanzador puertorriqueño de diecisiete años llamado José, era un jugador de $300.000. Se parecía a Dwight Gooden y lanzaba bolas rápidas a 95 millas por hora. Él tendría que incurrir en un fracaso enorme para que los Ángeles lo dejaran ir. Mientras que a mí me podían eliminar sin pensarlo dos veces.

Oí a Pai respirar profundo.

—Escúchame —dijo—. Olvida esto. Ya está hecho. No hay nada que puedas hacer. Concéntrate en jugar béisbol.

Envié un giro de $700 a una oficina de Western Union en Yuma. Mi esposa vendría por auto desde México, donde estaba viviendo con sus padres, a recogerlo. Parte del dinero era para devolverle a su padre el dinero que nos había prestado para comprar el boleto de Puerto Rico a Arizona. Yo estaba ganando solamente $333 mensuales como jugador de ligas menores, pero era suficiente para mi esposa y para mí. Casi no gastaba en comida. Comía lo más que podía en la casa club y en la cafetería del centro comercial, donde los Ángeles nos pagaban una segunda comida todos los días. Metía lo más que podía en mi bolso de béisbol para más tarde.

Dos semanas después de yo firmar con los Ángeles, los Cachorros reclutaron a Cheo en la vuelta catorce y firmó por $31.000.

A diferencia de mi caso, él tenía un agente que se aseguraba de que recibiera exactamente lo que se le había prometido. Compró un

Mitsubishi Mirage y sorprendió a Mai haciendo un pago inicial de $13.000 por la casa de al lado de donde ellos alquilaban en Kuilan. Era un poco más grande y a Mai siempre le había gustado. Por primera vez, Mai y Pai pagarían una hipoteca en vez de alquiler.

Igual que los Ángeles, los Cachorros entrenaban en Mesa, así que Cheo y yo estábamos cerca. Sabía que su experiencia en el campamento de novatos sería diferente a la mía. Una, porque él sabía jugar su posición. Y otra, porque su agente le conseguiría equipo gratis, como lo hacían todos los agentes. No tendría que estarle rogando a los auxiliares para que le dieran cosas usadas o descartadas por otros jugadores.

Cheo y yo en Estados Unidos, Yadier era el único que esperaba a Pai cuando regresaba del trabajo. Yadier probablemente estaría ya en el terreno cuando Pai llegaba. Era demasiado inquieto para sentarse en el piso, como hacíamos Cheo y yo, para esperar que Pai terminara de ver *El Chavo*.

Después de un mes en la Liga de Novatos, todavía estaba recibiendo la pelota con el pulgar hacia abajo. Efectivamente, tal como me había advertido Mercado, un pelotazo de foul me torció el pulgar y no pude jugar como receptor las últimas seis semanas de campamento. Jugué como bateador designado el resto del tiempo.

Al final del campamento de novatos, Lachemann nos reunió en la casa club. Nos dijo que trabajáramos fuerte, que siguiéramos aprendiendo y que entendiéramos que íbamos a tener momentos buenos y malos. Entonces dijo algo que nunca olvidé.

—De todos los que están aquí, tal vez tres lleguen a las Grandes Ligas. Esas son las estadísticas. Así que no pueden dejar caer la guardia ni un solo segundo.

¿Tres?

Miré alrededor mío. Estaba el tipo que había recibido un bono de un millón de dólares al firmar. El otro que estaba más allá ya había ganado honores de todos-estrellas en las ligas menores. Y José, mi talentoso compañero de cuarto, era cosa segura.

Ahí estaban los tres.

Un grupo selecto de los principales prospectos —incluyendo a mi compañero de cuarto, el virtuoso lanzador— fueron a jugar en la Liga de Otoño de Arizona. El resto de nosotros estaríamos por nuestra propia cuenta desde septiembre hasta que comenzara el entrenamiento de primavera en febrero.

Me fui a pasar ese tiempo con mi esposa en México y trabajé con mi suegro en los huertos de cítricos en Yuma, escarbando zanjas de irrigación y colocando tuberías. Y jugaba béisbol en San Luis, México. Mi mascota, un desfigurado desastre lleno de marcas de Krazy Glue, finalmente se hizo pedazos. El mánager de San Luis me dio una de sus usadas. No era de una marca conocida, pero era piel legítima. Yo no tenía agente que me consiguiera un guante o dinero extra para gastar. Aunque tuviera dinero, era difícil encontrar un buen guante en México.

En febrero, regresé a Mesa para el entrenamiento de primavera con los Ángeles.

—¿Y esto qué es? —le pregunté a José, mi compañero de cuarto, el lanzador virtuoso—. ¿Ahora te ha dado por beber?

Había un paquete de seis cervezas en el mini-refrigerador. Había empezado a salir hasta altas horas de la noche con otros jugadores que ganaban mucho dinero, los tipos con los Mustangs y las camionetas con ruedas monstruosas.

—No me emborracho. Estoy bien. No tiene importancia —dijo.

Lo miré como a un chico tonto.

—¿Te das cuenta de la competencia que hay aquí?

Había casi doscientos jugadores de cada nivel del sistema de ligas menores de los Ángeles. Los vestidores asignados reflejaban la jerarquía. Los jugadores de Triple A ocupaban las dos primeras filas en la casa club, entonces los de Doble A, luego los de Clase A y, en las últimas filas, los novatos. Caminar por las filas de vestidores cada mañana era un recordatorio de la montaña que había que escalar para llegar a las Grandes Ligas. Yo tendría que ganarle a cada receptor en cada fila.

Una noche regresé al hotel y encontré a mi compañero de cuarto y otro jugador fumando hierba. Exploté. ¿Y si uno de los coaches asistentes me encontraban con ellos? No tendrían razones para mantener a un jugador marginal como yo si pensaban que yo podía crear problemas.

—¡Yo tengo un solo chance! —les grité—. Nada más. No voy a dejar que me lo jodas. No vuelvas nunca a traer eso aquí.

José salió violentamente del cuarto, insistiendo en que yo estaba reaccionando exageradamente. Se mudó la siguiente semana a un cuarto con otro jugador fiestero. Era un buen chico. Yo había conocido a sus padres. Cuando traté de hablar con él, me decía que él sabía que tenía que trabajar duro y comportarse con seriedad. Pero cuando me iba a la habitación después de cenar, lo veía saliendo del estacionamiento del hotel con los otros tontos.

Yo no tenía dinero para salir. Y no tomaba. Además, al final del día, me dolían las piernas de estar agachado, me dolía la cabeza por toda la información nueva y me dolía el brazo de tanto tirar. Yo veía a otros receptores que se tomaban su tiempo, pero yo no sabía otra manera de tirar a segunda excepto cien por ciento. No se suponía que los novatos solicitaran tratamientos de los fisioterapeutas. La gente podía pensar que uno era un flojo. Así que uno no le decía a nadie que tenía dolores. Por la noche en el hotel, cogía hielo de la máquina en el pasillo y lo metía en una toalla y me la amarraba alrededor del brazo de tirar. Me frotaba loción en los músculos para mantenerlos flexibles.

Cuando el hielo se derretía, me sentaba en cuclillas frente al televisor y practicaba mi transferencia: mover la pelota de la mascota a la mano de tirar. No se suponía que uno tratara de sacar la pelota de la mascota, sino mover la mascota hacia la mano de tirar. Tiraba una bola en el aire, la cogía y la transfería. Tiraba, cogía y transfería. Lo hacía cien o doscientas veces cada noche mientras veía programas deportivos en televisión. Me arengaba a mí mismo, diciéndome: *No sabes jugar tu posición todavía, pero sabes jugar béisbol. Ningún otro jugador en el campamento conoce el juego mejor que tú. Ningún otro tuvo a Pai de entrenador.*

En las prácticas, estudiaba a jugadores de experiencia como si fueran libros de texto. Exprimía lo más que podía de las sesiones en el bullpen. Asusté a un lanzador un día en el bullpen cuando, después de recibir un lanzamiento, me puse de pie de un salto y moví el brazo como para tirar por encima de su cabeza hacia una segunda base imaginaria. Claro, no hice el tiro; era sólo para practicar mis movimientos, tratando de aumentar mi velocidad. El asombrado lanzador se puso los brazos en la cara para protegerse.

—¿Qué carajo estás haciendo?

—Lo siento —dije, aunque no era cierto. ¿De qué otro modo iba a mejorar mis tiros a segunda cuando, como el receptor de más bajo nivel en el campamento, tenía tan pocas oportunidades de jugar en juegos de verdad?

El entrenamiento de primavera estaba en sus finales cuando mi esposa condujo tres horas desde la casa de sus padres en México hasta

Mesa para pasarse el fin de semana conmigo. Traía una noticia: tenía dos meses de embarazo. Yo cumpliría veinte años cuando naciera el bebé. Estaba felicísimo y loco de los nervios. No era sólo la presión de ganar lo suficiente para cubrir todo lo que un niño necesita. Pai tenía veinticuatro años cuando yo nací. ¿Era yo lo suficientemente maduro para esto? ¿Sería yo capaz de hacer los sacrificios que él hizo por mis hermanos y por mí?

—Felicidades —dijo Pai cuando lo llamé por teléfono—. Ahora vas a saber lo que es la vida. Todo es la familia. Cuando uno tiene un bebé, uno aprende que todo tiene que ver con la familia. Lo demás no importa.

El último día del entrenamiento de primavera, los Ángeles nos asignaron a nuestros equipos: Triple A, Doble A, A Alta, A Baja o el nivel más bajo de todos, que era continuar el entrenamiento de primavera. Eso fue lo que yo recibí. Me tocó la tarjeta de no avanzar. Quedaría donde había estado el año anterior, con los nuevos jugadores firmados, los lesionados, los descartados y los que no estaban listos para nada más.

A mediados del entrenamiento de primavera adicional, los Ángeles me promovieron al equipo de A Baja en Cedar Rapids, Iowa. Necesitaban un receptor de bullpen. Pero una vez que llegué allí, el mánager, Tom Lawless, empezó a utilizarme en los juegos como bateador designado y me dio la oportunidad de abrir detrás del home en algunos juegos. Un día bateé de 5-4 y ayudé a un lanzador joven a salir de un inning difícil. Lawless me llamó a su oficina.

—Nunca permitas que alguien te diga que no tienes lo que hace falta para jugar al béisbol.

Me hizo receptor abridor regular.

Mi cuerpo no estaba preparado para lo que eso implicaba. Estaba a punto de saber que la posición de receptor tenía tanto que ver con la resistencia y la tolerancia al dolor como la habilidad y la estrategia.

Me agachaba 120 a 170 veces en cada juego. Todos los días recibía docenas de pelotazos en las manos, los dedos de los pies, los dedos de las manos, las piernas, los brazos, el cuello, la cabeza. Corría por la línea de primera cada vez que bateaban roletazos para servir de respaldo al primera base. Saltaba de mis cuclillas para fildear toques de bola y tirar a la base cuando los corredores trataban de robar. Al final de un juego una vez, un corredor se abalanzó hacia mí tratando de anotar desde segunda en un sencillo al jardín derecho. El tiro fue alto. Me estiré y pensé que el corredor se iba a deslizar. Pero no lo hizo. En el momento en que la pelota llegó a la mascota, me tumbó con su hombro en mis costillas. De algún modo, la pelota se quedó en la mascota. Sentí como si el cuerpo se me hubiera partido en dos. Pero me quedé en el juego. Eso es lo que se hace. Después, me sumergí en un baño de agua helada en el cuarto del fisioterapeuta. Se suponía que eso aliviara el dolor y redujera la hinchazón. Pero luego apenas podía caminar hasta el automóvil de mi amigo. La mañana siguiente no pude mover suficientes partes del cuerpo para poder levantarme de la cama. El fisioterapeuta no me dejó regresar al terreno durante dos semanas.

Aun en esa temporada corta, mi mano de recibir lanzamientos se hinchó y perdió el color. (Había aprendido a poner la otra mano detrás del guante. Siempre.) Los brazos y piernas tenían magulladuras de diferentes tonos de colores: amarillo, negro, morado. Los lanzamientos me dolían y me dejaban marcas, a pesar de la pechera, la careta y los rellenos de protección. Los receptores, muy pronto aprendí, no se quejan. Y tampoco muestran sus golpes como medallas de valentía. No esperan que les dediquen un desfile de honor por hacer su trabajo.

Pai divirtiéndose en las gradas con Mai después de un juego en el terreno frente a nuestra casa en Espinosa.

Mai, bromeando con Pai, le hace puchero para besarlo frente a los demás y hacerle pasar pena.

La abuela de Pai,
Mama, conmigo en
su casa en Espinosa.

Abuelita Luz María,
la madre de Pai,
en su casa.

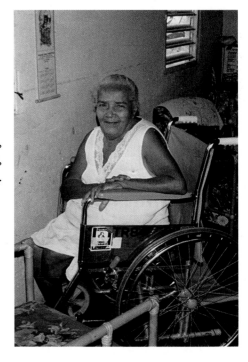

Pai (centro) representando a Puerto Rico en Nicaragua.

Pai (primero a la izquierda de la fila central) a la edad de quince años. Jugaba segunda base y jardinero con los Maceteros de Vega Alta, un equipo Doble A amateur. Ganaba $25 por juego y fue el campeón de bateo durante varias temporadas después de ingresar en el equipo.

El terreno de béisbol al cruzar la calle de nuestra casa.

Nuestra casa en Ponderosa que fue inundada (fotografiada aquí en 2008). Se puede ver que la casa estaba montada sobre ladrillos.

Yo sosteniendo un bate con el agarre de Pai
frente a la casa de Mami en Vega Alta.

Cheo afuera de la casa de Mami en Vega Alta, 1977.

Yadier, a los dos años, en el patio de nuestra casa de
Espinosa frente al terreno de béisbol, 1984.

Yo (once años), Cheo (diez) y Yadier (tres) en nuestra
casa en Ponderosa después de la inundación.

Yo (doce años), Cheo (once) y Yadier (cuatro) en la ceremonia
del Día de Inauguración de Dorado en Río Nuevo.

El equipo Los Pobres, integrado por adolescentes de quince a dieciséis años de edad. Nuestro primer y único campeonato puertorriqueño, en nuestro último año de Los Pobres en el terreno frente a nuestra casa. Yo (primero de la derecha en la fila de abajo); Yadier, el cargabates (sin uniforme, segundo de la izquierda en la fila de abajo); y Cheo (el quinto de la izquierda en la fila superior, sin gorra).

El primer equipo Los Pobres. Benjamín (a la izquierda en la fila trasera) y yo (tercero de la izquierda en la fila superior).

Ben Molina • Midland Angels

Mi postal de béisbol Todos-Estrellas con el equipo
de los Ángeles de Midland de 1996 en
la Liga Doble A de Texas.

La primera vez que Pai y Mai nos vieron a Cheo y a mí en uniformes de Grandes Ligas, en 2001, en el Terreno Tropicana de Tampa Bay. Yadier estaba terminando su temporada con los Cardenales de Johnson City.

Cheo y yo en Anaheim en 2001. Una de nuestras primeras fotos juntos en el mismo uniforme de Grandes Ligas.

Durante el Segundo
Juego de la Serie de
Divisiones de la Liga
Americana en 2002.

Momento de triunfo sobre los Yanquis en la Serie de
Divisiones de la Liga Americana en 2002.

Yo en la casa club de los Rangers después de la Serie de Divisiones de la Liga Americana de 2010, con la foto enmarcada de Pai que llevaba conmigo a todos los juegos después de su muerte en 2008.

Celebrando en la casa club de los Rangers después de derrotar a los Yanquis y avanzar a la Serie Mundial de 2010.

Yo con mis hermanos después del último juego
de mi carrera, el 1 de noviembre de 2010.

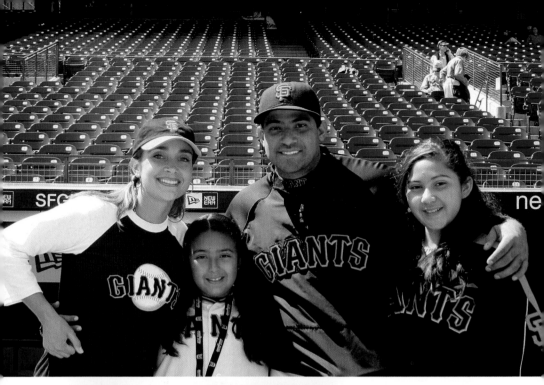

Yo con mis hijas y Jamie en el Estadio de AT&T en junio de 2008, después del Juego de Softball Caritativo entre las Esposas de los Gigantes contra las Esposas de los A's.

Jamie, Jayda y yo durante el entrenamiento de primavera de 2010.

Cheo estaba jugando para el equipo A Baja de los Cachorros en Des Moines, que estaba en la misma Liga del Medio Oeste que los Ángeles. Cedar Rapids ya había jugado con el equipo de Cheo cuando yo comencé a jugar con ellos, pero terminamos jugando contra ellos otra vez en la primera vuelta de los playoffs. Era extraño. Siempre habíamos sido los más entusiasmados animadores el uno del otro, y ahora estábamos en equipos contrarios.

—Por favor —le dije a Cheo antes del juego—, trata de sacarme out. Porque yo voy a tratar de sacarte out a ti.

Teníamos que ser profesionales en el terreno. Se lo debíamos a nuestros equipos y a nosotros mismos. Esos juegos fueron difíciles para Cheo. Des Moines estaba un juego a cero en los playoffs en que el primero en ganar tres juegos ganaba la serie. Nosotros ganamos el próximo juego en el noveno inning por un wild pitch que Cheo no pudo alcanzar. En el tercer juego, tomamos la delantera a principios del noveno inning otra vez por un wild pitch que Cheo no pudo alcanzar. El equipo de Cheo tuvo la oportunidad de empatar en la salida del noveno inning con dos outs, dos strikes y un corredor en tercera. Nuestro lanzador cerrador lanzó una bola rápida que rebotó antes de home. La bloqueé con el pecho e inadvertidamente la pateé por la línea de tercera. Corrí detrás de la pelota, la agarré en el momento de caerme, y con la espalda en el suelo tiré a primera base. De algún modo el tiró llegó antes del corredor y ganamos.

Mientras celebrábamos, vi a Cheo salir del terreno con la cabeza baja. Me sentí horriblemente mal por él. Sus compañeros de equipo y él se montaron en su ómnibus inmediatamente después del juego y no tuve chance de decirle que se olvidara de haber perdido. Nadie habría podido alcanzar esos wild pitches.

Nuestro equipo de Cedar Rapids avanzó y ganó el campeonato

de la liga. Cada uno de nosotros recibiría un anillo de campeón con nuestro nombre. Lo único que pensaba era mostrárselo a Pai. Cuando recibí el mío el año siguiente y lo llevé a Puerto Rico, Pai dijo simplemente: "Un gran logro". Estaba complacido, pero no quiso hacer una gran celebración: Mi éxito había sido a costa del de Cheo.

PAI INSISTIÓ EN que yo usara su automóvil.

—No, tú lo necesitas para ir al trabajo. Yo me las arreglo.

Después de la temporada en Cedar Rapids, mi esposa encinta y yo nos mudamos con Mai y Pai. Ellos estaban viviendo en la casa de tres habitaciones que Cheo les había ayudado a comprar. Nosotros usábamos una de las habitaciones, Mai y Pai usaban la otra, y Cheo y Yadier compartían la tercera. Cheo había conseguido jugar en la liga de invierno con los Senadores de San Juan. El estadio estaba a sólo veinte minutos de distancia y él iba en su nuevo Mitsubishi.

Yo jugaba con los Indios de Mayaguez como receptor del bullpen. Era un jugador inactivo, lo cual significaba que no jugaba en ninguno de los juegos. No bateaba. Pero ganaba seiscientos dólares al mes y recibía un millón de lanzamientos. Estaba feliz. Necesitaba acelerar mi aprendizaje funcionando como receptor lo más que podía. Tenía que cerrar la grieta que me separaba de los jugadores que habían sido receptores todas sus vidas.

Pero Mayaguez estaba al otro lado de la isla, a unas dos horas y media de Dorado por carretera. Y yo no tenía automóvil.

—Usa el Nova —dijo Pai.

El Toyota había muerto por fin y él había estado conduciendo el viejo Nova en los últimos años. Dijo que iría al trabajo con su compañero Lee Pérez, que vivía a un minuto en Fortuna. O decía que conseguiría alguien que lo recogiera en La Número Dos. La fábrica estaba en Toa Baja, a unos veinte minutos por carretera. Yo insistí en que no, pero no hubo manera de que cambiara de parecer.

La mañana de mi primer juego, me levanté cuando oí a Pai en la cocina alrededor de las cinco.

—¿Qué haces levantado tan temprano, mi hijo?

—Para llevarte al trabajo.

La oscuridad estaba comenzando a disolverse cuando nos montamos en La Número Dos. El Nova resopló y se estremeció cuando lo aceleré. Entró en convulsiones cuando llegó a cincuenta millas por hora.

—Suave —dijo Pai, riéndose.

Más tarde esa mañana, salí hacia Mayaguez con el viejo auto cruzando la Cordillera Central a través de Vega Baja, Arecibo, Aguadilla, Rincón, pasando cruces improvisadas regadas a lo largo de las curvas. Como noventa minutos después de estar en la carretera, el cielo se abrió. Pai me había advertido que el motor del limpiaparabrisas se había quemado. Volteé el botón de todas maneras. Nada. Disminuí la velocidad y bajé la ventana.

Aguantaba el timón con la mano derecha y el limpiaparabrisas con la izquierda, tratando de empujarlo de un lado a otro. Para agarrarlo mejor, salí un poco más de la ventana. La lluvia me golpeaba la cara y no veía nada. Con la mano aún en el limpiaparabrisas, jorobé el cuello para entrar la cabeza. Cuando llovía de noche, era imposible conducir. No podía manipular el limpiaparabrisas suficientemente rápido para ver el camino. Aunque lo arreglara, aún no se podía conducir con seguridad bajo la lluvia. Los neumáticos estaban lisos. Me vi planeando aun en la lluvia ligera, pidiéndole a Dios que me cuidara de salirme de la carretera o de golpear a otro auto. El viaje de dos horas y media a veces me llevaba tres horas y media por la noche.

No estaba nervioso por jugar con el equipo de Mayaguez. Conocía a algunos jugadores, incluyendo a una de sus estrellas, José Hernández, un jugador de cuadro de Vega Alta en las Grandes Ligas.

—¡Oigan, cabrones! —gritó José en la casa club cuando yo llegué—. Éste es Bengie Molina. Es mi hermano y no quiero que ninguno de ustedes se meta con él. Si alguien lo hace, tendrá que vérselas conmigo.

José sabía que yo era callado y tímido además de ser el único tipo de Clase A en el equipo. Sabía que podía ser blanco de bromas y otras travesuras. Me sentí un poco apenado por la declaración de José, pero a la vez la agradecía. Iba a esforzarme al máximo para hacerlo quedar bien.

El bullpen estaba detrás de una cerca a lo largo de la línea del jardín derecho. Durante el día era como cualquier otro bullpen. Pero cuando se ponía el sol, era una cueva. No había luz, excepto la que llegaba del jardín derecho y de la primera base. Adquirí el hábito de abrir mucho los ojos antes de cada lanzamiento, como si estuviera abriendo el lente de una cámara. Tenía que concentrarme completamente en la mano del lanzador, siguiendo la pelota desde el punto en que la soltaba hasta mi mascota, un tiempo de medio segundo. No sé si el ojo humano puede de veras seguir la pista de algo tan pequeño como una pelota de béisbol a tan alta velocidad. Quizá mi vista captaba la trayectoria y extrapolaba a partir de ahí. Luego incorporaba el movimiento de la pelota, especialmente en lanzamientos de curvas. La única esperanza que tenía de atrapar lanzamientos de curvas o que descendían era entrenarme para ver cómo se movía la pelota realmente en vez de esperar a que se moviera.

Adquirí mucha práctica. Recibía como trescientos lanzamientos calentando hasta cinco lanzadores antes del juego. Calentaba dos o tres lanzadores relevos durante el juego. Algunas veces le recibía a tipos que ni siquiera estaban en el equipo. Eran aspirantes a lanzadores amigos de los jugadores de Mayaguez. Trataba de compensar mi falta de verdadero tiempo de juego imaginando situaciones en mi mente como Pai lo hacía en las prácticas.

¡Jugador en tercera, el bateador toca la bola!, me decía a mí mismo. Recibía el lanzamiento, daba un salto como si estuviera buscando la pelota y hacía como si estuviera sacando out al corredor que trataba de anotar. Me movía hacia todos los lanzamientos afuera como si la carrera decisiva de la Serie Mundial estuviera en juego. Bloqueaba pelotas con los brazos, piernas, pecho y hombros, experimentando a ver lo que funcionaba.

—¿Qué estás haciendo? —me gritó un día un lanzador en el bullpen.

No sabía de qué me estaba hablando.

—¿Por qué estás haciendo eso?

Me puse de pie.

—¿Haciendo qué?

—Con el culo al aire.

—¿El culo?

—Déjame decirte, los receptores que son realmente buenos se sientan y se relajan cuando no hay hombres en base. Tú siempre juegas como si hubiera alguien en base. Me pone nervioso. Me hace pensar que tengo que lanzar un strike. Siéntate. Bajito.

Yo recibía más erguido para poder saltar más fácilmente para sacar out a un corredor o atrapar un toque de bola. Pero bajaba el trasero hasta que casi descansara en mis talones. Y abría bien las rodillas.

—Así está mejor —dijo el lanzador.

Coloqué dos dedos para pedirle una curva. Asintió y comenzó sus movimientos. Levanté el cuerpo para erguirlo.

—¡No! ¡No! ¡Siéntate! Solamente hazme hacer el lanzamiento.

—Así es cómo sé hacerlo.

Sentía que podía bloquear más lanzamientos cuando estaba un poco erguido.

Dejó caer el guante, vino hasta el plato y me enseñó cómo bajar el cuerpo para ponerme en cuclillas para darle un blanco grande y estable donde lanzar.

Me pareció raro, pero entendía que los receptores hacían lo que fuera necesario para que los lanzadores se sintieran cómodos. Finalmente, me sentí más relajado en las cuclillas bajas y, a largo plazo, le ponía menos presión a las piernas.

Pero durante esas primeras temporadas, cuando todavía estaba aprendiendo, me dolía desde la cabeza hasta los dedos de los pies. Regresaba de Mayaguez a la casa como a la una y media de la madrugada, llenaba un par de medias con hielo y me las ponía en mis estropeados brazos y piernas.

Disfrutaba los días libres, no sólo por el descanso, sino porque podía pasar más tiempo con mi familia. Los extrañaba cuando estaba en Estados Unidos. Todavía me parecía que mi verdadera vida continuaba sin mí. Mi lugar favorito en el mundo era la casa de Pai y Mai, con sus discusiones y el olor de la comida que Mai cocinaba.

—¿Arroz con gandules otra vez? —se quejaba Pai cuando levantaba la tapa de una olla en la estufa—. Se salvó Pinky. Él va a tener que comerse esto.

Pinky era el perro. Mai sacaba a Pai de la cocina.

—¡Ay, ve y siéntate!

Me gustaban especialmente las noches cuando la casa se llenaba de vecinos y amigos y los amigos de Pai tomaban y hablaban boberías. Mai ponía una olla de sopa en la estufa. Pai encendía la parrilla en la marquesina. Todos traían sillas de patio y tomaban cerveza o se servían un trago de Finlandia en vasos plásticos con el jugo de toronja de Pai. Jugaban dominó. Los bebés iban de brazo en brazo y los mayorcitos caminaban como podían de un lado a otro. Desde que Mai le compró un karaoke a Pai para su cumpleaños, todos cantaban. Cuando Pai había tomado bastante Coors Light y vodka, se ponía a cantar canciones de Marc Anthony, José José y Tito Nieves. Hacía intentos cómicos de bailar reguetón y bachata, sacando a las vecinas a que bailaran con él.

En el aniversario de Mai y Pai ese invierno, la casa se llenó como siempre. El piso de concreto de la marquesina, donde todos bailaban, estaba resbaloso por la lluvia. Nuestra vecina Lourdes se resbaló y se cayó de espaldas. Pai trató de ayudarla a levantarse, pero cuando él también se cayó, le entró un ataque de risa y volvía a caerse cada vez que trataba de levantarse y levantar a Lourdes, con lo cual ambos se rieron a las anchas y todos los demás también.

Más tarde esa noche Vitín hizo un brindis y le pidió a Pai que le diera un beso a Mai, sabiendo lo incómodo que le era a Pai mostrar afecto en público. Pai hizo una mueca y todos aplaudían, insistiéndole a Pai que besara a Mai. Ella, divertidísima, extendió los labios y Pai finalmente la besó plenamente en la boca en medio de risas y aplausos. Mai se pasó el resto de la noche acariciándolo y besándolo cada vez que podía, haciendo reír a todos.

Al día siguiente, cuando Pai vio a Lourdes en el terreno, bromeó con ella.

—¡Dejaste un hueco tan grande en el piso que voy a tener que comprar cemento y arreglarlo!

Sin embargo, más y más, noté que Pai se enojaba por pequeñas cosas que yo hacía. Una noche tarde, cuando estaba sentado poniéndome hielo en lo brazos y las piernas, Mai entró en la cocina.

—¿Comiste? —preguntó.

Yo estaba cansado y dolorido después de largas sesiones de bullpen y las dos horas y media de viaje en el viejo Nova.

—¿Cómo voy a haber comido? No tengo dinero y de todos modos nada está abierto a esta hora.

De repente, la voz de Pai retumbó desde la habitación.

—¿Por qué le hablas así a tu mamá?

—Nada más le dije que no había comido —respondí yo.

—La estás haciendo sentir mal porque no te cocinó. ¡No le hables así!

Mai negó con la cabeza e hizo una señal con la mano, indicando que no le hiciera caso a Pai. Yo no estaba seguro por qué estaba reaccionando así conmigo. Tal vez era su forma de decirme que él seguía siendo el hombre de la casa. Como si hubiera alguna duda sobre eso.

Pero esas eran pequeñas cosas. Yo aún me levantaba temprano para llevar a Pai al trabajo cuando usaba el Nova. Odiaba levantarme temprano; necesitaba dormir. Pero me gustaba tener a Pai para mí solo. Me hablaba sobre la relación especial que los receptores tienen con los lanzadores. Un receptor era como un entrenador en el terreno. Era el único tipo que tenía que portarse como un adulto. Tenía que conocer a su lanzador mejor que el mismo lanzador. Cuando un lanzador tenía problemas, era el receptor quien tenía que normalizarlo. Tal vez frenándolo un poco. O acelerándolo. Tal vez pedirle sólo curvas. O darle una patada en el trasero, decirle que es una estrella y que todo el equipo está detrás de él, apoyándolo. Cualquier cosa que le funcionara a ese lanzador particular.

Pero yo no estaba realmente participando en ningún juego en ese momento, y no podía poner en práctica los consejos de Pai. A veces yo simplemente estaba tratando de sobrevivir. Una noche tarde en un juego, el entrenador del bullpen me llamó a calentar a un lanzador relevo llamado Roberto Hernández.

—Esto va a ser divertido —le oí decir a uno de los otros lanzadores.

Había oído hablar de Hernández. Era una bestia. Se decía que lanzaba a 100 millas por hora y que tenía un lanzamiento rápido que movía la pelota hacia cualquier parte. Sería suficientemente difícil recibir los lanzamientos de Hernández durante el día, mas en el oscuro bullpen de noche, yo era hombre muerto. Los tipos en el bullpen se acomodaron en sus asientos para presenciar un espectáculo. Se cruzaron de brazos, sonriendo.

Hernández comenzó a hacer sus movimientos. Lanzó. La bola golpeó la mascota como una bala. Dios mío, así era que lucía una bola a 100 mph. Nunca moví la mascota. Si la pelota hubiera sido más alta o más baja, me habría atravesado como un misil de los que se muestran en las películas animadas.

Devolví el lanzamiento. No podía creer que alguien pudiera lanzar tan fuerte. Había sido receptor ya por un año completo. No sabía cómo recibirle a este tipo. Abrí los ojos lo más que pude. Enfócate. Observa la mano. Fija la vista.

Hacía su movimiento. Lanzaba. ¡Pum!

El movimiento. Lanzaba. ¡Pum!

Una tras otra. Directamente a mi mascota.

No fallé un solo lanzamiento.

Cuando terminé, casi no podía enderezarme de mi posición en cuclillas. El corazón me latía con fuerza y tenía la boca seca.

—Bien hecho, muchacho —me dijo el entrenador del bullpen.

Sonreí hasta llegar a la casa. Tendría una buena historia que contarle a Pai por la mañana.

KYSHLY NACIÓ EL 25 de noviembre en el hospital de Bayamón, donde Cheo y Yadier habían nacido. No podía quitarle los ojos de encima. Veía cómo sus minúsculas manitas se cerraban alrededor de mi dedo. Sus piernas gorditas daban paraditas. Sus cejas se juntaban como una viejita preocupada.

—Ser padre lo cambia todo —me dijo Pai—. Ahora tienes algo por lo cual vivir.

Mi amor por ella era algo que no había sentido jamás. Era emocionante y aterrorizante. Miré por encima de Yadier y Cheo cuando la cargaron.

—¡La cabeza! ¡Aguántenle la cabecita!

Kyshly dormía en una cuna de segunda mano en nuestra habitación en la casa de Mai y Pai. No hubo baby shower, aunque mis tías y tíos le regalaron lo que pudieron: frazadas, pomos, cascabeles. Había ganado seiscientos dólares al mes con Mayaguez, no lo suficiente para cubrir los gastos médicos y todo lo demás que la bebé necesitaba. Solicitamos beneficios sociales y comenzamos a recibir alimentos y leche cada dos semanas.

Dos meses después de nacer Kyshly, tres de mis compañeros del equipo de Mayaguez me interceptaron cuando llegué a la casa club. Doug Brocail, Robin Jennings y Kerry Taylor jugaban en las Grandes Ligas.

—Queremos regalarte algo —dijo Brocail. Señaló a Jennings y a Taylor—. Él tiene dos hijas. Este tiene tres. Yo tengo una.

Me dieron tres bolsas enormes llenas de ropa de bebé y juguetes. No podía creerlo. Mi esposa lloró cuando llegué a la casa con los regalos.

Cuando terminó la temporada de Mayaguez, calculé que había recibido veintidós mil lanzamientos. Llegamos a los playoffs. Pero yo no tenía derecho al bono de los playoffs. Cuando empacaba mis pertenencias el último día en la casa club, un grupo de jugadores aparecieron en mi vestidor con un sobre grueso.

—Una expresión de gratitud de todos nosotros —dijo uno ellos—. Trabajaste como un mulo.

Dentro del sobre había $1.500. Una fortuna. Tendríamos suficiente para comida y pañales. No tendríamos que pedirle prestado otra vez a mi suegro para los boletos de avión de regreso a Arizona. Podría comprar una batería, bujías y un motor para el limpiaparabrisas del Nova de Pai. El motor se había vuelto a quemar antes de regresar a Arizona.

EN EL SISTEMA de granja de los Ángeles de la primavera y verano de 1995 no se hablaba más que de un joven de veinticuatro años de Georgia llamado Todd Greene. Lo habían reclutado dos años antes. Ahora estaba cerca de batear cuarenta jonrones, la cifra más alta de un jugador de ligas menores en una década. Ya lo habían ascendido a Triple A, el nivel más alto en las menores.

Y era receptor.

—El receptor del futuro —decían los periódicos.

Pasé la temporada de 1995 con el equipo de A Alta de los Ángeles en Lake Elsinore, California, alcanzando cifras sólidas. Mayaguez me invitó a regresar al béisbol de invierno, esta vez como receptor suplente. Finalmente jugaría como receptor en juegos de verdad. Pero tres días antes de que comenzara la temporada, Mayaguez firmó al receptor de los Padres de San Diego, Brian Johnson. Él sería el receptor abridor. El efecto de dominó rebajó al abridor anterior a suplente y a mí como receptor del bullpen otra vez.

Este segundo invierno tampoco recibí un solo lanzamiento en un juego de verdad. Pero recibí otros veintidós mil lanzamientos en el bullpen.

La siguiente primavera y el siguiente verano, me ascendieron a Doble A. Todd Greene estaba otra vez demoliendo la Triple A. A mediados de la temporada, tal como se había previsto, recibió la llamada: Lo ascendían al Gran Show. Se lo había ganado, sin lugar a dudas. Pero ¿cuáles eran mis posibilidades de llegar a las Grandes Ligas con la nueva versión de Johnny Bench instalada ya detrás del home?

Tan pronto como le mencioné la promoción de Greene a Pai por teléfono, me interrumpió. Sólo puedes controlarte a ti mismo. Trabaja duro. Sigue aprendiendo. El talento te lleva hasta un punto, el resto es responsabilidad tuya. Yo sabía que tenía razón. Había visto a mi antiguo compañero de cuarto de los novatos, José, en el más reciente entrenamiento de primavera. Ya no era la cosa segura con el cohete en el brazo. Estaba fuera de forma, probablemente por beber demasiadas cervezas y fumar demasiada hierba. Había perdido el chasquido de su recta de humo. Los Ángeles lo bajaron a Clase A. Había sido un lanzador natural. El béisbol le había resultado tan fácil cuando jugaba, igual que yo había imaginado que Pai habría lucido cuando era joven. Supe entonces que nada está garantizado, incluso para los naturales.

Eran tántas las cosas que se podían atravesar en el camino. La haraganería. Las lesiones. La actitud. La Mala Suerte.

¿Cuál de ellas sería la razón para Pai?

EN EL INVIERNO de 1996, el banco de jugadores de Mayaguez se convirtió en mi aula de aprendizaje, la mejor desde la de la señora El-Khayyat's. Mi maestro era un receptor llamado Sal Fasano.

Por primera vez estaba yo en la verdadera alineación. Sal era el receptor No. 2 y yo el No. 3. Era unos pocos años mayor que yo y había hecho su debut en las Grandes Ligas sólo unos meses antes con los Reales de Kansas City. Pero había sido receptor toda su vida.

—¿Qué lanzamiento pedirías en esta situación? —me preguntó Sal un día.

Estábamos en el banco de Mayaguez. El bateador le había tirado a tres curvas rápidas afuera, una de ellas de foul. Obviamente tenía problemas con las curvas rápidas afuera.

—Otra curva rápida afuera —respondí yo.

—Ese no es un buen lanzamiento aquí. Mientras más sale él afuera a buscarla, mejor le irá tratando de alcanzarla. Es mejor una bola rápida adentro. Enderézalo. *Entonces* pides otra vez una curva rápida afuera.

Era la manera de tenderle una trampa al bateador.

Ese invierno con Sal Fasano fue como una graduación universitaria.

Me enseñó cómo mantener el cuerpo tranquilo detrás del home. No mover nada excepto la mascota y eso lo menos posible. Cuando el lanzamiento cae ligeramente fuera de la zona de strike, mueve rápidamente la mascota otra vez a la zona de strike y mantenla allí para que el árbitro pueda confirmar el sitio.

—Vas a lograr que cante más strikes. Tus lanzadores te adorarán —dijo Sal.

Me dijo que nunca discutiera cara a cara con el árbitro para cuestionar una decisión. Si te le enfrentas, pensará que estás tratando de llamar la atención hacia él y se desquitará después.

Sal me enseñó cómo posicionarme detrás del home para darle al lanzador un mayor blanco. Nunca te inclines hacia adelante. Disminuye el blanco. Mantén la espalda derecha para que todo tu torso esté visible.

Me dijo que demostrara confianza cuando pedía un lanzamiento para que el lanzador también se sintiera confiado. El receptor tiene que proyectar calma y confianza hacia todos sus compañeros de equipo. Él es el director de orquesta. Es él quien comienza la acción y establece el ritmo. Es el punto focal del terreno, donde toda carrera comienza y termina. Un buen receptor ve a sus ocho compañeros en el terreno como una sola entidad, un ensemble, y hace los ajustes necesarios según las cambiantes circunstancias.

Antes de los juegos, Sal revisaba conmigo la información de todos los bateadores contrarios. Un tipo con un swing más lento quiere curvas. Así que pide rectas rápidas adentro. A un bateador rápido le gustan las bolas rápidas. Pide lanzamientos afuera. Nota quién la busca arriba y quién abajo; quién batea un lanzamiento al jardín opuesto; quién es una amenaza de bateo y corrido; quién es un ladrón de bases. Colócate en la mente del bateador.

—Pero digamos que tú sabes todo lo que hay que saber de un bateador —dijo un día Fasano—. Digamos que sabes que no sabe batear curvas rápidas, por lo que tú pides la curva rápida. Pero digamos que la curva rápida no está funcionando. ¿Qué usamos como Plan B? Tienes que tener una segunda opción en tu mente todo el tiempo.

Aunque yo era el receptor No. 3, jugué muchas veces con diferentes lanzadores. Yo había trabajado con todos en el bullpen. Pero los juegos eran una historia diferente. No era solamente estrategia y mecánica. Fasano me enseñó a observar la cara del lanzador y su lenguaje corporal. ¿Estaba él aún pensando en el doble que acababa de permitir? ¿Estaba disgustado por el error de tiro del segunda base? ¿Estaba nervioso? ¿Necesitaba que le dieran ánimo? Uno tenía que conocer el estilo y la personalidad de cada lanzador y eso sólo podía aprenderse en el terreno. ¿Respondía un lanzador a una falla con una ira productiva? ¿Lo hacía más competitivo y resuelto? ¿O lo sumergía en un estado de temor? Un receptor tenía que manejar el estado de ánimo del lanzador, persuadiéndolo y convenciéndolo como un padre paciente. El receptor tenía que ser una influencia estabilizadora, el reconfortante consejero que sabe lo que el lanzador necesita antes de que el propio lanzador lo sepa.

Los mejores receptores están en cuclillas dentro del cerebro de sus lanzadores.

Mientras observábamos juntos desde el banco, Sal indicaba algunas "señales" de los lanzadores. Pequeñas indicaciones de que un lanzador estaba cansado, distraído o molesto.

—¿Ves a ese tipo? Está trepando en la zona. Está cansado. El receptor debe ir a averiguar lo que le ocurre. Ver cuánto más le queda.

Fasano decía que no había una sola parte de su cuerpo que no le hubieran golpeado con un lanzamiento o un foul. Los dedos de los pies, el interior del tobillo, encima de los pies, el interior del talón, el interior de la pantorrilla y de la rodilla, la rodilla misma, encima de la rodilla, los cuádriceps, el interior de los cuádriceps, los bíceps, el estómago, las costillas, el pecho, los hombros, los brazos. Decía que uno podía esperar que lo golpearan unas cinco veces cada juego. Sin contar los fouls que te golpean la mascota y te doblan el pulgar hacia atrás. Algunas veces, decía Sal, uno recibía un golpe tan fuerte que uno entonces iba a conferenciar con el lanzador, o comenzaba a hacer tiros inútiles a primera, simplemente para tener algunos segundos para aliviar el dolor. Pero si tu lanzador está en una racha buena, uno no hace nada. Uno ignora el dolor. Así no le interrumpes el ritmo. Un receptor es un guerrero, se viste de su armadura como si fuera a combatir. De espaldas a la multitud, su ojos puestos en sus compañeros de equipo, cuidándolos, protegiéndoles su espacio.

Recibirle a tantos lanzadores en Mayaguez y en las menores tuvo sus beneficios: Mi bateo mejoró. Aprendí los estilos y movimientos de diferentes lanzadores, de manera que comencé a reconocer los lanzamientos incluso antes de que el lanzador soltara la pelota. Una curva rápida se movía más de lado en su mano. Una bola rápida subía y bajaba. Una curva venía por encima. Un cambio mostraba más la pelota.

También tenía una mejor idea de lo que el lanzador probablemente me lanzaría cuando bateaba. Yo pensaba, *Si yo estuviera lanzando contra mí, ¿qué lanzamiento pediría?* Trataba de pensar igual que el lanzador. Si las curvas le caían en el suelo y le cantaban bolas, estaba casi seguro de que no iba a arriesgar un conteo de 3-0 tirando otra curva. Entonces esperaba una rápida. No sé si era un bateador más atlético, pero la posición de receptor me convirtió en uno más inteligente.

LOS ÁNGELES ME bajaron a Clase A al comienzo de la temporada de 1997. Era una cuestión de números, decían. Demasiados receptores y no suficientes vacantes. Querían promover a Bret Hemphill de Clase A a Doble A, con lo cual caí a Clase A. Estaba furioso. Había tenido un buen año en Doble A. Había hecho todo lo que me habían pedido. ¿Y me bajaban?

Toda la ira del que siempre lleva todas las de perder se volcaron en la línea telefónica a Puerto Rico.

—Pai, ¿qué más tengo que hacer? Esto es ridículo.

Pai no respondió.

—¿Pai?

Quería que me dijera algo.

—¿Quieres regresar a la fábrica? —dijo.

—¿Qué?

—Tío Papo puede conseguirte el trabajo que tenías.

A mediados de la temporada, Bret Hemphill se lesionó el hombro. Regresé a la Doble A. Mientras tanto, Todd Greene había sido bajado de su posición de receptor suplente en las Grandes Ligas a Triple A para madurar más. Acabó con los lanzadores de Triple A como siempre y muy pronto regresó a las mayores. El mánager de los Ángeles, Terry Collins, les reiteró a los reporteros: "Todd Greene es el futuro".

Cuando la temporada terminó, Greene tuvo que someterse a cirugía en el hombro. Los Ángeles firmaron rápidamente al receptor veterano Matt Walbeck. El mensaje era claro: Si Greene no podía jugar, Walbeck era su Plan B, no Hemphill o yo.

Mayaguez ganó la Serie Mundial del Caribe ese invierno, lo cual significó un bono de $5.000 más $2.000 adicionales por jugar en los playoffs. Era la mayor cantidad de dinero que había tenido jamás. El campeonato se había jugado en Hermosillo, México, y mi esposa y yo viajamos en ómnibus siete horas a la casa de sus padres con Kyshly sobre las piernas. Todavía no teníamos un automóvil y en México encontramos un Mustang usado en una agencia local que costaba $3.000. Podíamos hacer un pago inicial y pagarlo con mensualidades. Mi esposa lo quería. Ella veía los automóviles que tenían otros jugadores en Mayaguez mientras yo buscaba quién me llevara o iba en el viejo Nova de Pai. Ella veía la ropa que vestían las otras esposas. Esto se había convertido en una discusión constante. ¿Por qué no estás en las Grandes Ligas todavía? ¿Por qué estos tipos se te están adelantando? ¿Por qué estás todavía en las ligas menores ganando nada?

—Hagamos algo por nosotros de una vez —dijo ella en la agencia de autos.

Miré a Kyshly en su coche. Necesitaba ropa, exámenes médicos y probablemente otras cosas. Yo no podía justificar los $3.000. Salimos de la agencia, compramos un televisor para nuestra habitación y pusimos el resto del dinero en el banco.

Cuando empaqué para ir al entrenamiento de primavera en febrero de 1998, habría deseado poder llevarme a Kyshly conmigo. Odiaba tener que dejarla. Era una niñita perfecta. Me sentí culpable de no poder darle más. No podía estar con ella todos los días como había estado Pai conmigo. Me dije a mí mismo que algún día ganaría suficiente dinero para compensar todo eso. Ella tendría de todo. Sabría cuánto la amaba.

Al final del entrenamiento de primavera, vi a Troy Percival entregándole algo a cada uno de los auxiliares y los cargabates.

—Percy, ¿esas son propinas?

Me explicó las propinas. Uno le daba propinas a los auxiliares por lavarle a uno los uniformes y quitarle la tierra a los spikes, pedirles bates y guantes, entregarles la correspondencia, embarcarles el equipaje. Me dijo que cuando uno viaja para jugar en otros terrenos, uno le daba propinas a los encargados de la casa club del equipo visitador al final de cada serie.

—Los primeros años, no hay que preocuparse porque uno está ganando el salario mínimo. Nadie espera que le des propina. Pero cuando uno gana dinero de Grandes Ligas, uno se ocupa de ayudarlos.

Cuando uno gana… No si uno gana… Una cuestión de tiempo.

Mi esposa estaba embarazada otra vez. Daría a luz en octubre. Pronto estaría ganando dinero de Grandes Ligas. Podría comprar una buena casa con muchas habitaciones para los niños. Los enviaría a estudiar a los mejores colegios. Estaba seguro de que un segundo hijo y un salario más grande nos acercaría más a mi esposa y a mí. El matrimonio tenía una sensación de fantasía, como niños jugando a las casitas. O al menos así era como me había sentido una vez, superficial pero agradable. Ahora nos irritábamos fácilmente. Reñíamos por boberías.

Comencé la temporada de 1998 en Triple A en Vancouver, Columbia Británica. Había dado el salto. El próximo paso era a las Grandes Ligas. Había hecho todo lo necesario para llegar. Si algo le ocurría a Matt Walbeck o a Phil Nevin, yo era el próximo. Una noche, a finales de mayo, mi mánager de Triple A me llamó a su oficina.

—B-Mo, los Ángeles están haciendo algunos cambios.

¡Al fin! Estaba bateando .293, el más alto promedio de un receptor en toda la organización de los Ángeles. Yo sabía además que era el mejor receptor defensivo.

—Te necesitan en Doble A.

—¿Cómo?

—Tienen algunos lanzadores que quieren que tú…

—¿Estás bromeando? ¡Esto es una locura!

Tenía veinte y tres años. Se me estaba agotando el tiempo. Un par de años más en las ligas menores y me estarían diciendo que era demasiado viejo para las mayores. Obviamente, no podía quedarme en esta organización. Me iba a pudrir en Vancouver, Midland y Lake Elsinore eternamente. Tal vez otro equipo me daría una oportunidad justa.

—Llámalos ahora mismo y diles que quiero salir de la organización. No voy a regresar a la Doble A. Eso es una locura.

El mánager se puso de pie y con un gesto de las manos me pidió que me calmara. Tú no quieres que te liberen. Tienes una oportunidad aquí.

Abrí la puerta de un tirón tan fuerte que el picaporte golpeó la pared. Me apresuré hacia mi vestidor, donde estaban todos mis compañeros de equipo, preguntándose por qué estaba tan enojado.

—Están locos si piensan que voy a regresar a la Doble A —dije, metiendo violentamente mi ropa y mi equipo en mi bolso. Me lo eché al hombro y caminé resoplando hacia la puerta, gritando las cosas más vulgares y odiosas que sabía.

—¡*B-Mo*!

Seguí caminado. Al carajo todo el mundo.

Súbitamente me sentí retrocediendo. Jovino Carvajal, un veterano de las ligas menores de la República Dominicana, me había agarrado por el cuello de la camisa. Me empujó hacia una silla en el pasillo.

—¿Tú quieres jugar pelota? —me gritó.

—¡Esto no es justo!

—Te pregunté si quieres jugar pelota.

Estábamos gritando en español. Los jugadores latinos se agruparon en la puerta, escuchando.

—¡Me están jodiendo la carrera!

—Todos aquí saben que tú debes estar en las Grandes Ligas —dijo Jovino—. Están tirando todo por la borda.

—No es justo.

—¿Quieres saber lo que no es justo? Yo tengo veinte y nueve años. *Nueve años* en las menores. Cuatro años en Triple A. ¿Quieres que te busque mis estadísticas? ¿Que te las muestre? He sido el mejor jardinero aquí cuatro años consecutivos. Todavía no me han llamado. Así es este juego, hermano. Éstas no son las Pequeñas Ligas.

—Todo está jodido. No voy a bajar a la Doble A.

—Tienes que actuar como un adulto, B-Mo. Tienes una hija.

Y otra en camino, pensé. Pero no respondí. Estaba echando humo. Carvajal regresó a la casa club. No me moví. Después de un rato, los jugadores comenzaron a salir en grupos de dos y tres rumbo a sus casas.

—Buena suerte, B-Mo —decían.

Carvajal salió y me dio una palmada en el hombro cuando pasó por mi lado.

—Ve y demuéstrales a esta gente quién tú eres.

Llamé a Pai desde la oficina del auxiliar.

—Tienes que ir —dijo.

No me recordó que Cheo todavía estaba en la Doble A, la liga que yo consideraba estaba por debajo de mi nivel. No me preguntó por qué yo merecía más que Cheo. No me dijo que yo era ya un adulto con una esposa y una hija que mantener. No tuvo que decirme nada de eso. Todo estaba claro: *Tienes que ir.*

Uno piensa que el béisbol no es más que estadísticas, clasificaciones, medidas concretas. Todo en blanco y negro. Había logrado las estadísticas que ellos querían. Y no había servido para nada. Tenían una manera de medir mis capacidades que yo no entendía.

Viajé a Texas a incorporarme al equipo de Midland.

Una noche, tenía puesta la cadena ESPN en el televisor cuando una de las noticias fue una bronca entre los Ángeles y Kansas City en la que se habían vaciado los bancos de ambos equipos. Cinco jugadores de los Ángeles habían sido suspendidos cuatro juegos. Uno de ellos era Phil Nevin.

Al día siguiente, en la casa club de Midland después de las prácticas de bateo, nuestro mánager, Mario Mendoza, nos llamó a todos y me llamó a mí al frente.

—Tengo algo que decirles —dijo, paseándose con las manos detrás como un abogado—. Me da mucha pena por uno de nosotros. Bengie Molina. Esto va a ser algo muy fuerte para él, así que quiero que le den un abrazo. Regresa a Lake Elsinore.

Se me aceleró la mente. Esto no podía ser.

—No creo que él lo tome muy bien —dijo Mendoza.

Pero ahora noté que estaba sonriendo. Algo estaba pasando.

—Okay, pónganse de pie todos y dénle un buen abrazo a Bengie. ¡Se va para las Grandes Ligas!

Todos celebraron gritando y me felicitaron. Yo sabía que iba a estar allá arriba poco tiempo, sólo hasta que terminaran las suspensiones. No me importaba. Había llegado a las Grandes Ligas.

Encontré un teléfono para llamar a Pai.

—Llegué a las mayores. Me llamaron. Sólo como suplente. Me estoy reuniendo con ellos en Dallas.

Silencio. Y después…

—Qué bueno, mi hijo. ¡Estoy muy contento por ti! ¡Felicidades!

Oía a mi madre detrás, preguntando. —¿Qué cosa es, Benja?

—Gracias, Pai. Estoy donde estoy gracias a ti —le dije.

Quería que supiera que yo no pensaba por un momento que había logrado esto solo.

—Si no me hubieras puesto en mi lugar cuando lo necesitaba, si no me hubieras hablado cuando lo necesitaba cada vez que te llamaba, habría renunciado. Me mantuviste andando. No voy a decepcionarte.

—No te preocupes. Te va a ir bien. El béisbol es el béisbol. Lo mismo en Dallas que en Dorado. La pelota no es más grande ni más pequeña. Igual la tienen que lanzar de strike sobre el plato.

—Cuánto quisiera que estuvieras conmigo. Sé que es lejos.

—Yo siempre estoy contigo.

Entonces Mai vino al teléfono.

—¿Qué fue lo que le dijiste? ¿Qué está pasando?

Le di la noticia. Le dije que era sólo por cuatro días hasta que terminaran las suspensiones y Nevin regresara a la alineación.

—¡Demuéstrales que debes quedarte! ¡Que eres mejor que cualquiera de ellos!

Me reí. Habría pagado cualquier cosa por ver a Mai en las gradas, gritándole al mánager de los Ángeles, Terry Collins, que me pusiera a jugar.

DEJÉ LAS MALETAS en el hotel y me fui directamente al estadio, que estaba a poca distancia, caminando. El estadio de los Rangers parecía una fortaleza, todo ladrillos y piedras con enormes Estrellas Solitarias y cabezas de toros colocadas bien alto sobre las entradas de arco. El juego no empezaba hasta dentro de seis horas. Le di la vuelta al edificio, tirando de puertas cerradas con llave hasta que un guardia de seguridad me llevó a la entrada de los jugadores y bajamos en un elevador hacia un ancho corredor de concreto que conducía a la casa club del equipo visitador. El nombre del guardia era Noel Saldívar, y desde ese momento nos hicimos amigos. A través de los años, conversábamos cada vez que los Ángeles jugaban contra los Rangers y nos intercambiamos los números de teléfono y jugábamos fútbol americano de fantasía juntos.

La casa club no era como las que había visto antes. Había televisores en todas partes y sofás en el medio del salón. Los vestidores y bancos estaban hechos de brillante madera oscura pulida. La alfombra parecía que había sido colocada esa mañana. El salón incluso olía bien, como ropa acabada de lavar. Las casa clubs en las menores tenían uno o dos inodoros y no más de tres duchas. Esta tenía siete duchas y seis inodoros. La cafetería era más grande que la mayoría de las casas clubs de las menores. Dentro había un cocinero de verdad. Había montones de cosas de comer en refrigeradores y congeladores, en tazones y cestas: barras dulces, helado, galletas, galleticas dulces, fruta, sándwiches, refrescos. Todo gratis. Era como si uno fuera dueño de un Circle K propio. En las menores, uno se hacía su propio sándwich con rebanadas frías o mantequilla de maní y gelatina en un mostrador de la casa club.

Mi vista cayó en un vestidor al otro lado del salón que tenía una placa con un nombre.

Molina.

Adentro tenía dos camisas de prácticas y dos camisas del uniforme que se usa en los juegos en terrenos contrarios, con el logo de los Ángeles en rojo, blanco y azul al frente y el nombre Molina cosido detrás. Había también camisetas para usar debajo de las camisas, T-shirts, medias, pantalones y un cinturón. Yo había traído zapatos de spikes y bates.

—¡B-Mo!

Era Kenny Higdon, el administrador de la casa club de los Ángeles. Había sido una de las primeras personas que conocí en el béisbol
de novatos seis años antes. Me mostró el cuarto de los fisioterapeutas,
el gimnasio y el túnel de bateo. Todo era más grande y mejor que lo
que había imaginado. Me hizo sentir más avidez de llegar.

Los jugadores comenzaron a llegar. Los conocía, por supuesto, del
entrenamiento de primavera, y me recibieron con abrazos como si yo
fuera algo grande. Los coaches se detenían también y me daban una
cálida bienvenida. Entonces llegó el mánager, Terry Collins.

—Felicidades, muchacho —dijo.

Las pocas veces que se había dirigido a mí en el entrenamiento de
primavera en los dos últimos años, siempre me llamaba "muchacho".
No podía evitar sentir su gesto de condescendencia.

El primer juego estuvo reñido. Sabía que no jugaría. Así que me
relajé y me dediqué a captar toda la belleza del estadio. Las franjas
hechas con las cortadoras de hierba en el césped. Las banderas de los
equipos de Grandes Ligas ondeando desde el techo de los jardines.
Las antiguas gradas escalonadas y la pizarra de las anotaciones. La
enorme pantalla de televisión en el jardín central mostrando fotos
gigantescas de cada bateador. Todo era monumental y majestuoso,
hasta los anuncios de neón de Coca-Cola y Budweiser. Pai tenía razón
cuando dijo que el béisbol era béisbol no importa dónde se jugara.
Pero en un sitio como éste, el juego parecía y se sentía diferente. Era
como celebrar misa en una catedral en vez de en el sótano de una
escuela.

Cuando en el segundo juego el equipo tenía una ventaja grande,
el lanzador relevo Troy Percival me dijo que estuviera listo. Pasaron
los innings. Collins nunca me puso a jugar.

En el tercer juego el equipo tenía otra vez una gran ventaja.

—Vas a tener tu oportunidad —dijo Percy. Pero nada.

En el cuarto juego estábamos perdiendo por muchas carreras en los últimos innings del juego, el séptimo o el octavo. Percy estaba más seguro que nunca de que yo haría mi debut en las Grandes Ligas. Cuando el inning terminó y no me habían llamado, Percy agarró el teléfono del bullpen.

—¡Pon a Terry en la línea!

Entonces le dijo: —¿Qué estás esperando? ¡Pon al novato a jugar!

Pero Collins no lo hizo.

Nevin regresó de la suspensión y mis días en las Grandes Ligas terminaron. Cuando regresé a la Doble A, todos me mortificaban por no haber jugado siquiera un minuto.

El primero de septiembre, cuando terminó la temporada de las ligas menores, los equipos de Grandes Ligas podían añadir cierto número de jugadores de las menores en sus alineaciones, una práctica conocida como Las Llamadas de Septiembre. Le permitía a los jugadores de las menores saborear las Grandes Ligas y daba a los mánagers y gerentes generales la oportunidad de ver jugar a los de ligas menores en persona contra adversarios del más alto nivel. Estaba seguro de que me llamarían. Pero septiembre llegó y pasó. Y nada.

Así que el 3 de septiembre, viajé a Yuma y conduje a México para estar con mi esposa e hija. Los tendones de las rodillas me dolían muchísimo. Un médico mexicano me inyectó ambas rodillas con cortisona. Quería hacerlo rápidamente para estar listo para la liga de invierno. Las inyecciones dolían tanto que apenas podía salir caminando de su consulta. Me dijo que estaría como nuevo en dos semanas. Mientras tanto, tenía que estar acostado. No se suponía que doblara las rodillas o les pusiera peso encima.

Tres días más tarde, estaba viendo televisión en el sofá, cuando el teléfono sonó. Charlie O'Brien, uno de los receptores de los Ángeles, se había lesionado. El equipo había reservado un vuelo para que yo saliera al día siguiente. Tenía dolor pero no me importó. No iba a decir nada de las inyecciones ni del dolor. Pensé que probablemente ni tendría que jugar. No me importaba cuánto me doliera. Estaba en las Grandes Ligas. El médico mexicano me había dado también pastillas muy fuertes para el dolor y era suficiente.

Quedaban diez días de la temporada regular. Trabajé mayormente en el bullpen, haciendo muecas detrás de la careta cada vez que me agachaba. No le mencioné a nadie el asunto de las inyecciones.

Técnicamente había hecho mi debut en las Grandes Ligas. Había entrado dos veces a juegos como receptor defensivo suplente. Pero ambas veces Collins me sacó antes de que pudiera tener un turno oficial al bate.

Pronto llegó el último juego. Estábamos en Oakland. El juego no significaba nada para nosotros. Estábamos demasiado abajo en la ubicación de los equipos para llegar a los playoffs. Los jugadores veteranos, cansados y estropeados por una larga temporada, se alegraban de que los sentaran para darle juego a los novatos.

—Oye, novato, prepárate. Vas a jugar —me dijo Matt Walbeck en la casa club antes del juego. Lo vi entrar en la oficina de Collins. Entonces habló brevemente con cada uno de los otros receptores: Nevin, Greene, Chad Kreuter. Sabía que estaban conspirando para que yo jugara.

Kreuter abrió como receptor. Inning tras inning, Collins lo dejó en el juego. "¡Pon a B-Mo!" gritaban algunos lanzadores desde el bullpen, donde yo estaba sentado junto a Troy Percival.

—¿Qué carajo está haciendo? —Percy dijo, furioso.

Yo no decía nada ni expresaba gestos con la cara. Pero estaba hirviendo por dentro. Todos los demás que habían subido habían bateado. ¿Cuál era el problema de Collins conmigo? Seis años rompiéndome el culo trabajando en las menores y no podía siquiera dejarme batear una vez?

Estábamos ganando 4–1 en la octava entrada cuando Kreuter se colocó en el círculo de espera parea batear. De pronto se volteó, caminó hacia el banco y metió su bate en la batera. Percy me empujó con el codo.

—Está tratando de meterte en el juego.

Vimos a Collins acercarse a Walbeck, quien lo rechazó con un gesto de la mano. Collins se acercó entonces a Nevin, quien hizo lo mismo. Hasta Todd Greene lo rechazó.

El teléfono del bullpen sonó. Yo iba a batear.

Buddy Groom estaba lanzando. Eso era bueno. Yo me había enfrentado a él en la serie de invierno. Lo llevé a un conteo favorable al bateador y entonces bateé un roletazo fuerte por la izquierda. El tercera base Eric Chávez hizo una gran jugada y me sacó out.

Jugué como receptor en la salida del octavo inning y en el noveno, y fácilmente no le permitimos carreras a los Atléticos. La temporada llegó a su fin. Yo había hecho mi debut al bate en Grandes Ligas. Me quedé merodeando en el banco, absorbiendo el momento. Darin Erstad, nuestro jardinero central, se detuvo frente a mí. No lo conocía bien. Me puse de pie por respeto. Me puso las manos en los hombros.

—Oye, ahora que has bateado una vez en las mayores, eres un jugador de Grandes Ligas —dijo—. Eso no te lo puede quitar nadie.

KELSSY NACIÓ EN Yuma tres semanas después del final de la temporada. Cuando la fuente de mi esposa se rompió, condujimos desde la casa de sus padres y cruzamos la frontera hacia un hospital en Estados Unidos. Poco tiempo después viajamos a Puerto Rico para yo jugar en la temporada de invierno. Los cuatro miembros de mi familia inmediata nos apretujamos para dormir en una habitación extra en la casa de Mai y Pai. Kyshly dormía en la cama con nosotros y Kelssy en la cuna. Quería mucho a mis dos bebitas, pero me daba cuenta más y más de que nuestro matrimonio se estaba derrumbando.

Tal parecía que de lo único de lo que hablábamos mi esposa y yo era de dinero. Ganaba un poco más en la liga de invierno que el año anterior —$1.300 al mes— y recibía ayuda del gobierno para comprar comida. Les daba dinero a Mai y Pai para víveres, gasolina y alquiler. Ahorraba para nuestros boletos de avión a Arizona en enero. No quedaba nada al final del mes. Trabajaba duro como siempre. Pero cada discusión parecía terminar en una pelea por dinero. Ninguno de los dos sabía cómo hablarle al otro. Éramos demasiado inmaduros y no teníamos experiencia. Nuestras peleas carecían del afecto que suavizaba los bordes de los argumentos entre Mai y Pai. El afecto que una vez habíamos sentido había desaparecido. Estoy seguro de que las ausencias no habían ayudado. Pero era mucho más profundo que eso. No nos gustábamos ya. Yo no era feliz, y ella no parecía ser feliz tampoco. Pero yo no podía abandonar a mis hijas. Tendrían siempre mi apoyo cualquiera que fuera la circunstancia, como era el deber de todo padre. Tal como Pai lo hacía con mis hermanos y conmigo.

Un día en Puerto Rico, la lluvia hacía tanto ruido en el techo que casi no podíamos oír la televisión. Llegó al punto que se interrumpió la recepción totalmente. Mi juego en Mayaguez se había cancelado. Mi esposa estaba en la habitación durmiendo una siesta con Kyshly y Kelssy. Mai estaba en la cocina. Cheo y Yadier habían salido. Sólo estábamos Pai y yo en la sala. Mencioné la cantidad de trofeos que solía haber apretujados en cada anaquel cuando yo era pequeño. Ahora sólo había media docena o algo así.

—Mmm. Pai dobló una página del periódico.

—Recuerdo uno que tenía la base de madera y era una gran copa —dije yo—. Lo busqué todo el día después de la inundación.

Pai levantó la vista y miró a los anaqueles, como si se hubiera dado cuenta en ese momento de que el trofeo había faltado todos esos años.

—Ése era por campeón de bateo —dijo.

—Era mi favorito.

Pai se rió.

—Tú no sabes por lo que tuve que pasar yo para ganarme esa cosa.

Esperé a que elaborara. Pero se puso de pie y empezó a manipular la antena de orejas del televisor.

—¿Alguna vez hablaron contigo los scouts? —pregunté.

—Oh, sí. Andaban por ahí.

Entró en la cocina y le preguntó a Mai lo que había de comer. La conversación había terminado.

TAN PRONTO LA vi, no pude quitarle los ojos de encima.

Fue en la primera semana del entrenamiento de primavera de 1999. Estábamos trotando de espaldas en un ejercicio de correr. Recostada de pie contra la baranda un poco más allá de primera base estaba la mujer más bella que yo había visto jamás.

—¿Quién es ésa? —le pregunté a mi compañero de equipo Omar Olivares.

—Si quieres que te rechacen, invítala a salir —dijo.

Me contó que se llamaba Jamie y que era gerente de escena y

productora de KCAL, la estación de televisión que transmitía los juegos de los Ángeles.

—Es muy amable, pero no sale con jugadores. Créeme, muchos han tratado.

No tenía intención de invitarla a salir. Yo estaba casado. Pero no podía negar que estaba fascinado. Me vi corriendo entre la línea de los jugadores para verla mejor. La miré mientras corría hacia atrás al jardín central y luego me volví y corrí con el resto de mis compañeros hacia la línea del jardín derecho. Corríamos hacia delante y hacia atrás y nunca le quité la vista de encima. Había en ella un sentido de familiaridad que yo casi esperaba que me saludara. Pero lo que hizo fue irse.

Durante todo el entrenamiento de primavera, la observé entrevistando a jugadores. Se sentía cómoda entre ellos, como si fuera la hermana de todos, como si no supiera que era bellísima. No me entrevistó a mí porque yo no era nadie, un jugador de las menores. Pero planeé con lujo de detalles lo que le diría y lo que ella contestaría, como si estuviera en séptimo grado. Pero no pude acopiar suficiente coraje para decirle hola.

Al final del campamento, fui llamado a la oficina de Terry Collins. Sabía lo que iba a decir. Y lo dijo.

—Te estamos enviando a la Triple A en Edmonton.

De vuelta a las menores por la séptima temporada consecutiva. Me sentí decepcionado —uno siempre mantiene la esperanza— pero no me sorprendió. Todd Greene todavía era el niño mimado de Collins, aunque apenas había estado detrás del plato toda la primavera por sus problemas en el hombro. Matt Walbeck fue el abridor del primer día de la temporada y Greene el suplente, al menos hasta que el hombro estuviera cien por ciento.

Me levanté para irme, acercándome al escritorio de Collins para darle la mano. Pero el mánager no había terminado.

—No creo que te vayamos a ver en todo el año. Tal vez el año próximo, si trabajas duro.

No estaba seguro de que había oído bien. ¿Él no esperaba verme esta temporada? ¿Y si el hombro de Greene no mejoraba? ¿Y si Walbeck se lesionaba? ¿Y *si yo trabajaba duro*? ¿Quién trabajaba más duro que yo?

Me sentí la mandíbula tensa. Quería saltar sobre el escritorio. El poco respeto que me quedaba hacia Collins desapareció en ese momento. Las palabras quedaron grabadas por lo que eran: la burla de un bravucón en un parque dichas para disminuir a alguien.

Ahora Collins se puso de pie, indicando que la conversación había terminado. Mantuve los brazos a mi lado. No podía estrechar la mano de este idiota. No me importaba lo que Pai me había enseñado. Me volví sin pronunciar palabra, salí y me senté en mi vestidor de espaldas a la casa club. Quería darle un puñetazo a una pared. Darle una patada a una silla. Ese tipo, por cualquier razón misteriosa, me iba a mantener en las menores hasta que me consideraran demasiado viejo para tener una oportunidad.

—¿Hablaste con el hombre? —preguntó Pai cuando lo llamé esa noche.

—Estuve frente a él.

—No entiendo.

—Es un idiota.

—Oye, tienes que seguir bateando. Tu chance llegará.

Claro. ¿Igual que el tuyo? pensé.

Durante la temporada de 1999 que jugué en Edmonton, circularon rumores de que Collins tenía problemas. Los periódicos publicaron artículos sobre luchas internas y facciones en conflicto en la casa club. Collins había perdido el control. Los jugadores, encabezados por el veterano estrella Mo Vaughn, supuestamente habían firmado una petición para que quitaran a Collins. El gerente general, Bill Bavasi, dijo a los reporteros que Collins permanecería en su puesto.

El hombro de Greene seguía siendo un problema. Y Walbeck estaba en aprietos. Collins había traído a Steve Decker, a Charlie O'Brien y a Hemphill, pero todos habían estado por debajo de las expectativas.

Tarde una noche de agosto, alguien tocó a mi puerta. Caminé en puntillas hacia la mirilla para ver quién era. Eran mi mánager de Triple A, Carney Lansford, y el coach de primera base, Leon Durham. ¿Estaban allí para bajarme más de categoría? Me volví a acostar con la esperanza de que se fueran.

—¡Oye, idiota, abre la puerta! ¡Te vas a las Grandes Ligas!

Esperé uno o dos segundos, entonces abrí la puerta, fingiendo que no los había oído.

—Te vas para Anaheim —dijo Carney—. ¡Felicidades!

Esto era de verdad. No como suplente por una suspensión. No una llamada de septiembre. Por supuesto, llamé a Pai.

—Me voy al Gran Show, Pai. Esta vez sí es de verdad.

—Has trabajado duro para esto.

No me dijo que estaba orgulloso de mí. Tampoco lo había dicho cuando fui a la universidad y aprendí inglés. No lo dijo cuando firmé con los Ángeles. Ni cuando me gané un anillo de campeonato en la Clase A o cuando mi equipo de invierno en Mayaguez ganó la Serie Mundial del Caribe.

Le había mencionado esto a Mai hacía algún tiempo.

—Él me lo dice a mí. Me dice lo orgulloso que está y lo contento que está por ti.

—¿Por qué no puede decírmelo a mí?

—Esa es su manera de ser.

Así que no esperaba que lo dijera ahora. Pero habría querido que lo hiciera de todas maneras. Me iba a las mayores, probablemente como abridor, logrando algo que él había soñado toda su vida.

—Mejor es que duermas un poco —dijo.

COLLINS APENAS ME habló aunque ahora era su receptor abridor, al menos por el momento. Con todo lo que me desagradaba, sabía que mi destino estaba en sus manos. Me mantuve alejado del drama de la casa club, cuidándome de nunca decir nada negativo sobre Collins. No sabía si Troy Percival estaba tratando de compensar por el maltrato de Collins hacia mí, pero se convirtió en mi apoyo más entusiasta.

—Él no tiene miedo —le dijo a los reporteros cuando llegué—. Y no hay manera de esconder el buen brazo que tiene.

Con mi promoción a las mayores, comencé a ganar el mínimo salario de la liga, que era entonces $109.000 por temporada, prorrateado en las semanas que estaba allí. Con cada pago les enviaba regalos a las niñas a la casa: vestidos, zapatos, un xilófono de juguete, una casa de muñecas, una muñeca de *Dora la Exploradora*, un muñeco de Woody de *Toy Story*. Las llamaba cinco días a la semana. Le enviaba dinero a mi esposa por Western Union. Quería comprar un automóvil, pero no sabía cuánto tiempo estaría en las mayores, dada la opinión de Collins sobre mí. No quería gastar dinero que todavía no tenía.

El 3 de septiembre, menos de un mes antes de que terminara la temporada de 1999, el gerente general, Bill Bavasi, entró en la casa club antes de uno de los juegos. Sabíamos que había habido una gran noticia. Collins había renunciado. ¿Quién hubiera sabido en la primavera que al final de la temporada yo estaría en el equipo y Collins no?

En diciembre estaba de vuelta con Mayaguez. Mai y Pai estaban en las gradas. Bateando, vi venir la bola, una rápida. No pude apartarme a tiempo. El lanzamiento me golpeó el casco en el área de la sien izquierda. La cabeza me dio un sacudón hacia atrás. Un pedazo del casco salió volando, que luego supe que Mai creía que era mi oreja. "¡La oreja! ¡La oreja! ¡Recojan la oreja!" había gritado Mai. No recuerdo cuando me caí. Sé que traté de levantarme pero no pude. El receptor de Caguas, Javier Valentín, a quien conocía de las Pequeñas Ligas, me tomó la cabeza y el cuello en sus brazos, diciéndome que me quedara quieto y no me moviera. Ya vienen, decía. Entonces se agrupó una multitud alrededor mío.

—Levántame —decía yo—. Levántame.

En algún momento me pusieron de pie y me llevaron caminando hacia la casa club. Uno de los chicos de la casa club llevaba el casco y vi el hueco. El fisioterapeuta no quería que me acostaran. Me preguntó en qué año estábamos y preguntas de ese tipo. Me dolían la cabeza y el cuello. Alguien me llevó al hospital para hacerme radiografías. Todo parecía estar bien. Pai y Mai me llevaron a la casa.

Cuarenta y ocho horas después, estaba de regreso en el terreno. Estábamos jugando con San Juan, y Mai y Pai también vinieron a ese juego.

El primer lanzamiento fue una curva. Me encogí. La curva parece que le viene a uno encima antes de romper hacia el plato. Strike. Otra curva. Me encogí. Segundo strike. Otra curva más. Me encogí. Tercer strike. Me ponché sin siquiera tirarle.

Dos innings más tarde, estaba yo en el círculo de espera para batear cuando oí la voz de Pai detrás de mí.

—¡Oye, Bengie!

Pai estaba recostado a la baranda de primera fila.

—Oye, ¿tienes miedo?

—¿Cómo?

La gente de las primeras filas estaban ahora mirando y oyendo.

—¿Quieres jugar béisbol o quieres irte a casa? ¿Qué es lo que quieres hacer?

—¿De qué me estás hablando?

—Pareces asustado. Ellos saben que te golpearon y te van a seguir tirando curvas. Ya sabes que vienen. Así que espéralas. No hay manera de que te tiren rectas rápidas. Espera la curva.

Tenía razón en ambos puntos: Había estado encogiéndome sin darme cuenta y podía ahora usar eso para mi beneficio. Esperé la curva y bateé dos hits en mis dos próximas veces al bate.

No me molestó en absoluto que me gritara frente a otras personas. Me dijo lo que yo necesitaba oír. Tenía su apoyo. Luego recordé lo fuerte que había sido conmigo cuando me ponché en las Pequeñas Ligas. Recordé cuánto anhelaba que me pusiera el brazo sobre los hombros. Pero me apoyó entonces también. Benjamín Molina criaría hijos fuertes. Él sabía que el mundo se tragaba a los flojos.

—¿POR QUÉ NO vienes? —preguntó Pai.

Era por la tarde y yo estaba viendo televisión en la sala con Kyshly sobre las piernas. Mayaguez tenía el día libre. Pai iba a la casa de Junior Díaz. Mai se había ofrecido para ayudar a mi esposa a cuidar a las niñas. La cuestión del dinero se había relajado un poco con mis dos meses en las Grandes Ligas. Esta vez podíamos haber alquilado nuestro propio sitio durante la temporada de invierno, pero Mai y Pai querían que nos quedáramos con ellos. Estaba seguro de que no estaban cómodos con las constantes peleas entre mi esposa y yo, pero nos querían mucho y adoraban a las nietas.

Cuando Pai y yo llegamos al bar de Junior Díaz, los hombres levantaron la vista del juego de dominó y sonrieron ampliamente. Creí que era por Pai. Pero las sonrisas eran para mí.

—¡El hombre de las Grandes Ligas! —dijo uno de los hombres poniéndose de pie para estrecharme la mano.

Junior Díaz salió de detrás del mostrador.

—¡Felicidades! Me estrechó la mano también. —¿Qué vas a tomar? Invita la casa.

Le dio una palmada a Pai en el hombro.

—¡Tu hijo!

Entonces se volvió hacia mí y me apretó el bíceps.

—¿Qué te están dando de comer allá?

Pai se sonrió levemente, como si una sonrisa completa pudiera darle a alguien una idea equivocada, que se le había ido todo a la cabeza. Cuando los vecinos me paraban en la calle o en el mercado después de haber llegado para el invierno, casi todos me decían lo mismo: "Tuve que verlo yo mismo en el periódico. ¡Tu padre no decía nada!"

Junior Díaz salió y volvió con dos latas de Coors Light. Pai ya estaba sentado a la mesa de dominó, donde, a pesar de sus objeciones, alguien le había cedido su silla. Otro de los hombres me ofreció a mí su silla.

—No, no —dije, apenado.

Me recosté contra el muro detrás de la mesa, como lo hacía de niño. Todos querían saber cómo eran las cosas en las Grandes Ligas. ¿Cuánto dinero ganaba? ¿Cómo eran los terrenos? ¿Cómo era mi relación con los aficionados? ¿Qué tamaño tenían los estadios? ¿Cómo me iba con el inglés? ¿Cómo era la comida? ¿Comía en un restaurante todos los días? ¿Cómo era la gente? ¿Eran racistas? ¿Qué tipo de automóviles manejaban los jugadores? ¿Veía a estrellas de cine en California? ¿Cómo era diferente el juego?

Les conté que las ligas mayores eran mejores aún que lo que había imaginado. Cada estadio era una joya. Cortaban la hierba todos los días. La tierra era suave y limpia. Las casas clubs eran enormes, el doble de las ligas menores. Había televisores dondequiera. Te daban toallas frescas todos los días. Cada casa club tenía un comedor, así que no había que preocuparse por la comida. Había congeladores llenos de helado y anaqueles llenos de golosinas. Uno podía coger todas las que uno quisiera en puñados. Me di palmaditas en el estómago. "¡Tengo que tener cuidado!"

Algunos chicos del vecindario entraron y compraron Coca-Colas en el mostrador. Se quedaron merodeando en la entrada, lo suficientemente lejos para evitar llamar la atención, pero lo suficientemente cerca para oír la conversación.

Describí los diferentes estados y ciudades que visité. La mayoría sólo había oído hablar de Nueva York y Florida. Les dije que todavía no había visto a ninguna estrella de cine. Y que las personas eran educadas pero humildes y amistosas. Que no eran racistas. Les conté que grandes estrellas del béisbol como Mo Vaughn eran amables; incluso me había invitado a comer. Les dije que el juego se desarrollaba mucho más rápido que lo que parece en televisión. Pero que a la vez no era muy diferente que jugar en nuestro terreno. Les conté sobre los aviones fletados y que cada jugador tenía una fila para cada uno. Les dije que en mis días libres podía ir a Disneylandia y a Knott's Berry Farm con mis hijas. Era como un sueño. Mejor que todo.

Las fichas de dominó permanecían intactas sobre la mesa. Yo seguía hablando. Nunca había hablado tanto. Era emocionante dominar la atención de los hombres en el bar de Junior Díaz.

Entonces miré hacia Pai. Él también escuchaba, pero su rostro estaba cerrado. Su apariencia sugería que era hora de bajar el tono, que tal vez yo tenía un trabajo sofisticado en California, pero que debía ser humilde y recordar quién era y de dónde había venido.

Se me ocurrió por primera vez que tal vez sus sentimientos sobre mi llegada a las Grandes Ligas eran complicados. Me pregunté si estaba bien que yo lo hubiera superado a él en béisbol y en dinero. ¿Acaso estaba enojado conmigo en alguna manera?

Todavía estaba tratando de entender la reglas del mundo de Pai.

Terminé mi historia y Pai empezó a revolver las fichas sobre la mesa con ambas manos, mezclándolas para comenzar otro juego. Tan pronto dije mi última palabra, Pai empezó a preguntarle a uno de los hombres sobre sus hijos. ¿No había uno de ellos trabajando en Kmart? ¿No hubo otra que había tenido un bebé?

Pai se bebió media docena de Coors Lights. Hablaba y se reía más a medida que las latas vacías se acumulaban. Contó cuentos que yo jamás había oído. Contó que había tenido que llamar a Mai de la estación de policía una noche. Lo habían arrestado por manejar borracho después de una noche que había salido con Vitín.

—Así que le dije, "Nada más quería que supieras dónde estoy y que estoy bien. Cualquiera cosa que hagas, no se lo digas a Vitín, a Joe y especialmente a Eliu, que es la madre de los chismes".

Según Pai, Mai inmediatamente llamó a Eliu, quien llamó a su hermano Miguelito, que era sargento de la policía. Miguelito y Vitín fueron a la estación, donde encontraron a Pai riéndose y conversando con los policías. Miguelito hizo arreglos para que soltaran a Pai, siempre y cuando fuera Vitín quien lo llevara a la casa.

En el bar de Junior Díaz, Pai se inclinó para decir la parte cómica del cuento.

—Entonces le digo a Miguelito, "¿Cómo? ¡Yo no me voy a casa con Vitín! ¡Él está más borracho que yo!"

Todos rieron a carcajadas.

Vi a Pai sonando fichas de dominó sobre la mesa con los demás hombres de piel curtida que trabajaban duro y bebían fuerte, cuyas vidas habían comenzado en Dorado y probablemente allí sería donde terminaran también. ¿Era eso suficiente para Pai, quien tenía grandes sueños? Con dos de sus hijos jugando en Estados Unidos y otro a punto de seguirlos con toda seguridad, me preguntaba si su querido Dorado de momento le quedaba pequeño.

EMPECÉ A SENTIR temor de ir a casa después de los juegos. Mis hijas estaban dormidas cuando yo llegaba tras conducir a través de la isla. Mi esposa estaba despierta. Cada conversación se convertía en una batalla y una acusación. De alguna manera le volvía a fallar siempre. Sospechaba de cualquier aficionada que hablara conmigo. Se convirtió en una persona más posesiva, queriendo que yo le llevara cuenta de cada minuto de mi tiempo. Entre familia y amigos, apenas le hablaba. Ella se desquitaba contradiciéndome en todo lo que decía con comentarios insidiosos, interrumpiendo conversaciones para decir que yo no sabía de lo que estaba hablando y diciendo su versión del cuento. En privado, yo le decía que me avergonzaba de que me estuviera reprendiendo delante de otras personas. Ella respondía que a ella le avergonzaba que la ignoraran. Acabábamos gritándonos.

En retrospección, debí haber sido más sensible y haber tratado de entender lo difícil que debe de haber sido para ella. Yo estaba ausente todo el tiempo. Venía a la casa exhausto, a menudo con dolores. Yo no era buena compañía. Por su parte, ella no podía ponerse en mi lugar y darse cuenta de que yo estaba haciendo lo mejor que podía.

Mi salario de $109.000 no era exactamente un premio de lotería, pero significaba que pronto podría mudar a mi familia de la casa de mis suegros y comprar una casa propia. No que yo esperaba que eso terminaría con las discusiones. Me daban ganas de golpearme por dejarme caer en esas peleas. Odiaba gritar delante de las niñas. Y odiaba que me gritaran delante de las niñas. Me sentía débil y bajo, lo contrario de mi padre. No me gustaba la persona en la que me había convertido. Me preocupaba el efecto que todo tendría en nuestras hijas. ¿Qué estaban aprendiendo ellas sobre cómo tratar a la gente cuando veían a su madre y su padre comportándose con tanta falta de respeto el uno del otro?

Tratábamos de presentar un buen frente delante de Mai y Pai. Pero el matrimonio se desintegraba día por día, palabra por palabra. Mi esposa y yo éramos combatientes en una guerra que no recordábamos cuándo había comenzado y que no teníamos idea de cómo terminar.

Mayaguez ganó el campeonato de la liga de invierno por tercer año consecutivo y Mai, Pai y mis hermanos estaban esperando que yo saliera de la casa club después del juego decisivo. Entre los que me felicitaban estaba un scout puertorriqueño que me había descartado cada vez que hacía una prueba. Todavía lo resentía.

—Quiero felicitarte —me dijo el scout, extendiéndome la mano. Le pasé por el lado dejándole la mano colgando en el aire.

Cuando entramos en el automóvil, Pai explotó. Estaba más enojado conmigo que nunca.

—¿Y tú haces eso delante de *mí*? ¡Actúa como un hombre!

—Él trató de evitar que yo jugara béisbol profesional, ¿y tú quieres que sea amable con él?

—¡Es una persona mayor y le faltaste al respeto! Yo te enseñé a ser mejor que eso.

—Está bien, Pai. Lo siento. Tienes razón.

Me sentí terriblemente mal por haberle hecho pasar pena. Pero no me sentí mal por haber desairado al scout. Al contrario, me sentí bien por eso.

Mayaguez llegó a otra Serie Mundial del Caribe, que se celebró en el Estadio Bithorn en San Juan. Bateé un jonrón con las bases llenas para ayudar a ganar el primer juego contra México. Fui llevado a la carpa de prensa por primera vez. Yadier vino conmigo y me aconsejó que usara la gorra con la visera hacia atrás. "Tiene más onda así", dijo. (He usado mis gorras así desde entonces). Nunca había visto tantas cámaras y micrófonos. Todos los medios noticiosos del Caribe estaban presentes. Me temblaban las piernas. Respiré profundo y pensé en todas las veces que la señora El-Khayyat me había hecho hablar en la clase.

—Bueno, primero le doy gracias a Dios —dije—. Y segundo a mi padre, que me enseñó todo lo que sé.

Por la mañana Mai y Pai compraron tres ejemplares de los dos principales periódicos de Puerto Rico, que publicaron fotos mías bateando el jonrón con bases llenas. En la mesa de la cocina, observé a Pai pasar las páginas. Entonces dobló los periódicos y les pasó la mano para quitarle las arrugas.

—La próxima temporada es la tuya —dijo. Yo sabía que se refería a los Ángeles.

Había tenido dos meses completos como abridor en las mayores. El hombro de Todd Greene podría sanar. Los Ángeles podrían firmar a un receptor abridor. No había garantías para mí.

Pero no podía dejar de pensar en lo que mi primo Mandy me había dicho sobre Pai cuando yo era niño. "Si él lo dice, debe ser verdad".

Todos estos años más tarde, todavía lo creía.

CUARTA PARTE

CUANDO ENTRÉ AL estacionamiento del Estadio Tempe Diablo en Tempe, Arizona, para comenzar el entrenamiento de primavera, mi vista fue directamente hacia la gigantesca, ancha letra *A* en el techo. Me encantaba esa letra *A*. La primera vez que la vi, me recordó un poco a la Estatua de la Libertad porque era un símbolo, al menos para mí, de haber llegado a un nuevo mundo. Recuerdo familiares míos de Puerto Rico que se habían mudado a Nueva York diciendo que se sentían como si quisieran a su nueva ciudad más que la gente que había nacido allí. El béisbol profesional era aún un nuevo mundo para mí y sentía el amor de un inmigrante hacia todo lo relacionado con ese deporte. Me encantaba el complejo de entrenamiento de los Ángeles, los muros de ladrillos del estadio, el uniforme con mi nombre cosido en la espalda, los escarpados cerrillos más allá de la cerca del jardín izquierdo. Me encantaba el momento del primer día cada primavera cuando caminaba de la casa club al oscuro pasillo subterráneo que emergía bajo la luz brillante de la mañana en primera base. Si yo fuera un poeta, tal vez habría escrito algo de cómo el invierno le da paso a la primavera, la oscuridad se abre a la luz. Como jugador de béisbol, el terreno era símbolo suficiente. Ni una huella en la tierra, ni un terrón en la hierba. Uno sentía que te estaba esperando para que tú dejaras allí tu propia marca.

Todd Greene estaba en el campamento. Y Walbeck y Hemphill también, todos nosotros tras la misma posición. Sin embargo, Terry Collins se había ido. Mike Scioscia —un ex receptor de cuarenta y dos años de edad— había recibido su primera oportunidad de dirigir un equipo. Él trajo inmediatamente un tono nuevo a las reuniones del equipo por la mañana, donde además de hablar de béisbol, le asignaba a los jugadores tareas locas. Envió a varios jugadores latinos a cenar con un joven lanzador estadounidense procedente de lo más profundo del sur de Estados Unidos. A ninguno se le permitió hablar su lengua nativa. Lloramos de la risa al día siguiente cuando nos contaron ambas partes de la macarrónica conversación. Otro día envió a jugadores a que reportaran sobre un festival local de avestruces. En la reunión del equipo la mañana siguiente, de pronto un avestruz entró galopando a la casa club, lanzándonos a todos a buscar protección. Ramón Ortiz, con ojos de asombro, se sumergió en su vestidor. "Miren el pollo grande!" Otro día, Scioscia se apareció con dos profesores de matemáticas de la Universidad Estatal de Arizona, quienes procedieron a obligar al lanzador John Lackey a repetir un examen de algebra que había suspendido allí nueve años antes. En las reuniones de Scioscia se podía contar con dos cosas: Aprendías algo y te reías a carcajadas.

En los juegos, sin embargo, Scioscia era como un operativo midiendo su blanco, considerando variables, observando patrones, anticipando movidas y contramovidas. Aprovechaba la menor oportunidad para obtener la ventaja. Jugaba para ganar cada inning de cada juego, incluyendo los juegos de exhibición de la primavera. Todos sabíamos que no teníamos el talento para competir contra los equipos que encabezaban la liga. Pero aparentemente nadie le había informado a Scioscia. Me recordaba a Pai dirigiendo a Los Pobres.

Cuando quedaba una semana de campamento, Scioscia me llamó a su oficina.

—Siéntate.

Yo había estado en esa silla antes. Conocía la rutina. Me estaba enviando a las menores.

—Quiero ser muy honesto contigo —dijo—. No tienes que preocuparte por nada. Eres parte del equipo. Creemos que puedes hacer tu trabajo.

Yo estaba paralizado. El campamento no había terminado y me estaban dando la posición. Mi nombre aparecía en la alineación del Día Inaugural. No como suplente o llamado en septiembre o en un rol desechable.

—Quiero que entiendas algo —dijo—. La razón por la que estás aquí es por tu trabajo defensivo. La manera en que manejas a tus lanzadores. Quiero que cuides a estos tipos como si fueran tu propia familia.

Gracias —dije finalmente poniéndome de pie para estrechar su mano—. No lo voy a decepcionar. Voy a cuidar bien a esos muchachos.

—Yo sé que sí.

Era temprano por la mañana, una hora antes de las prácticas. Entré al terreno vacío en mis zapatillas de baño. Todos aquellos años. Los viajes en ómnibus de Cedar Rapids a Peoria, de Midland a Shreveport. Los limpiaparabrisas rotos del Nova. Las docenas de pruebas falladas. Las barras con latas de galletas. El Caballo Loco. Los spikes colgando del cable de teléfono. El oscuro bullpen de Mayaguez. Y, por supuesto, todas aquellas tardes con Pai en el terreno frente a nuestra casa.

Lo llamé esa tarde cuando regresé al hotel.

—Estoy en el equipo.

—¿Cuál equipo?

Pensó que le hablaba de uno de los equipos de las menores.

—En la alineación del Día Inaugural, Pai.

—¿De verdad? —Se rió—. ¿El Día Inaugural? Ay, mi hijo. Qué contento estoy por ti.

—Gracias por todo, Pai.

Mai agarró el teléfono y gritó de alegría. Entonces puso a Pai otra vez.

—No desperdicies esta oportunidad.

¿Cómo? Después de todo lo que había pasado para llegar hasta aquí? ¿Pensaba él de verdad que yo iba a echarlo todo a perder ahora?

Llamé a Cheo al hotel de los Cachorros en Mesa para darle la noticia. Más tarde, cuando Cheo y yo salimos a nuestra usual cena en Panda Express en el centro comercial, todavía pensaba en el comentario de Pai sobre no desperdiciar mi oportunidad. Tal vez su advertencia no estaba tanto dirigida a mí como a su propia persona en su juventud.

Cuando terminó el campamento, Todd Greene fue enviado a la Triple A. Fui nombrado receptor abridor.

Después de empacar mi vestidor, repartí propinas a los asistentes.

EL EQUIPO DE los Ángeles era un desastre. Cada semana bajábamos de posición. Pero todos los días veníamos al estadio totalmente convencidos de que íbamos a darle un giro completo a la temporada. Las reuniones de Scioscia con el equipo y las tareas locas del entrenamiento de primavera estaban dando frutos. Nuestros chistes internos y anécdotas tenían el efecto de unirnos como familia. Nos recordaban que estábamos en esto juntos. Nosotros contra el mundo.

Scioscia continuó con los mismos temas del entrenamiento de primavera: Jueguen con inteligencia, jueguen duro, estén atentos a todo, trabajen más que su contrario, piensen más en el nombre que está en el frente de la camisa que en el que está en la espalda. Y ganen el juego de hoy.

Jugaba como receptor casi todos los días y aprendía los matices de cada lanzador. Con el nervioso y locuaz Ramón Ortiz, tenía yo que ser fuerte y brusco; de lo contrario, no me prestaba atención. Con Scott Schoeneweis, me portaba más gentilmente; una patadita en el trasero bastaba para que se agitara. Hablaba con Jarrod Washburn más como un amigo. Con Tim Belcher, un veterano y aspirante al premio Cy Young, yo sólo escuchaba; él sabía lo que quería. Lo más importante, me recordaba Scioscia a menudo, era crear confianza y respeto. Uno quiere que su lanzador sepa que uno ha hecho su tarea, que sabe cuáles lanzadores son excelentes y cuáles no. Un lanzador tiene que tener absoluta confianza en lo que uno le pide. No puede dejar que sus lanzamientos se queden a medias. La duda es fatal.

Recuerdo un juego en que guiaba a un errático lanzador de veintidós años en los primeros innings. Pelotazos de foul consecutivos me golpearon los dedos y se me entumeció la mano, lo cual me produjo un dolor muy molesto, como cuando pones algo caliente en manos heladas. Entonces se me hinchó y se me endureció la mano. Pero no iba a salir del juego. La concentración y la confianza del chico podrían quebrase si tuviera que cambiar súbitamente hacia otro receptor. Con la mano hecha un globo, bateé un jonrón para ganar el juego. Después, en la casa club, me había convertido en una desastrosa acumulación de sudor y moratones, pero era la mejor de todas las acumulaciones de sudor y moratones. Disfrutaba el mejor de los sentimientos porque sabía que había dado todo lo que tenía. Había hecho el máximo esfuerzo. Los periódicos del día siguiente destacaron mi jonrón. Poco sabían que el jonrón había contribuido menos al triunfo que mi trabajo detrás de home.

Scioscia era un talentoso maestro que seguía los pasos de la señora El-Khayyat, Bill Lachemann, Sal Fasano y, desde luego, Pai. Me llamaba a su oficina para preguntarme por qué yo había pedido un lanzamiento en vez de otro. Me señalaba defectos en mi manera de pensar. Cuando el juego está en sus finales, me dijo, no le des al bateador nada que esté en su zona de confort, aunque pienses que estás actuando con mayor inteligencia que él. Ve con el mejor lanzamiento de tu lanzador. Respeta los puntos fuertes del bateador. Respeta los puntos fuertes de tu lanzador.

Los días que no jugaba, observaba el juego con detenimiento, como lo hacía con Sal. Un día, jugando contra los Azulejos de Toronto, noté un patrón en uno de sus jugadores, Carlos Delgado. Cuando estaba en base, alternaba entre adelantar mucho hacia la próxima base y adelantar poco. Al día siguiente, yo estaba de receptor y Delgado estaba en la segunda base. Esperé hasta que sabía que iba a adelantar mucho y pedí medio lanzamiento afuera, lo suficiente afuera para que el bateador no le tirara y me fuera fácil a mí recibir el lanzamiento y tirar a segunda. Disparé una bala a segunda y saqué a Delgado. Fin del inning. Al día siguiente, volví a sacar a Delgado en segunda cuando, después de un tiro a home desde los jardines, trató de extender su sencillo a doble.

Mi defensiva estaba llamando la atención. "¿Han encontrado los Ángeles un receptor?" preguntaba un artículo en el periódico. Me describían en otro artículo como "el poderoso novato que corre como un camión de comida y juega como un Porsche". No había duda de que me había vuelto más lento desde que me cambié a receptor. Todas esas cuclillas y jorobas. Me había vuelto más ancho, aunque en realidad no pesaba mucho más que cuando estaba en el colegio universitario.

JAMIE TRABAJABA PARA el equipo de televisión en aproximadamente la mitad de los juegos en nuestro propio terreno. Tenía que encontrar una manera de conocerla. En las prácticas de bateo un día, la vi en el banco conversando con Kenny Higdon. Había llegado mi oportunidad. Bajé ruidosamente los escalones a buscar un bate que no necesitaba. La miré a los ojos cuando me acercaba. Asentí con la cabeza al pasar junto a ella, tomé un bate de la batera y volví a subir los escalones ruidosamente hacia el terreno.

Durante nuestra próxima serie casi tropecé con Jamie en el pasillo afuera de la casa club.

Sentí que el rostro me ardía.

—¡Hola! —dije.

¿De verdad? pensé. *¿Hola, así en español?*

—¿Cómo te va? —dijo ella en inglés.

—¿Cómo te va? —respondí yo como una cotorra.

—¡Bien!

No se me ocurrió nada más que decir. Ella sonreía, esperando.

—Okay —dijo finalmente—. Buena suerte hoy.

No exactamente lo que yo había visualizado.

Yo había imaginado escenas en las que ella y yo pudiéramos estar juntos. Era infantil, una manera de pensar mágica. Aunque no hubiera estado casado, no tenía el menor chance con ella. Yo no era nada a la vista y obviamente tampoco era un conversador. Ella tenía la belleza de una actriz. Sin embargo, había algo en ella que me hacía sentir como si la conociera. Tal vez fuera verdad que había una persona perfecta para cada uno y que con las probabilidades de una en mil millones tendría la suerte suficiente para encontrarla. Comencé a pensar en ella como mi perla negra. Era bastante raro que un buzo encontrara una perla blanca. Encontrar una perla negra sería como un beso de Dios.

Insistí con José Tolentino en que me consiguiera su número de teléfono. José era un locutor de los Ángeles que trasmitía en español. A menudo lo veía hablando con ella.

—Lo siento, B-Mo —me dijo—. Ella no sale con atletas. No sale con tipos casados. No sale con tipos con hijos. Así que estás de 3-0.

Yo sólo quería llegar a conocerla mejor, le dije. Ella me parecía increíble.

—Eso no va a suceder.

—Pregúntale.

—No está interesada —dijo.

—Pregúntale otra vez.

Le seguí insistiendo durante semanas hasta que una noche sonó el teléfono de mi habitación en el hotel de Baltimore.

—Oye, habla Jamie. Tienes cinco minutos para decirme qué cosa es tan importante que no me la puedas decir en el terreno.

No reconocí la voz.

—Perdón, ¿quién habla?

—Es Jamie de KCAL. José me dijo que te llamara y te sacara de tu miseria.

—¿*Mi* Jamie? ¿Mi Perla Negra?

—¿Perla negra?

Le conté lo raras que son las perlas negras y cómo ella se había convertido en mi Perla Negra. Tan pronto como se me escaparon esas palabras supe que sonaban cursi y como una locura.

Jamie se rió.

—Tú ni siquiera me conoces.

—Siento como si te conociera.

Pero su historia no era nada de lo que yo esperaba. Era parecida a la mía. Me contó que se había criado en una isla también, un sitio llamado Whidbey Island en Washington State, y que su familia no tenía mucho dinero tampoco. Siempre le gustaron los deportes. Grababa los juegos en ESPN y los veía cuando sus padres se acostaban. Tenía doce años cuando vio a una mujer trabajando como reportera de deportes en televisión y supo que eso era lo que quería ser. Hizo un mapa ese día de todos los alojamientos con desayuno dentro de diez millas de su casa y solicitó empleo como sirvienta para ganar dinero para sus estudios universitarios. Cuando tenía quince años, ya era administradora de uno de los alojamientos con desayuno. Y a los dieciséis lanzó su propio negocio de limpiar casas.

Le conté de mi esposa y dos hijas, de Dorado y de Mai y Pai y mis hermanos. Del terreno frente a mi casa con la cerca detrás del home y los postes de luces y las matas de tamarindo. Del ejercicio de halar una llanta en la arena y de levantar pesas hechas en casa.

Me dijo que se había graduado de la Universidad Estatal de Washington, había trabajado freelance para ESPN, ABC y Fox y había logrado un empleo en la KCAL como productora asociada y administradora de escena para los juegos de los Ángeles. Había sido nominada para un Emmy a la edad de veintidós años. Me contó sobre el consejo que recibió en sus inicios de la presentadora de ESPN Robin Roberts.

—En esta industria —le había dicho Roberts—, nunca puedes ponerte en una situación en la que alguien pueda malentender qué clase de persona eres. Demora una eternidad crear una reputación y sólo cinco segundos perderla. Y tu reputación lo es todo en esta industria, especialmente para las mujeres.

Jamie explicó que ésa era la razón por la que no salía con atletas.

Le dije que yo no esperaba salir con ella. Pero acababa de tener la mejor conversación de mi vida. Nunca había hablado tanto y tan fácilmente con nadie. ¿No podríamos conversar otra vez? ¿No querría darme su número? Vaciló un poco. No quería que nadie, incluyéndome a mí, se hiciera ideas de nada. Le dije que yo entendía. Me dio su número.

Empezamos a hablar una vez a la semana. Luego dos veces a la semana. Hablábamos mucho de béisbol y de los Ángeles pero también de nuestras familias y nuestras infancias. Jamie me dijo que su padre se había separado de su madre cuando su hermana y ella eran jovencitas.

—No le hagas eso a tus hijas. Es muy doloroso para chicas jóvenes que su padre se marche.

—Nunca abandonaría a mis hijas. Siempre estaría con ellas aunque no estuviera casado con su madre.

—No es lo mismo —dijo Jamie.

A MEDIADOS DE la temporada, caí en una racha mala de bateo, una etapa poco productiva a la ofensiva. Apenas podía dormir por la noche. Cuando me las arreglé un día para llegar a primera contra los Rangers de Texas, el primera base todos-estrellas Rafael Palmeiro comenzó a hablar conmigo mientras alguien había pedido tiempo. ¿Estaba realmente hablando conmigo? ¿Esta gran estrella?

—¿Tú sabes? —me dijo—. No importa lo mal que te vaya, cada vez que te pares frente al home a batear, tienes que decirte a ti mismo que eres el mejor.

—¿Cómo? —pregunté.

Todavía no estaba seguro de que estaba hablando conmigo.

—Tienes que demostrarle al lanzador que tienes confianza. Si te paras ahí derrotado, no tienes el menor chance.

Sentí que me subía el calor al rostro. ¿No podía él ver que yo todavía era aquel niño sensible que lloraba en el banco de Los Pobres el día que se ponchó? Palmeiro me estaba diciendo ahora lo que Pai me había dicho entonces: Es hora de crecer. Haz tu trabajo. O ve y siéntate con tu madre en las gradas. Yo sabía que Palmeiro no estaba tratando de avergonzarme. Pero, por la razón que fuera, estaba tratando de ayudarme.

—Gracias —le dije—. Muchísimas gracias.

Poco después, comencé a escuchar la canción "Can't Be Touched" ("No me pueden tocar") en mis audífonos antes de cada juego, canalizando la confianza sin miedo que el boxeador Roy Jones Jr. proyectaba en su canción.

Can't be touched / Can't be stopped / Can't be moved / Can't be rocked.

Se convirtió en mi canción cada vez que iba a batear. Con mi propio esfuerzo superé mi racha de poca productividad ofensiva.

En junio, los Cardenales de San Luis seleccionaron a Yadier en la cuarta vuelta del reclutamiento amateur del año 2000. Sabíamos que eso significaba bastante buen dinero, no los $770 que recibí yo o incluso los $31.000 que Cheo recibió. Él estaba seguro de que recibiría un bono por firmar que sería más de lo que yo ganaba en las Grandes Ligas en un año. Todos estábamos entusiasmados por él. Su éxito era nuestro éxito, tal como el nuestro había sido suyo. Mientras su agente negociaba con los Cardenales, Yadier se quedó en Puerto Rico preparándose físicamente y viviendo con Mai y Pai.

Alrededor del Receso del Juego Todos-Estrellas, Kyshly y Kelssy viajaron por avión a Anaheim con mi esposa para visitarme. No vivían conmigo durante la temporada. El equipo estaba mucho tiempo viajando a jugar en terrenos contrarios y mi esposa habría estado sola con dos bebés. Ella prefería quedarse en México con su familia y sus amigos. Además, todavía yo no estaba ganando mucho dinero. Durante la temporada vivía en las económicas Suites Candlewood en lugar de alquilar una casa o un apartamento.

Parecía que había pasado años sin ver a mis niñas. Vimos los fuegos artificiales en el estadio después de un juego. Les tiré pelotas en el túnel de bateo cuando mis compañeros se habían ido, enseñándoles como Pai me había enseñado a mí. Fuimos a Disneylandia y a Knott's Berry Farm.

Cargué a Kelssy en la cama en el hotel y comprendí por qué Pai nos llevaba a mis hermanos y a mí al terreno de pelota todos los días aunque estuviera cansado. Yo haría cualquier cosa por mis niñas, incluso permanecer en un matrimonio sin amor. Si la felicidad de mis hijas significaba que yo tenía que ser infeliz, así sería.

Mis gruesas piernas de receptor me sostuvieron durante la larga temporada. Jugué detrás del home en 130 juegos en la temporada del año 2000, la cifra máxima de un receptor en los Ángeles en diez años. Bateé catorce jonrones.

Scioscia me dijo que no jugara béisbol de invierno. Quería que descansara. Sería el primer año desde que estuve en el colegio universitario que no jugaba en invierno en Puerto Rico. Lo que hice fue ir a México para estar con mi esposa y mis hijas. Mai y Pai querían que fuéramos a Puerto Rico. Cheo y Yadier estaban allí. La familia toda. Pero la familia de mi esposa estaba en México. Kyshly estaba empezando la escuela allí.

Mis conversaciones por teléfono con Jamie terminaron. No había teléfonos celulares todavía, y yo casi no podía utilizar la línea de mis suegros.

Un mes antes de que terminara la temporada estaba viendo televisión cuando mi agente llamó.

—Tenemos una oferta —me dijo.

Los Ángeles querían firmarme en un contrato de varios años. Cuatro años con una opción. Él sabría la cantidad de dólares mañana, dijo.

¡Cuatro años! Tenía una meta de diez para tener derecho a una pensión completa, lo cual significaba seguridad financiera para mi familia para toda la vida. Ya tenía un año. Ahora me garantizaban cuatro más. La mitad para llegar.

Se lo dije a mi esposa y a sus padres y a Kyshly y Kelssy, que no tenían idea por qué estábamos tan excitados. Llamé a mis padres y Mai echó un grito.

—¡Benjamín! ¡Los Ángeles quieren firmar a Bengie por cuatro años! Mañana va a saber por cuánto dinero.

—¡Dile que acepte! —Pai le contestó gritando también. Podía oírlo tan claro como si él fuera quien estaba en el teléfono—. Dile que no cometa la locura de no aceptar. Que no piense en el dinero. Dile que antes no tenía nada. Que agarre los años y sea feliz.

—¡Dile que yo sé todo eso!

No pude dormir esa noche pensando en el dinero. Dinero de Grandes Ligas de verdad. Me paseé por la sala toda la mañana siguiente, mirando el teléfono, deseando que sonara. Mi esposa sugirió que lleváramos a las niñas al cine. Las estaba volviendo locas.

—Ve tú —dije.

Salieron. El teléfono por fin sonó como a las tres.

—Cuatro punto dos cinco millones por cuatro años, más un bono al firmar de quinientos mil dólares —dijo mi agente.

Casi $5 millones garantizados. *Cinco millones.*

Pai no podía ganar eso en toda su vida. En diez vidas.

Mi agente dijo que pensaba que los Ángeles estarían dispuestos a subir la oferta si nosotros los presionábamos.

—Podemos pedir más —dijo.

—No, no, no. No me importa, Miguel. Esto es bueno para mí. Yo sólo quiero jugar. Si me lesiono, ahora tengo seguridad. Ellos me tendrían que seguir pagando. Diles que sí, que aceptamos.

Ganaría $350.000 en 2001 y 2002; $1,425 millones en 2003; $2,025 millones en 2004; y $3 millones en 2005 si el equipo recogía mi opción. Los Ángeles anunciaron mi nuevo contrato al día siguiente e hicieron una llamada de conferencia con los reporteros de Los Ángeles.

—Éste es el día más grande de mi vida —les dije.

El dinero compraba más que casas y automóviles. Compraba estatura y respeto, seguridad y libertad. Cualquiera que dijera que el dinero no era importante es porque nunca le faltó. Cuando uno tiene suficientes ceros en su cheque de pago, nadie puede decirle que es demasiado pequeño o demasiado lento o demasiado riesgo. El cheque de pago prueba lo contrario.

Cheo y Yadier me llamaron y dijeron que los Ángeles me estaban obteniendo barato. Tú vales mucho más, dijeron. Mis leales hermanos.

Mi esposa y yo preparamos listas de las cosas que queríamos. Una casa en Yuma, sin duda. Ella quería un Escalade y yo una habitación adicional en la casa de sus padres. Yo quería comprarle a mis padres una casa más grande en un barrio más seguro. Yo quería que Pai renunciara a su trabajo en la fábrica; tenía suficiente dinero para mantenerlos.

—¿Para qué necesitamos nosotros una casa nueva? —dijo cuando le presenté mi plan—. La familia está aquí. Nuestros amigos. Toda la gente que conocemos.

—Al menos deja de trabajar. Disfruta tu vida.

—Tengo que ocuparme de mi gorda —dijo, refiriéndose a Mai. La mortificaba con su gordura—. Tengo que comprarle sus medicinas. Si no sigo trabajando, no tengo seguro médico.

—Yo te incluyo en mi seguro.

—No voy a dejar mi trabajo. Voy a mantener a mi familia yo mismo.

—Déjame comprarte un automóvil.

—Yo puedo comprarme un automóvil. Usa ese dinero para tus hijas. No necesito tu dinero.

La voz de Pai tenía un filo. Yo no estaba seguro de lo que él estaba pensando. ¿Le preocupaba acaso que perdería su estatura como jefe de la casa si aceptaba dinero de su hijo? Yo quería que entendiera que ese dinero era tanto suyo como mío, que él era la razón de todo mi éxito.

Se me ocurrió que nunca había oído a mi padre hablar de querer dinero o de lo que tenía o no tenía. Mai y él vivían de cheque a cheque. Le pagaban los viernes y el dinero se gastaba en dos o tres días. Nunca había tenido una cuenta de banco y pagaban todo en efectivo: los víveres, la electricidad y otros servicios, la gasolina, ropa y la hipoteca. Estaba orgulloso de trabajar duro semana tras semana sin nunca avanzar. Vivir donde vivía, entre su familia y amigos, y tener comida en la mesa todos los días era suficiente éxito.

En mi vida de béisbol, el dinero parecía ser el subtexto de toda conversación. Casas, automóviles ropa, aparatos. Contratos, bates, guantes, accesorios. ¿Viajar en primera clase o en la sección ejecutiva? ¿Un Town Car o una limusina? ¿Una suite o una habitación con cama doble superior? ¿Escuela privada o pública? En el béisbol amateur y las ligas menores, los jugadores medían su valor en lo que lograban: Carreras impulsadas, promedio de bateo, promedio de fildeo, carreras limpias permitidas. En las mayores, el valor se medía en dólares.

Al día siguiente, mi primo Rolando llamó del sur de California para compartir los reportajes en los periódicos de Los Ángeles. Scioscia dijo que yo era "un tipo que había superado las telarañas de no jugar todos los días en las ligas menores, que no estaba considerado un gran prospecto, pero que emergió como uno de los mejores receptores de la Liga Americana".

Poco después de cerrar mi contrato, Yadier negoció con los

Cardenales por $325.000. Reportaría al entrenamiento de primavera en enero y jugaría en la Liga de Novatos en la temporada de 2001 a punto de comenzar.

Entonces Cheo recibió noticias devastadoras de su agente. Los Cachorros lo habían liberado.

Cheo había estado en la menores ocho años con algunos períodos en las mayores. Ahora no tenía trabajo. Su agente estaba en el teléfono tratando de encontrar algo y dijo que algunos equipos estaban interesados pero no había ofertas de contratos todavía. Llamaba a Cheo todos los días desde México. Nunca lo había oído tan desanimado, aunque estaba genuinamente contento por mí cuando se anunció que yo había quedado en tercer lugar en la votación de Novato del Año y que me habían invitado a jugar en Japón en un equipo todos-estrellas de Estados Unidos.

El equipo —que incluía a Barry Bonds, Randy Johnson, Sandy Alomar y Omar Vizquel— se reuniría en Los Ángeles para partir hacia Japón desde allí. Cuando aterricé en el Aeropuerto de Los Ángeles un lunes por la tarde, llamé a Jamie a su oficina. Quería saber todos los detalles del nuevo contrato y del equipo todos-estrellas. ¿Cómo estaban mis compañeros de equipo? ¿Cómo estaba mi familia?

Le dije que necesitaba una camisa de salir y una corbata que combinara con el traje que había comprado en México y se ofreció a llevarme en su auto al centro comercial. Nunca habíamos estado juntos fuera del terreno. Y en el terreno apenas habíamos hablado. Nuestra amistad se había desarrollado por teléfono. Pero la conversación fluyó en el automóvil, en el área de comida del centro comercial y en el departamento de hombres de Macy's tan fácilmente como por teléfono. Estuvimos juntos todo el día y decidimos ver *Monday Night Football* juntos en el hotel. Invitó a dos amigas a que nos acompañaran y ordenamos pizza.

—¿Tú sabes hacerte el nudo de la corbata? —preguntó Jamie mientras esperábamos a sus amigas y la pizza.

—Sí, claro.

No tenía idea de cómo hacerlo. Nunca había aprendido. Pai no usaba corbatas.

Jamie arqueó una ceja, escéptica. Me reí.

—Está bien —dije—. Enséñame.

Me puso la corbata alrededor del cuello y cruzó una parte con otra hasta lograr un desastre disparejo y torcido. Se rió, desató el nudo y comenzó otra vez. Su cara estaba a pocas pulgadas de la mía.

Su segundo intento no fue mejor. Ahora nos estábamos riendo los dos.

—¡No, no, creo que ahora sí lo logré! — dijo—. ¡Ya está!

Subió el nudo hasta el cuello y lo apretó suavemente. Me miré en el espejo.

—Nunca voy a poder hacer esto.

—Te ves fenomenal.

Se lo creí. No me sentía feo en su presencia. Tenía ese efecto. No importaba si en el juego había pasado algo malo, o qué loca discusión había tenido con mi esposa, la voz de Jamie me transportaba a un sitio donde habitaba esta otra persona mejor. Sabía que me estaba enamorando. Y sabía también que no podía hacer nada para evitarlo.

Cuidadosamente aflojé el nudo, me quité la corbata por encima de la cabeza y la puse en la mesa, rogando que todavía estuviera intacta por la mañana. Jamie y sus amigas vieron el juego en el sofá. Yo me senté en la silla del escritorio. Las tres mujeres me abrazaron cuando se fueron. Por la mañana, me acomodé la corbata para el vuelo a Japón.

Era un novato entre superestrellas. Hablé poco en el viaje e imitaba lo que hacían. Un día, algunos de los que hablaban español —Sandy Alomar, Omar Vizquel, Liván Hernández, Javier Vázquez— me invitaron a ir de compras. Yo tenía $1.500 en el bolsillo de la cuota diaria que nos daban para el viaje. Podía comprar mucho si quería. Primero, se detuvieron en una tienda de electrónica buscando computadoras compatibles con los sistemas de Estados Unidos. Un jugador compró cinco computadores. Otro compró diez. Regalos de Navidad, decían. Coño. Acabé gastándome $1.200 en una computadora móvil con una pantalla grande. Y otros cien dólares en un teléfono que nunca logré descifrar cómo usarlo.

Entonces llegamos a la joyería. Liván vio un reloj que le gustó. Preguntó el precio. Imaginé que sería $1.500, tal vez $2.500, aunque no concebía que alguien gastara tanto en un reloj.

—Cincuenta mil —dijo el joyero.

¿Cincuenta mil? ¿Cinco-Cero? No había manera de que Liván fuera a gastarse $50.000 en un reloj. Uno podía comprarse una casa en Dorado por ese dinero.

—Me lo llevo —dijo Liván.

Me di cuenta de que yo estaba temblando. ¿En qué tipo de universo loco podía un reloj costar $50.000? ¿Y cómo puede uno pagar por algo así inmediatamente? ¿Acaso entrega uno $50.000 en efectivo? Liván le dio al joyero su tarjeta de crédito.

El joyero regresó unos minutos después.

—Señor, esta tarjeta tiene un límite de veinticinco mil dólares.

Liván se volvió a mirarnos, como si fuéramos a prestarle el

resto. Yo me asomé por la ventana para evitar hacer contacto con la vista.

—Toma —dijo Sandy, dándole una tarjeta de crédito. Liván se lo devolvería cuando regresaran. Liván nos mostró el reloj cuando salíamos de la tienda. A mí no me parecía diferente de un reloj de una gasolinera. Pero le dije: "Está bonito, hermano. Muy bueno".

Era como entrar en la vida de otra persona durante una semana.

CHEO SONABA EXCITADO por teléfono. Estábamos a mediados de enero. Yo estaba de regreso en México. Con el entrenamiento de primavera al doblar la esquina, todavía Cheo no había firmado con un equipo.

—Me llamaron del equipo de los Ángeles —dijo Cheo.

Giré las piernas de la cama hacia el piso y me senté derecho.

—¿De verdad? ¿Qué dijeron?

—Voy al entrenamiento de primavera como invitado fuera de la alineación.

—¡Siiií! —grité.

Cheo se rió.

—¿Estás seguro de que no tienes problema con esto? No quiero que pienses que estoy tratando de quitarte el trabajo o algo así.

—Oye, Cheo, si tú tomas mi posición, yo sería el hombre más feliz del mundo por ti.

Y lo decía en serio. Fue lo mismo que le dije al gerente general de los Ángeles, Bill Stoneman, cuando me llamó unos días antes para saber cómo yo me sentía sobre el tema.

Días después, recibí otra buena noticia. Había ganado el Premio de Estrella Naciente que la organización Big Brothers Big Sisters de Los Ángeles otorgaba a un atleta del área, derrotando a Kobe Bryant. Mi esposa no quiso viajar conmigo a Los Ángeles para asistir al banquete. Les di mis entradas de cortesía a Jamie, su amiga y la hija de quince años de su amiga. Jamie y yo no nos sentamos en la misma mesa —apenas la vi esa noche— pero me encantó que ella quisiera estar allí por mí.

CUANDO LLEGUÉ AL entrenamiento de primavera en 2001, había un montón de cartas de los fanáticos en mi vestidor. Nunca antes había recibido cartas de fanáticos. Abrí el primer sobre y una postal de béisbol se salió y cayó al piso. La recogí. Ángeles. Yo. *Ben Molina,* decía. Mi postal de novato. Una auténtica postal de Grandes Ligas.

La di la vuelta para ver el número en la esquina derecha: 40. Me pregunté si los niños todavía jugaban al azar con postales de béisbol como lo hacía yo durante horas en mi infancia. ¿Será esta postal algún día algo que valga la pena guardar en una cantina de almuerzo?

El que escribió la carta me pidió que le firmara la postal y se la devolviera en el sobre con sellos y dirección que había incluido. Abrí la próxima carta y otra postal cayó. Todas las cartas incluían una postal para firmar y devolver. El director de relaciones con la prensa de los Ángeles, Tim Mead, me preguntó si Ben estaba bien o si prefería Bengie. Respondí que prefería Bengie. Me dijo que haría la corrección para la postal del año siguiente.

Firmé y devolví todas las postales a sus dueños. Excepto una. Le pedí perdón mentalmente al niño que la envió y metí la postal en un sobre dirigido a Pai. Lo imaginé recogiendo la postal y leyendo el nombre en la parte superior. Mi nombre. Mi nombre, sí. Pero también el suyo.

Firmé oficialmente mi nuevo contrato unos días más tarde en la oficina del gerente general de los Ángeles en el complejo de entrenamiento de primavera. Sabía que los grandes números que aparecían en las páginas me pertenecían, pero el dinero no parecía real. Antes de irme a México, mi esposa y yo habíamos comprado nuestro primer automóvil, un Yukon Denali, con el que ella se quedó allí. Yo todavía no tenía un automóvil para mí. Tampoco tenía un teléfono celular. Y todavía planeaba seguir viviendo en las Suites de Candlewood en Anaheim durante la temporada regular.

Mientras firmaba el contrato, Bill Lachemann se asomó a la puerta.

—¡Felicidades, B-Mo!

Me levanté y le di la mano.

—¿Te acuerdas lo que nos dijiste en el campamento de novatos? —le pregunté—. Dijiste que sólo tres de nosotros llegarían a las mayores.

—Yo digo muchas cosas —dijo.

—¿Sabes cuántos de aquellos tipos llegaron?

—¿Cuántos?

Sonreí: —Uno.

Durante la primera semana de campamento, Jamie llegó una mañana con un equipo de KCAL. No la había visto ni hablado con ella desde el banquete del premio en Los Ángeles cuatro semanas antes. Estaba ella charlando con alguien de su equipo cerca de primera base cuando yo salí del túnel. Su rostro se iluminó. Estoy seguro de que el mío también. Todavía ninguno de nuestros colegas en los Ángeles y

KCAL sabía de nuestra amistad. Esperé hasta que se quedó sola antes de saludarla.

—¡Bengie!

Me dio un abrazo, la primera vez que me mostraba una señal de afecto en público excepto al final de nuestra noche de *Monday Night Football*. La había visto darle el mismo tipo de abrazo a otros amigos suyos en béisbol, pero nada más. Aun así, era algo nuevo entre nosotros.

Los asistentes colocaron a Cheo en el vestidor al lado mío en el estadio Tempe Diablo. Dos placas con el nombre Molina juntas. Quería tomar una foto y enviarla a casa. *Tus dos hijos,* Pai. Los reporteros le preguntaban a Cheo lo que significaría quedarse en el equipo como receptor suplente. "Eso sería lo más grande que podría pasar", dijo.

Un día, después de las prácticas, le pedí a Cheo que me enseñara sus movimientos para sacar a alguien en base.

—Muéstrame lo que haces con los pies.

Cheo era mucho mejor que yo sacando out a corredores. Él podía recibir un lanzamiento y disparar la pelota hacia la base en una erupción explosiva. Yadier tenía el brazo más fuerte, pero Cheo soltaba la bola con mayor rapidez. Tenían más estilo y eran más naturales que yo. Yo era el mecánico y técnico, el obrero de fábrica dominando el ensamblaje de enchufes eléctricos. Tuve que aprenderlo todo paso a paso.

Cheo se puso en cuclillas detrás del plato como si estuviera recibiendo un lanzamiento. Entonces dio un salto para ponerse de pie mientras se movía hacia adelante en un solo movimiento, disparando una pelota imaginaria hacia segunda base. Lo hacía todo tan rápido que no podía seguir sus movimientos. Me lo mostró una y otra vez, más despacio. Esta vez podía ver que daba el salto antes de que la pelota llegara al guante. Sus pies ya estaban saltando hacia adelante.

Me coloqué detrás del home. No podía moverme hacia adelante como él lo hacía. No podía tampoco saltar y ponerme de pie antes de que la pelota llegara al guante. Pero lo practicaba todos los días.

En los juegos de primavera, Cheo jugó fenomenalmente, como yo sabía que lo haría. Los lanzadores lo adoraban. Pero su bateo no mejoraba. Cuando terminó el campamento, Cheo fue enviado a la Triple A en Salt Lake City. Yadier estaba en el campamento de novatos en Júpiter, Florida. Y yo estaba en Anaheim.

Mai y Pai se turnaban para llamarnos a los tres todos los días. Pai llamaba por la tarde cuando llegaba del trabajo y antes de cambiarse los zapatos para irse al terreno. Todavía entrenaba todos los días, cargando su bolso de bates y pelota hacia el terreno de enfrente. En lugar de tres hijos, ahora tenía docenas. Parecía que todos los niños de Kuilan iban a dar, tarde o temprano, al terreno de Pai. Mucho tiempo después de avanzar a equipos de más nivel o hacia trabajos en la fábrica o en béisbol profesional, ellos seguían pasando por la casa para presentar a sus novias o pedirle algún consejo. Pai les decía que entraran y agarraran un refresco del mismo pequeño refrigerador que Mai y Pai tenían en su habitación, cerca del único enchufe eléctrico disponible. Ese refrigerador era sólo para sus jugadores.

Yo imaginaba todo eso cuando oía la voz de Pai en el teléfono. Le contaba que había perdido mi estilo en el plato o que había pedido el lanzamiento equivocado en un momento crucial. Todavía necesitaba que Pai me dijera que me iba a ir bien.

—Cálmate —me decía—. Si te noquean hoy, mañana tendrás otra oportunidad. Todo va a estar bien. ¿Hiciste tu mejor esfuerzo?

—Sí.

—Entonces está bien. Mañana haces tu mejor esfuerzo otra vez.

Mai era menos diplomática.

—¿Por qué andabas persiguiendo pelotas en la zona? Y cada vez que había un hombre en segunda, el primer lanzamiento que hacían era una curva rápida. ¿No te diste cuenta? ¡Tienes que haberlo notado!

Si le decía que sólo había llamado para saludar, a ella no le importaba.

—Me vas a oír de todos modos.

—Está bien, Mai, está bien —decía yo, riéndome—. Te estoy escuchando.

Con nosotros tres en Estados Unidos, Mai quería visitarnos más a menudo. Quería pasarse una semana con cada uno. Pai decía que no podía estar fuera de la fábrica tanto tiempo.

—¡Tú no tienes que trabajar! —le decía yo. ¿Cuántas veces tenía que decirle que dejara de trabajar? Yadier y Cheo también se lo decían—. ¡Nosotros nos hacemos cargo de ustedes! ¡Ya has trabajado bastante!

—El dinero de ustedes es de ustedes —decía.

Con uno de sus primeros cheques, Yadier compró unas llantas elegantes para el Toyota Matrix de Pai. Al poco tiempo pasó por un bache en una de las calles de Kuilan y una de las llantas se soltó y le pinchó el neumático.

—¡Te lo dije que no quería esa porquería! —le gritó Pai a Yadier por teléfono—. ¡Ahora estoy a pie por esas dichosas llantas!

Yadier también le compró a Pai un teléfono celular.

—A mí no me gusta estar hablando —dijo Pai.

Entonces Yadier le grabó un saludo para sus mensajes: "Este es el teléfono de Benjamín. Deje un mensaje, aunque él no le va a devolver la llamada. Así que, mejor, no le deje ningún mensaje. Este es su hijo favorito".

Cuando le compré a Pai un costoso reloj, lo guardó en la gaveta de su cómoda. Nunca se lo vi puesto. Le compré una cadena. Nunca se la puso. Si le compraba ropa, tenía que ser sencilla: jeans, camisas de color sólido, nada que llamara la atención. Los únicos regalos que aceptaba felizmente eran guantes, bates, cascos y los accesorios de receptor, porque se los daba a los chicos. Mis hermanos y yo siempre enviábamos lo que teníamos.

Mai, en cambio, se regodeaba en todos nuestros regalos. Le encantaban las pulseras y cadenas, aretes, ropa, muebles. Al igual que Pai, no le gustaba llamar la atención, pero disfrutaba de que sus hijos la consintieran.

—Yo luché por ustedes, así que acepto todo.

Durante una visita, le pedí a Tío Chiquito que aconsejara a Pai.

—Haz que se retire —le dije—. Dile que lo tome suave aunque sea una vez en su vida. Nosotros queremos hacernos cargo de él.

—Cuando no pueda ya trabajar, entonces ayúdenlo, pero si todavía está trabajando, déjenlo tranquilo —dijo Tío Chiquito—. Dejen que siga siendo un hombre mientras lo sea.

UN MES DESPUÉS de empezar la temporada, el mánager de Triple A de los Ángeles le dijo a Cheo que tomara un avión hacia Anaheim. Los Ángeles lo necesitaban. Se entusiasmó mucho hasta que supo la razón: Yo me había quebrado parcialmente el tendón de la pierna derecha doblando por segunda base. El médico había dicho que estaría fuera de juego por dos meses. Le dije a Cheo que su promoción era lo único que hacía tolerable la lesión, lo cual era cierto, pero hasta un punto. Estaba devastado. Empecé a preocuparme de que mi carrera pudiera estar terminando. Cuando era pequeño, Pai me contó la historia de Wally Pipp, que tuvo que dejar de jugar por una lesión y perdió su trabajo para siempre cuando lo remplazó un primera base suplente llamado Lou Gehrig. Yo todavía no confiaba en mi buena suerte. Todavía tenía miedo de perderlo todo.

Me esforcé tanto durante mi rehabilitación que el fisioterapeuta me ordenó que no lo tomara con tanto impulso. Durante los juegos, me sentaba con Cheo en el banco y hablábamos sobre cómo manejaría a este bateador o a aquel otro, o lo que haría para sacarle lo mejor al lanzador.

En junio, Mai llamó llorando. Mami, su madre, había muerto. Cuando Cheo y yo éramos bebés, Mami lo cuidaba a él mientras a mí me cuidaba la madre de Pai. En la escuela primaria, mis hermanos, mis primos y yo íbamos a casa de Mami todos los días a almorzar. Estaba en sus ochenta, pero su muerte fue un golpe fuerte. Cheo y yo viajamos a Puerto Rico para el funeral. Nunca había visto a Mai tan calladita. Su pérdida era tan grande que no había palabras. Mami fue enterrada en el viejo cementerio detrás de la escuela secundaria en Vega Alta. Cheo, Yadier, mis primos y yo cargamos el ataúd.

Cuando mi tendón se curó y regresé a la alineación a finales de junio, estábamos a dieciocho juegos del primer lugar. Cheo regresó a Salt Lake City. Dos meses más tarde regresó en Las Llamadas de Septiembre. Nos convertimos en los primeros hermanos receptores en el mismo equipo de Grandes Ligas desde Amos y Lave Cross de los Coroneles de Louisville en 1887. Algo realmente increíble.

Mai y Pai viajaron a Tampa para vernos jugar contra los Devil Rays. Era la primera vez que veían a uno de nosotros jugando en las Grandes Ligas. Ya para ese entonces, Yadier había terminado su Liga de Novatos en Johnson City, Tennessee, y acompañó a Mai y Pai en el viaje.

Cuando vi a Pai en las gradas, no podía calmarme los nervios.

¿Qué iba a pensar él? ¿Por qué todavía sentía yo que tenía que demostrarle algo? Bateé de 3-0 con un fly de sacrificio. Pero ganamos 2-1 y mis lanzadores sólo permitieron cuatro hits.

Después, cuando cenábamos, esperaba que Pai dijera algo sobre mi bateo de 3-0. Sabía que estaba ansioso de ayudar, de sugerir algún ajuste, de recordarme lo que había aprendido en su terreno. *Deja que la pelota venga hacia ti. Mantén el cuerpo derecho, derecho, derecho.* Pero no dijo una palabra. ¿Sería un gesto de respeto? ¿Tal vez quería que yo le preguntara?

Al día siguiente, Cheo fue el abridor en mi lugar y se ponchó dos veces. Cuando manejaba el automóvil rentado le susurré a Mai: "Voy a provocar a Pai para que explote".

—Oye, Cheo —dije yo—, ¿qué te pasó hoy? Le estabas tirando a pelotas en la tierra.

Pai, en el asiento trasero con Cheo, explotó.

—¿Cuántas veces te he dicho que no batees bolas por el suelo? ¡No aprendes!

Cheo le dio una patada fuerte a mi asiento.

—¿Qué estás *haciendo*?

Mai y yo nos reíamos oyendo a Pai regañando a Cheo por ser demasiado agresivo algunas veces y no suficientemente agresivo otras veces.

—¡Tienes que tener un *plan* allá arriba! —le dijo tocándose la cabeza.

Habíamos regresado a la normalidad. Pai siempre era fuerte con Cheo y conmigo. Era más gentil con Yadier. Lo más que le decía a Yadier después de un mal turno al bate era: *"¡Yo le bateo a ese lanzador hasta con los puños!"*

Quizá era porque Yadier era el bebé. Pero pienso que él

comprendió que la crítica no motivaba a Yadier. Cheo y yo, en cambio, parecíamos tener una necesidad perversa de oírlo, como si oir las críticas de Pai fuera una especie de absolución de nuestros errores y pudiéramos entonces seguir adelante.

Los Ángeles terminaron la temporada de 2001 a cuarenta y un juegos del primer lugar, el peor desempeño en la historia de la franquicia. Cheo había jugado quince juegos, la mayoría de ellos cuando yo estaba fuera con la lesión del tendón de la pierna. Lo bajaron de nuevo después de que Mai y Pai nos vieron en la Florida. No tuvimos mucho tiempo juntos como compañeros de equipo.

Fuera de la temporada, mi esposa, las niñas y yo nos mudamos a nuestra nueva casa de $240.000 en Yuma: dos pisos, cuatro dormitorios, un patio grande, piscina. La mayoría de las noches dormía en la habitación de visitantes. Mi esposa y yo éramos dos infelices extraños que compartían dos bellas hijas y no mucho más.

ANTES DE QUE terminara el primer mes de la temporada de 2002, ya estábamos a diez juegos del primer lugar ocupado por los Marineros, que habían barrido la serie con nosotros en nuestro propio terreno. Fue algo humillante, como observar cuando a uno le hacen un robo en su casa. Uno quiere salir y buscar lo que le han robado y causarle el mayor daño posible a los ladrones. Así que cuando viajamos a Seattle dos semanas después, estábamos buscando un desquite. Queríamos demostrarles que su barrida había sido una chiripa y que nosotros éramos, de hecho, un equipo mejor.

Perdimos el primer juego de la serie 16-5.

Usualmente, la casa club era un refugio, el lugar donde podía uno estar furioso o actuar como un idiota y nadie afuera se enteraba.

Donde uno podía bajar la guardia. Donde uno podía rabiar, llorar, bailar, pelear, eructar, confrontar, consolar y andar desnudo. Uno podía quedarse allí todo el tiempo que quisiera después de un juego y hacer la transición de un jugador enojado, frustrado e inseguro a alguien que encajara en una sociedad normal. El Código de la Casa Club era la versión en béisbol profesional del código que Pai me había barrenado en la cabeza. Respeta a tu equipo como a tu propia familia. Lo que ocurre entre jugadores se queda entre jugadores. No avergüences a un compañero de equipo en público. Cuídense mutuamente las espaldas.

Pero de vez en cuando la casa club era lo contrario de un refugio. Uno quería alejarse de todos y de todo lo que le recordara la humillación que acababa de sufrir.

Estábamos desplomados frente a nuestros vestidores, quitándonos los uniformes como si apestaran con el mal olor del juego, cuando Scioscia entró bruscamente, diciendo malas palabras y pateando contenedores de basura y cestas de ropa sucia. Agarró una silla y la tiró a través del salón. Agarró ropas de algunos vestidores y las tiró. Nadie movió un solo músculo. Nunca lo habíamos visto así.

Levantó una cesta de ropa sucia.

—¡Esto es lo que somos ahora! —dijo pateando la ropa—. ¡Todo está en el sótano! ¡El equipo está en el sótano!

Los coaches de Scioscia estaban detrás de él con los brazos cruzados en el pecho y la vista moviéndose de él a nosotros, midiendo el impacto.

—¡Coño! ¡Estamos avergonzándonos nosotros mismos! —Scioscia rabió.

Yo había visto a mánagers en las ligas menores tirar bates por el suelo y tumbar sillas a patadas. A veces parecía un show, como si el tipo hubiera visto la película *Bull Durham* y pensara que era eso lo que tenía que hacer. Pero esto era auténtico. Scioscia estaba encabronado de verdad.

Entonces paró. Se pasó la mano por la cabeza. Respiró profundo. Todos los ojos estaban sobre él.

—Bien, escúchenme. Aquí es donde estamos ahora —dijo señalando con la cabeza hacia el montón de ropa sucia. Su voz se había estabilizado—. Estamos jugando como basura. No estamos jugando juntos. No estamos ayudándonos unos a otros. Lucimos tal como el equipo que todos allá afuera pensaban que seríamos. Pero somos mejores que eso. Ustedes saben que somos mejores que eso. Si vamos a ganar, tenemos que encontrar la manera de hacerlo juntos. Nadie va a arreglar esto por nosotros. Nadie se va a compadecer de nosotros.

Miró de un lado a otro del salón, observando a cada uno como si lo estuviera evaluando.

—Creo que este equipo puede ganar. Cada coach aquí cree que este equipo puede ganar. Si seguimos trabajando duro y nos mantenemos unidos, les juro que nos va a ir bien.

Cuando los coaches se fueron, el jardinero todos-estrellas Darin Erstad se puso de pie.

—Tenemos que dejar nuestros egos en la casa. Tenemos que jugar para el equipo. Cuando vengan al estadio, dejen sus egos afuera.

Al día siguiente perdimos 1–0.

Entonces empezamos a ganar. Le ganamos a Seattle en el tercer juego de la serie y ganamos los siguientes ocho juegos consecutivos. Al fin estábamos jugando nuestro juego: embasándonos, trabajando el conteo, tumbando a los tipos, jugando todos para los demás. Éramos un poco como Los Pobres, jugando contra viento y marea y como quienes llevan la de perder. El shortstop de cinco pies y siete pulgadas, David Eckstein, se embasó veintisiete veces golpeado por lanzadores, encabezando la liga en esa categoría. Éramos generosos compartiendo información después de nuestras veces al bate, diciéndoles a los demás bateadores lo que había que buscar. La camaradería que Scioscia había fomentado en dos temporadas finalmente se estaba traduciendo en victorias. En mayo, éramos el equipo más impresionante en las Grandes Ligas.

Hablaba con Cheo cada pocos días. Él seguía en Triple A. Jorge Fábregas todavía era mi suplente en los Ángeles. Yo estaba formando mi propio estilo como receptor. Escarbaba lanzamientos de la tierra y saltaba hacia la posición de tirar en un solo movimiento. Me lanzaba con la mascota al revés en los wild pitches y usaba el impulso para pararme listo para tirar. No dejaba escapar casi nada. Puede que me hubiera vuelto más lento corriendo las bases, pero mis reflejos detrás del home eran más ágiles que nunca. Deseaba que Cheo hubiera estado allí para que viera cómo sus lecciones en el entrenamiento de primavera me habían ayudado. Estaba sacando outs al cincuenta y dos por ciento de los corredores que trataban de robar, el mejor porcentaje de la liga.

A fines de julio, estábamos de vuelta en Seattle para una serie de tres juegos. Jamie se había mudado al estado de Washington a principios de la temporada para ayudar a una amiga a salir de un doloroso divorcio. Estaba haciendo freelance para Fox Sports Northwest. Extrañaba no verla en Anaheim, pero hablábamos por teléfono varias veces a la semana. A veces todos los días. No importaba dónde viviéramos. Les dejé entradas para ella, su compañera de cuarto y sus padres en el Terreno Safeco y luego los invité a comer después del juego. Cuando dejé a Jamie y a su compañera de cuarto en su casa, Jamie se quedó junto a la puerta.

—Quisiera que nos viéramos más a menudo —me dijo.

—Entonces vamos a vernos más.

—Quiero decir que quisiera verte en el estadio.

—Regresa a Anaheim.

Se rió.

—Debes regresar al hotel y dormir un poco.

—¿Por qué siento que siempre me estás rechazando?

Jamie respiró profundamente.

—No es cierto. Es que...

Dejó la frase suelta.

—¿Qué cosa es? —le pregunté.

—Oye, todo está perfectamente bien. No me hagas caso. Gracias por la cena. —Me dio un abrazo amistoso—. ¿Hablamos mañana?

En agosto, los Ángeles intercambiaron a Fábregas a los Cerveceros y promovieron a Cheo para ocupar su lugar. Su nombre regresó a la placa del vestidor junto al mío. Era un aumento de energía para mí en los aciagos días de agosto. Nos sentábamos juntos en el avión y en el banco. Compartíamos taxis hacia el estadio. Hablábamos de béisbol en el terreno. Hablábamos de béisbol en la casa club. Hablábamos de béisbol en P. F. Chang y en Benihana. Hablábamos de béisbol en el centro comercial cuando estábamos matando el tiempo en otras ciudades. Era como si estuviéramos de nuevo en nuestra habitación en Espinosa, hablando en voz baja en la oscuridad. Después de los juegos, llamábamos por separado a Mai y Pai desde nuestras respectivas habitaciones en el hotel.

—Ahora del único que tengo que preocuparme es de Yadier —dijo Pai.

Yadier estaba en Peoria, jugando Clase A con los Cardenales. Cheo y yo hablábamos con él cada vez que nuestro calendario de juegos nos lo permitía.

—¡Oye, espérenme allá arriba! —decía—. Voy a subir también.

Le decíamos que no lo dudábamos. Era mejor que nosotros dos.

Para finales de la temporada, nuestro equipo de lanzadores había permitido el menor número de carreras de la liga. Recibí parte del crédito, pero muchos de los elogios le pertenecían a Cheo. Él me enseñaba y me empujaba, y yo hacía lo mismo con él. Él se daba cuenta de cosas que a mí se me escapaban. Todo lo que yo hacía —desde jugadas para sacar a corredores hasta pedir lanzamientos, todo— lo hacía más inteligentemente y más acertadamente porque Cheo estaba conmigo.

Terminamos en segundo lugar en la Liga Americana del Oeste, lo suficiente para ir a los playoffs de la Serie de Divisiones de la Liga Americana por primera vez en una generación. La mala noticia era que teníamos que jugar contra los Yanquis, los campeones de la Liga Americana en los últimos cuatro años. Su alineación era como una futura boleta del Salón de la Fama: Derek Jeter, Roger Clemens, Andy Pettitte, Mariano Rivera, David Wells, Jason Giambi, Alfonso Soriano, Robin Ventura, Bernie Williams, Jorge Posada, Mike Mussina.

Pai no pudo ausentarse del trabajo, mis hijas estaban en la escuela en Yuma y Jamie estaba en Seattle, así que ninguno de ellos (incluyendo a Mai) vino a Nueva York. En una de las más asombrosas derrotas en los playoffs en años, les ganamos a los Yanquis, tres juegos a uno.

Avanzamos y nos enfrentamos a los Mellizos de Minnesota en la Serie de Campeonato de la Liga Americana. Mai y Pai tampoco pudieron venir. Pero Cheo y yo le conseguimos un pase a Yadier para que pudiera estar en el terreno durante las prácticas de bateo. Cambió su camiseta de los Cardenales por una camisa y una gorra de los Ángeles.

—Este es mi equipo en este momento —dijo.

Los Mellizos nos ganaron el primer juego y nosotros ganamos los próximos dos. En el cuarto juego, teníamos ventaja de 4-0 en la salida del séptimo inning. Bateé un tablazo por el jardín central. Doblé por primera y me dirigí a segunda. Miré hacia el coach de tercera base, que me estaba haciendo señas para que siguiera hacia tercera. ¿En serio? ¿Yo? ¿Había acaso perdido él la mente?

Así que seguí resoplando, corriendo lo más rápido que podía, rogando que pudiera llegar antes del tiro. Me deslicé en la base. Safe! Un triple completamente improbable. En el banco, mis compañeros me estaban animando, aplaudiendo y volviéndose locos.

En su conferencia de prensa después del juego, Scioscia —quien tampoco era una gacela en la época en que jugaba— se divirtió un poco.

—Triples y Bengie Molina es como ir a sesenta millas por hora en el Freeway de Hollywood. No es algo que ocurra con mucha frecuencia. Hasta mi esposa embarazada le gana a Bengie corriendo.

Ganamos ese juego y el próximo para ganar el galardón de la Liga Americana. Salimos del banco gritando y abrazándonos. Corrí directamente hacia Cheo y nos miramos un momento completamente incrédulos.

—¡Vamos a jugar en la cabrona Serie Mundial! —me gritó. Tenía la cara claramente abierta y viva. Nos abrazamos y brincamos como niños.

Mientras el champán rociaba y la música sonaba a todo volumen, Cheo y yo nos metimos debajo del plástico que cubría mi vestidor y llamamos a casa. Casi no podíamos oír a Mai por el ruido de la casa club, y Mai decía que apenas podía oírnos por la gritería en la casa. La mitad del vecindario estaba allí, dijo ella.

—¿Dónde está Pai? —pregunté.

—¡Está en la calle gritando con todos los locos!

Sin embargo, no tardó en venir al teléfono, hablando en su voz alegre de Coors Light.

—¡La Serie Mundial! —seguía diciendo—. ¡Oye! ¡Eso es increíble!

Mai le quitó el teléfono.

—¡Vayan a celebrar! —nos dijo ella—. Hablamos con ustedes mañana.

Por la mañana, conduje de una estación de gasolina a otra buscando un periódico. Se habían terminado en todas las tiendas. Finalmente encontré uno en Anaheim Hills. Busqué mi nombre y el de Cheo en la cajita de resultados del juego. Ahí estaban. En blanco y negro. Era real.

El equipo tenía el día libre, y Cheo y yo fuimos a desayunar a Denny's. Los fanáticos nos felicitaban constantemente, tomando fotos y pidiendo autógrafos. Luego, en el automóvil, recordamos cómo fantaseábamos cuando éramos niños acerca de jugar en la Serie Mundial. Pero nunca habíamos soñado que estaríamos juntos.

La prensa buscó cubrir la historia inusual. Un artículo tenía un titular que decía "La Ciudad del Guante de Hermanos". Recordaba cómo Pai nos llevaba al terreno todos los días después del trabajo y describía la manera poco común en que Pai agarraba el bate. "Mi padre era bajito", decía yo en una de las citas. "Pero era un gran bateador".

El reportero escribió: "Bengie, el orgulloso hijo, habla de su padre como el chico que alardea que su padre le gana al tuyo".

Me reí, porque así era exactamente como me sentía.

Mai y Pai no pudieron venir a la Serie Mundial. A Pai lo iban a introducir en el Salón de la Fama del Béisbol Amateur Puertorriqueño el mismo día en que jugaríamos el séptimo juego, si la Serie se extendía. Mi esposa y mis hijas tampoco pudieron venir al primer juego, por lo que le pedí a Jamie que viniera y usara una de las entradas.

La vi antes del juego en el pasillo afuera de la casa club. Me dio un abrazo y me dijo lo orgullosa que estaba de mí. Ése fue el único juego al que pude invitarla. Mi esposa, mis hijas, mis suegros y algunos amigos usaron mis entradas el resto de los juegos. Pero Jamie y yo hablábamos por teléfono antes y después de cada juego. Ella me estabilizaba. Me levantaba el ánimo cuando se me escapaba una pelota o cuando dejaba de enbasarme. A ella le podía admitir que estaba desgastado de la larga temporada. Probablemente, en ese punto, todos los jugadores estaban liquidados también. Pero particularmente para los receptores el desgaste era brutal. Además de los usuales golpes y la inflamación, yo había desarrollado tendinitis en ambas rodillas. Llegaba al estadio temprano para mi rutina de hacer sobrevivir las rodillas con el fisioterapeuta del equipo: ultrasonido, hielo, compresas calientes. Eso me duraba lo suficiente para mis prácticas de bateo. Treinta minutos antes del juego, tomaba Voltaren, una medicina antiinflamatoria. Eso me duraba todo el juego. Cuando llegaba el noveno inning, regresaban el dolor y la inflamación. Me ponía hielo otra vez en el estadio y también en mi apartamento o en la habitación del hotel. Antes de acostarme, me tomaba otro Voltaren para aliviar el dolor y poder dormir.

Yo no mostraba el dolor entre mis compañeros y los coaches. Quería que nunca dudaran de que yo podía responder al llamado. Sólo Jamie sabía por lo que estaba pasando. Ella era la persona más cercana a mí, la que sabía y aceptaba todo lo que tenía que ver conmigo, y no podía estar conmigo en el evento más importante de mi carrera. Yo sabía que estaba dolida y frustrada. Obviamente, era más que una amiga, pero obviamente también no era una novia o una esposa. No tenía un papel claro y cómodo en mi vida. Y yo tampoco lo tenía en la suya. Todo era un desastre.

Aun así, me sorprendí que, después del quinto juego, no contestara el teléfono. Perdimos el juego en parte por un lanzamiento que se me escapó. Ahora estábamos perdiendo la serie tres juegos a dos. Si perdíamos el próximo, estábamos liquidados. Jamie siempre encontraba una manera de hacerme sentir bien. Sabía que me diría que dejara de obsesionarme por lo que había hecho mal y que me concentrara en todo lo que había hecho para ayudar al equipo. Yo debía de ser capaz de decirme esas mismas cosas. Pero necesitaba oírlas de ella, con esa gentil certeza en su voz.

La llamé una docena de veces. No contestó. Llamé a su compañera de cuarto.

—Jamie no quiere hablar contigo en este momento.

—¿Por qué? ¿Qué está pasando?

—Eso es entre ustedes dos.

—Por favor, ponla en el teléfono.

Jamie no quiso hablar.

El lanzador abridor del sexto juego de los Gigantes, Russ Ortiz, nos impidió anotar carreras inning tras inning. En el séptimo inning el juego estaba 5-0 a favor de ellos, faltándonos ocho outs para perderlo todo. Cuando finalmente bateamos un par de hits fuertes, el mánager de los Gigantes, Dusty Baker, se dirigió al montículo y le quitó la pelota a Ortiz, señalando que lo estaba sacando del juego.

Fenomenal, pensamos nosotros. Ortiz había estado provocándonos pequeños ataques. Preferíamos enfrenarnos a los relevos. Entonces, cuando Ortiz estaba a punto de abandonar el montículo, Dusty Baker hizo algo que desató una tormenta en el banco nuestro.

Le obsequió la pelota del juego a Ortiz, como si ya todo estuviera decidido.

—¿Viste eso? —dijo alguien en el banco.

Todos lo habíamos visto. Si necesitábamos una patada en el trasero, Dusty Baker acababa de dárnosla.

Entró el relevo Félix Rodríguez a enfrentarse a Scott Spiezio. Dos hombres en base. Un out. Speeze trabajó un lanzamiento tras otro, bateando de foul, foul, foul. Entonces conectó uno que navegó hacia el jardín derecho. El jardinero saltó, pero golpeó la cerca y no pudo saltar. La pelota pasó por encima de su guante y de la cerca por una fracción de pulgada.

¡Un jonrón de tres carreras!

Ahora el juego estaba 5-3.

En el octavo, Erstad bateó un jonrón sin nadie en base: 5-4.

A la salida del noveno inning, el juego seguía 5-4. En el montículo por los Gigantes estaba Robb Nen, que había tenido más juegos salvados como lanzador cerrador que cualquier otro cerrador en la historia de los Gigantes. Pusimos dos hombres en base. Al bate vino Troy Glaus. Un sencillo empataría el juego. Pero Troy bateó un doble. ¡Dos carreras anotaron y ganamos 6-5! El estadio se vino abajo. Salimos en masa del banco para recibir a Troy. Fue uno de los más grandes regresos en la historia de las Grandes Ligas.

El joven John Lackey salió al montículo por nosotros en el séptimo juego. Había jugado en las Grandes Ligas solamente 125 días y aparecía como abridor del Séptimo Juego de la Serie Mundial. Cheo había sido su receptor varias veces antes en las menores y hablamos antes del juego. Su bola rápida adentro funcionaba como una bola cortante, me dijo Cheo, así que úsala para tu beneficio contra los bateadores zurdos.

—Y utiliza también el cambio —dijo—, aunque no es uno de sus mejores lanzamientos.

Lackey permitió una carrera en el primer inning. En el segundo, yo bateé un doble que impulsó una carrera para empatar el juego 1-1. Garret Anderson bateó un doble que impulsó tres carreras en el tercer inning para darnos ventaja de 4-1. Ahora mantener la ventaja dependía de nuestros lanzadores y de mí. Lackey no permitió nada en los tres próximos innings. Brendan Donnelly, otro novato, remplazó a Lackey en el sexto inning. Cheo me mantenía relajado.

—Un inning a la vez —me decía cuando yo regresaba al banco—. Guía a cada lanzador para que te dure un inning.

Sonaba como Pai.

Donnelly funcionó el sexto y el séptimo. En el octavo, Scioscia trajo a K-Rod, Francisco Rodríguez, otro novato de veinte años, fresco de la Doble A. Estos no eran lanzadores típicos de Series Mundiales. Pero durante ocho innings, sólo permitieron una carrera y cinco hits.

Cuando regresé al banco a la salida del octavo, miré a Cheo a la cara seriamente.

—No quiero llorar en televisión —le dije—. Así que si ganamos, no te me acerques porque me vas a hacer llorar.

—Está bien —dijo—. Tres outs más.

—Te estoy hablando en serio. No te me acerques.

Estábamos manteniendo una ventaja de 4-1 cuando Troy Percival entró a lanzar el noveno inning. Sacó dos outs. Estábamos a un out de ganar. Kenny Lofton vino a batear por los Gigantes. Pedí una rápida arriba y afuera. Lofton la tiró. La bola navegó hacia el jardín central. Darin Erstad se posicionó debajo de la bola. Me subí la careta sobre la frente para mirar.

—¡Acaba de caer de una vez! —grité, con el corazón en la boca.

La pelota cayó de manera segura en el guante de Erstad. Ay, Dios mío. Tiré mi mascota al aire, me quité la careta y me lancé a correr hacia el montículo. Erstad venía hacia mí con la pelota sobre la cabeza. Salté a cargar a Percival mientras todos corrían del banco hacia nosotros, saltando y gritando y abrazándose. Entre los empujones, caí al suelo y de momento estaba de rodillas como si estuviera rezando, con los ojos cerrados y los brazos al aire, dándole gracias a Dios. Esto era más que un sueño. Más que cualquier otra cosa.

Cuando abrí los ojos, ahí estaba Cheo.

—¡Te lo advertí! —dije, poniéndome de pie para abrazarlo. Nos dimos un gran abrazo apretado y lloramos los dos.

—¡Nos ganamos un cabrón anillo de Serie Mundial! —me gritó Cheo al oído.

Se me había quitado el dolor de las piernas y de la espalda. El enfermizo nerviosismo había desaparecido. No sentía nada. Era como si mi cuerpo dejara de ser algo físico para ser energía ingrávida. Emoción pura. Alegría, incredulidad, gratitud, alivio.

Cheo y yo nos quedamos parados con los brazos sobre los hombros del otro y dejamos que el rugido de la multitud nos atropellara.

—¡Esto es increíble! —gritó Cheo—. Escucha eso. Mira toda esta gente.

Docenas de miles de personas aplaudiendo, gritando en filas rojas y blancas elevándose al cielo nocturno.

—Quisiera poder regalarle esto a Pai —dije.

Cuando las familias empezaron a entrar a la casa club, pensé en lo mucho que habría querido que Jamie entrara por esa puerta. Pero la que estaba allí era mi esposa. Kyshly y Kelssy me saltaron arriba y chillaron cuando les eché encima agua en vez de champán.

Cuando se fueron, me escondí en mi vestidor.

—¿Mai?

—¡Ay, Dios mío, mi hijo! ¡Qué momento tan especial para mis dos hijos especiales! —Oía a la gente gritando y riéndose—. ¡Es Bengie! —les gritó.

Me dijo que la casa estaba repleta de gente y que la marquesina y la calle también estaban llenas de gente. Pai había conectado un televisor en la entrada de autos y el vecindario entero se había congregado a ver el juego. Pai estaba allá afuera ahora, dijo Mai, mirando la celebración en la casa club por televisión. Yadier estaba conduciendo por las calles en una caravana de autos sonando el claxon. La gente se había vuelto loca, me dijo Mai. Le pregunté sobre el banquete del Salón de la Fama que se había celebrado ese mismo día.

—La pasamos muy bien —me dijo. Fletaron un ómnibus para el viaje de dos horas hacia el evento. ¡Y Pai se puso un traje!

De repente, él estaba en el teléfono.

—¡Hola, mi hijo, felicidades! ¡Se mantuvieron unidos! Así es como hay que jugar.

Preguntó por Cheo, pero yo no tenía idea dónde estaba. La casa club era un manicomio.

—Hablamos mañana, Pai. Felicidades por el Salón de la Fama. Hubiéramos querido estar allí. Mai me dijo que había sido fenomenal.

—Gracias. Estoy muy orgulloso de ustedes.

Tal vez la cerveza le había soltado la lengua. Pero lo había dicho. Yo sabía que no importaba ahora todo lo que hiciera en mi vida. Me había ganado el respeto de Pai. Cualquiera que fuera la vara con que se midiera, había estado a la altura del momento. Más que a la altura.

Cuando colgamos, llamé a Jamie. Quería que supiera cuánto me había ayudado. Esta vez respondió. Sonaba como si hubiera estado llorando.

—Estoy tan feliz por ti —me dijo.

—Debías estar aquí.

Me dijo que disfrutara la fiesta y que hablaríamos después. Entonces colgó.

Bebí más esa noche que en toda mi vida. Estaba celebrando, por supuesto. Pero también estaba tratando de insensibilizarme. Visto desde fuera, me había ganado la lotería. El momento más feliz de mi carrera y, aparte de mis niñitas, no tenía a nadie con quien compartirlo. Alguien que entendiera lo que este improbable éxito significaba para mí, que supiera el escabroso camino que yo había andado para llegar aquí. En medio de la multitud en la casa club, me sentí más solo que nunca.

Tenía que tener a Jamie en mi vida. Tomé la decisión antes de darme cuenta de que la estaba tomando.

ESE AÑO GANÉ el premio Guante de Oro. Era la primera vez en once años que un receptor de la Liga Americana le arrebataba ese honor al ex jugador de Pai, Pudge Rodríguez.

PAI NOS ESTABA esperando en el aeropuerto cuando mi esposa, mis hijas y yo llegamos a Puerto Rico para las Navidades. Su rostro estaba amplio y feliz. Su vientre redondo y suave. Cuando algunas personas me reconocieron en la terminal y me pidieron un autógrafo, vi a Pai observando y sonriendo. En el comedor, me mostró fotos del banquete del Salón de la Fama. Vestía un traje oscuro con una camisa blanca. Mai tenía una blusa floreada y pantalones oscuros.

En la pared detrás de Pai colgaba una foto de Los Pobres. Yo tenía ocho o nueve años. Era pequeño con un rostro preocupado. No recordaba si era feliz. ¿Me gustaba jugar béisbol, el juego en sí? ¿O jugaba porque el béisbol me permitía estar con Pai todos los días? ¿Porque así me ganaba su aprobación?

Quería decirle a ese niñito serio que no se preocupara tanto. Alguna vez vas a jugar mejor de lo que hubieras podido imaginar jamás. Vas a hacer que Pai se sienta orgulloso.

Eso era lo que pensaba ese día de diciembre, que el respeto de Pai era como una victoria en los libros de récords. Una vez lograda, ahí quedaría para siempre. Pero estaba equivocado.

LE DIJE A mi esposa que quería divorciarme. Contestó que no. Que ningún hombre decente abandona a sus hijos. Le dije que siempre estaría presente en la vida de las niñas. Que siempre me encargaría de ellas.

—¿Qué piensas que diría tu padre? —preguntó.

Una daga clavada en carne viva. Ella sabía que Pai no estaría de acuerdo y eso me mataría. Pero pensé que cuando explicara la situación, él aceptaría. Él tenía que saber que yo no tomaría una decisión tan importante sin pensarlo cuidadosamente. Y tenía que saber que mis hijas eran para mí más que cualquier otra cosa.

No se lo iba a decir a Mai y Pai, o a las niñas, hasta que mi esposa y yo llegáramos a un acuerdo y yo encontrara un lugar propio. Algo que no ocurriría de la noche a la mañana.

Jamie y yo no habíamos hablado mucho después de que la temporada terminó y no nos habíamos visto desde el Primer Juego de la Serie Mundial. Ella continuaba distante en nuestras conversaciones. Le dije que había decidido seguir adelante con el divorcio.

—No lo hagas por mí —dijo. Todavía estaba en Seattle.

—Lo estoy haciendo de cualquier manera. Quiero tener una oportunidad de ser feliz.

Ya estaba haciendo planes para que Kyshly y Kelssy vivieran conmigo en Anaheim durante sus vacaciones de verano de la escuela.

El siguiente mes de junio, como campeones defensores de la Serie Mundial, los Ángeles viajaron a San Juan a jugar una serie de tres juegos contra los Expos de Montreal en el Estadio Hiram Bithorn. Cheo y yo compramos como cien entradas. Mai y Pai invitaron a todos sus conocidos a la casa para una gran fiesta con bistec y cebollas, aguacate y plátanos fritos, arroz, frijoles y pollo.

Nervioso por jugar frente a antiguos condiscípulos, primos, tías y tíos, me ponché en mi primer turno al bate. Entonces bateé cuatro hits, incluyendo un jonrón en el octavo inning. Oía a la multitud coreando mi nombre mientras corría de base en base. Señalé a la sección del estadio donde estaban la familia y los amigos. Mai estaba saltando en sus frágiles piernas, agitando las manos sobre la cabeza. Pai también estaba de pie, aplaudiendo y sonriendo. Nos miramos a los ojos y Pai agitó un puño triunfante hacia mí.

UNA NOCHE DE julio, al llegar a mi apartamento en Anaheim después de un juego, me esperaba un mensaje en el contestador.

Jamie había tenido un accidente automovilístico y había sufrido un severo trauma cervical y fisuras en el cuello, una rodilla dislocada, una muñeca fracturada, costillas rotas y una condición conocida como trastorno temporomandibular, que le causaba tanto dolor en la mandíbula que casi le impedía comer. No podía trabajar. Yo quería tomar un avión e ir adonde ella estaba. Pero no podía, por lo que le envié flores y más flores, y la llamaba todos los días.

No la vi hasta que jugamos en Seattle en septiembre, dos meses después del accidente. Fui directamente del aeropuerto a su apartamento. Cuando abrió la puerta, me faltó la respiración. Estaba tan delgada que se le veían los bordes de las clavículas a través de la camisa. Tenía un yeso en la muñeca y un collar ortopédico en el cuello. Tenía la cara pálida y los ojos demacrados a causa de la bronquitis provocada por las costillas rotas.

No me di cuenta de que estaba llorando hasta que me secó la cara. Era un shock verla tan débil.

—Estoy bien. Va a tomar tiempo.

—¿Dime qué puedo hacer? —preguntaba yo una y otra vez—. ¿Cómo estás pagando el alquiler? ¿Los gastos médicos?"

—Tengo algunos ahorros y tengo seguro. Me las estoy arreglando.

Mientras hablábamos, sentí una profunda vergüenza por no haber presentado oficialmente mis papeles de divorcio ni haber buscado un lugar donde vivir en Yuma. Si hubiera estado divorciado, o al menos separado oficialmente, tal vez Jamie me habría permitido cuidar de ella apropiadamente en lugar de hacerlo desde la distancia, como si fuera una simple conocida casual. Ella de ninguna manera quería recibir dinero de un hombre casado.

TERMINÉ LA TEMPORADA con otro Guante de Oro y catorce jonrones, empatando mi cifra más alta.

—Puedes batear veinte —me dijo Pai cuando visité Puerto Rico después de la temporada—. Mantente saludable y serás capaz de batear veinte.

¿Veinte? Me sonreí por dentro. No era un jonronero. Pero me encantaba que él pensara que lo era.

La siguiente temporada, en junio de 2004, San Luis ascendió a Yadier a las Grandes Ligas. Tenía sólo veintitrés años y había jugado menos de cuatro años completos en las ligas menores, aproximadamente la mitad del tiempo que Cheo y yo habíamos jugado a ese nivel. Yo sabía que él llegaría a las mayores rápidamente. Todos lo sabíamos. Había sido receptor desde que tenía cinco años. Su brazo era un lanzagranadas. Como todos los hijos de Benjamín Molina Santana, Yadier no alardeaba ni fanfarroneaba. Pero a diferencia de Cheo y de mí a su edad, Yadier *sabía* que su lugar estaba entre los mejores del mundo.

Su llegada a las mayores dio lugar a un artículo sobre la casi imposibilidad de que tres hermanos de la misma familia fueran receptores en las Grandes Ligas.

—¿Una explicación? —Yadier dijo, respondiendo preguntas de los reporteros—. No tengo ninguna. Es cosa de Dios.

Poco después de que Yadier fue ascendido, Pai y Mai viajaron a Estados Unidos para ver jugar a sus hijos. Se quedaron una semana con Yadier, y una semana con Cheo y conmigo en Anaheim. Pai era muy flojo con mis hijas. Lo observaba tirarle una pelota Nerf en la sala de mi apartamento y cuando ellas la lanzaban de vuelta, él fingía desplomarse hacia atrás y Kelssy y Kyshly se morían de la risa.

Pai las mimaba como nunca lo había hecho con mis hermanos y conmigo. Les empujaba los platos de comida: "Mama, tienes que comer". Recuerdo un día, cuando Kelssy era pequeñita, que estábamos en un hotel en Puerto Rico con uno de los equipos de Pequeñas Ligas de Pai. Estaban hospedados allí para participar en un torneo. Pai estaba jugando dominó cuando Kelssy lo haló por la manga y le pidió que la llevara a la piscina. Pai nunca interrumpía su juego de dominó por nada, por lo que yo estaba a punto de llevármela de allí y llevarla yo a la piscina. Pero Pai ya estaba llamando a alguien que lo sustituyera en la mesa. Se quitó la camisa y se tiró a la piscina con Kelssy.

Mis padres no sabían todavía que mi matrimonio se estaba desintegrando. No sabían que yo dormía en un sofá en el piso de abajo cuando estaba en Yuma y que escondía la frazada y la almohada en un clóset antes de que las niñas se despertaran. Durante la visita de mis padres, yo me comportaba como un solícito esposo. Decía las cosas correctas y actuaba como si todo estuviera bien. Ni siquiera tenía que poner mucha energía al papel que tenía que desempeñar. Lo tenía programado automáticamente en el cerebro. Hacía lo que esperaban que yo hiciera.

En julio, unos días antes de cumplir treinta años, jugamos una serie en Seattle y Jamie hizo una pequeña fiesta en su apartamento con algunos amigos y familiares. Cocinó bistec con cebolla, mi plato favorito, y una torta Coca-Cola de chocolate.

Todavía ella tenía dolores a veces en el cuello y la espalda, pero estaba suficientemente recuperada para trabajar. Me dijo que se estaba mudando otra vez a California. Y que estaría haciendo freelance otra vez.

Ya habíamos estado hablando por teléfono durante cinco años. Habíamos estado solos tal vez cuatro veces. Era ridículo cada vez que pensaba en ello. Pero en cierto modo era perfecto. Nos conocíamos tan bien por las cientos de conversaciones que habíamos tenido.

Apuesto a que habíamos hablado más horas en esos cinco años que lo que habían hablado parejas de verdad toda su vida.

Aun así, no sabía con certeza si sus sentimientos hacia mí eran iguales a los que yo sentía por ella.

En su primera temporada de Grandes Ligas, los Cardenales de Yadier llegaron a la Serie Mundial contra los Medias Rojas de Boston, que no habían ganado una Serie Mundial en ochenta y seis años. Mai, Pai, José, yo y otros familiares y amigos fuimos a San Luis a animar a Yadier. Los Medias Rojas barrieron a los Cardenales. Pero Yadier había llegado a la Serie Mundial. Algunos jugadores juegan sus carreras completas sin nunca llegar. Ahora los tres habíamos llegado.

ERA EL VERANO de 2005. Los Ángeles estaban en Nueva York para jugar contra los Yanquis. Jamie estaba allí por razones de trabajo. Entré al hotel una tarde después de visitar a los primos de Mai en Brooklyn. Era un día libre. Cuando se abrió el elevador, Jamie salió.

—Oye —dije—. ¿Adónde vas?

—A cenar.

Todavía nunca habíamos salido a cenar los dos solos. Cuando ella viajaba con los Ángeles, usualmente comía con los miembros de su equipo o sola. Yo usualmente ordenaba la comida en la habitación o salía a comer con Cheo.

—¿Quieres compañía?

—Podemos compartir un taxi —dijo, sonriendo.

En el taxi me dijo que no iba a ningún lugar en particular y que no tenía mucha hambre. Sólo quería salir de la habitación. Le sugerí que fuéramos al cine. El taxi nos dejó en un teatro, pero no había asientos en ninguna de las películas. Caminamos por Times Square, hablando del juego de la noche anterior, de música, de cómo dos personas procedentes de pueblitos pequeños habían llegado a tener empleos que los habían llevado a Times Square. Hablamos de lo extraño que era el destino. Nuestras manos se rozaron. Entrelacé mis dedos en los suyos y ninguno de los dos reaccionó.

Jamie lucía espectacularmente bien aunque sólo vestía jeans y una blusa sin mangas. Tenía el pelo hacia atrás en una coleta de caballo que le llegaba a la mitad de la espalda. Yo seguía mirándola de lado. Llegamos a un parque donde un hombre con el pelo trenzado tocaba un tambor metálico y había parejas jóvenes con coches de niños. La gente se sentaba en el borde de una fuente de piedra, relajándose en el aire cálido de la noche.

Nos detuvimos a observar el salto de agua y a escuchar el tambor metálico. Me volví hacia Jamie y tomé su rostro entre mis manos. Me incliné y la besé. Sentí sus brazos alrededor mío y era como si lo hubiéramos hecho un millón de veces, como si fuera lo más normal del mundo besarnos delante de un centenar de transeúntes en la fuente de un parque.

—Te quiero —le dije—. Pienso que te he querido desde la primera vez que te vi en el entrenamiento de primavera.

Jamie se rió y dijo que nunca se había imaginado estar conmigo.

—Pero todo contigo es tan fácil —dijo—. Somos personas tan diferentes, pero es como si fuéramos almas gemelas.

Dijo que se había dado cuenta hacía unos años de que se estaba enamorando y que por eso se distanció y dejó de contestar mis llamadas durante días y semanas.

—Sabía que quería estar contigo y no podía. Sabía que no era apropiado tener sentimientos hacia un hombre casado. Nunca quise ser un factor en tu decisión de divorciarte.

Le dije que mi divorcio estaba ocurriendo con o sin ella. Ella quería saber qué iba a pasar con Kyshly y Kelssy. Yo obtendría una casa cerca de ellas. Todo iba a ser mejor para todos, dije.

—Tienes que estar seguro.

Dije que nunca había estado tan seguro de algo.

Nos detuvimos en Tower Records y le compré un CD de Mariah Carey. Quería regalarle canciones de amor. Nos dimos las buenas noches antes de llegar al hotel y entramos por puertas separadas. Ella no quería darle a nadie ideas acerca de "nosotros". Tenía que proteger su reputación. Pero ya yo estaba pensando en cómo serían nuestros hijos.

A VECES, MI orgullo era capaz de apoderarse de mí. Un receptor tiene que tragarse el orgullo por el bien del equipo. Dejar las cosas pasar. Comportarse como un adulto. Aún estaba aprendiendo.

En un juego noté que cada vez que nuestro lanzador permitía un hit, el shortstop negaba con la cabeza. Para empezar, no me caía muy bien el tipo. Era un engreído. A veces lo veía texteando o hablando por teléfono detrás del banco entre innings. No sentía respeto alguno hacia tipos que no jugaran de la manera correcta.

—¿Por qué estabas moviendo la cabeza? —le pregunté en el banco.

—¡Debió haber lanzado una recta rápida con un conteo de dos bolas y dos strikes! —dijo.

Pensé que me iba a estallar la cabeza. ¿Este tipo estaba cuestionando los lanzamientos que yo pedía?

Cuando movió la cabeza en el próximo inning, pedí un time-out y lo invité a que se acercara al montículo conmigo y con el lanzador.

—Oye, ¿quieres pedir los lanzamientos? Pues hazlo. Cuando quieras que tire una recta, tócate la cabeza. Una curva, tócate el pecho. Curva rápida, el muslo. Y agita la mano para un cambio.

Regresé a mi posición antes de que pudiera responder y me coloqué en cuclillas detrás del home. El lanzador esperó por mi señal. Miré hacia el shortstop y él me miró. Esperé. El lanzador me miró, confundido. Miré hacia el shortstop.

Bud Black, el coach de pitcheo, pidió time y caminó hacia el montículo. Corrí a unirme a él y al lanzador.

—B-Mo, ¿qué está pasando? —preguntó.

—Tenemos un problema, Buddy. El shortstop está tratando de decirnos que no sabemos lo que estamos haciendo. Así que estoy esperando que él nos diga qué lanzamiento necesitamos en esta situación.

—Vamos, B-Mo, deja eso para después del juego.

Regresé al home, me puse en cuclillas y miré al shortstop otra vez. Esperé un segundo y finalmente le di mi señal al lanzador.

Scioscia y Buddy me llamaron a la oficina después del juego.

—Podías hacerle hecho daño al equipo con eso —Scioscia dijo—. No puedes dejar que esas cosas te molesten.

Tenía razón. El tipo era un idiota y dejé que me sacara de paso.

Al final de la temporada, nos enfrentamos a los Yanquis otra vez en la Serie de la División de la Liga Americana. Estaba bateando tan bien que Scioscia seguía subiéndome en el orden de los bateadores. Bateé sexto en el Primer Juego, quinto en el Segundo Juego y cuarto en el Tercer Juego. En los tres juegos bateé .455 con un jonrón en cada uno de los juegos y cinco carreras impulsadas. Cuando me golpeó un lanzamiento del lanzador y tuve que abandonar el Tercer Juego, Cheo tomó mi lugar y bateó un hit que impulsó una carrera.

Un día, afuera de la casa club en Anaheim, oí a alguien gritar:

"¡Oye, Big Money!" Era un conserje que estaba todos los días en el pasillo. Le había puesto un apodo a todos: a Spiezio le puso Speeze; a Adam Kennedy, AK; y así. Siempre me había llamado B-Mo como todos los demás. Uno de los locutores de los Ángeles lo había oído llamarme con ese apodo y lo usó en el aire esa noche. Enseguida los fanáticos empezaron a mostrar letreros con "Big Money" en las gradas. Otros locutores también lo usaron hasta que el apodo se me quedó.

Le ganamos a los Yanquis en cinco juegos para avanzar a la Serie de Campeonato de la Liga Americana. Mientras tanto, los Cardenales de Yadier habían barrido a los Padres para avanzar a la Serie de Campeonato de la Liga Nacional. Si nosotros ganábamos y los Cardenales ganaban, Cheo y yo jugaríamos contra Yadier en la Serie Mundial. Era una locura.

El periódico *Wall Street Journal* envió a un reportero a Espinosa para averiguar sobre la familia Molina.

"Los receptores son una estirpe idiosincrática para repetirse tres veces en una sola familia", escribió el reportero. Describió la casa de Mai y Pai con "pintura descascarándose en el techo y ventanas sujetadas al marco con cinta adhesiva". Mai y Pai estaban en la sala viendo los juegos por televisión. Mai estaba aparentemente gritándole a los lanzadores por obligarnos a desenterrar pelotas del suelo y se cubría los ojos y rezaba cuando nos tocaba el turno al bate.

José y yo perdimos contra los Medias Blancas en la Serie de Campeonato de la Liga Americana. Yadier y los Cardenales perdieron contra los Astros en la Serie de Campeonato de la Liga Nacional.

MI CONTRATO CON los Ángeles estaba a punto de expirar, pero yo tenía confianza en que me firmaran uno nuevo. Había estado con la organización trece años. Habíamos ganado una Serie Mundial juntos. Cuando terminó la temporada, esperé que mi agente me llamara con una oferta de ellos.

Entretanto, encontré una pequeña casa de tres habitaciones con un pequeño patio y una piscina en una comunidad cercada en Yuma a unos veinte minutos de la casa que mi esposa y yo habíamos comprado. Todavía no le había dicho a Kyshly y Kelssy que yo me iba de la casa. Tenían doce y nueve años, eran unas niñas bellas con pelo oscuro que bailaban, jugaban fútbol y sabían fildear un roletazo. Estudiaban en un colegio católico. Tal vez porque había viajado frecuentemente a México, Puerto Rico y California, se sentían cómodas dondequiera que estaban o con cualquiera que estaban. Conocían a alguien nuevo y pronto estaban charlando como si fueran viejas amigas. Me maravillaba la facilidad con que se movían en el mundo. Muy diferentes de mí.

Le dije a mi esposa lo de la casa nueva y cuándo me mudaría. Ahora tenía que decírselo a las niñas. Practiqué en mi mente lo que debía decirles. Cuando me senté con ellas en nuestra sala, estaban llorando antes de yo decir una sola palabra. Su madre se lo había dicho. Me rogaron que me quedara. Yo también lloré y les dije que no las estaba abandonando, simplemente me estaba yendo de la casa. Yo era su padre y las quería mucho y las iba a querer mucho siempre.

Se treparon en mis brazos con sus caritas en mi pecho y sus hombros jadeando. El corazón se me hacía pedazos, pero no iba a cambiar mi decisión. Esto era lo correcto. Quería darles a mi hijas un hogar feliz lleno de amor. Nunca tendrían eso mientras su madre y yo estuviéramos bajo un mismo techo. Quería que Jamie fuera parte de sus vidas. Quería que vieran su fortaleza y su independencia como mujer, su bondad y compasión. Quería que vieran una relación saludable en la que un hombre y una mujer se respetaban y se admiraban y se amaban profunda y completamente. Quería que no transaran por menos en sus propias vidas.

Cuando llamé a Mai y Pai para decírselo, ellos también lo sabían. Mi esposa se me había adelantado.

—¿Cómo puedes hacer eso? —me gritó Mai por teléfono.

—Esto es algo que venía ocurriendo hace mucho tiempo —dije, molesto por ella haberse puesto del lado de mi esposa—. Tienes que entender que si no ocurría ahora, iba a ocurrir dentro de un año.

—¿Cómo puedes hacer esto? ¡No entiendo!

—Ya no hay amor entre nosotros, Mai. Peleamos todos los días. Ni siquiera nos hablamos. La relación no existe. No puedo seguir viviendo así. No quiero que las niñas vivan así. Mira, no estoy abandonando a las niñas. Siempre seré parte de sus vidas. Cualquier cosa que ellas necesiten, yo voy a estar ahí para resolverla.

Quería que Pai viniera al teléfono. Él me ayudaría a lograr que Mai entendiera. Me dolía que ella no confiara en mí como alguien capaz de tomar la decisión correcta para mi familia. Me gritó hasta que se cansó y, finalmente, puso a Pai en el teléfono.

—Pai…

—¡Tus niñas van a sufrir! —me gritó, lívido—. Tú eres el apoyo de esas niñas. Estás a cargo de ellas. ¡No puedes simplemente irte! ¿Cómo puedes hacerles esto?

Yo casi no podía hablar. ¿Creía él que yo no había pensado bien todo esto? ¿Que no había luchado con mi decisión?

—Pai, tú no entiendes. Esto ya venía desde hace mucho tiempo. Tú piensas que todo es muy bueno, pero lo único que hacemos es pelear. Las niñas no son felices. No podemos seguir así.

—No hay nada más importante que la familia. Tienes que volver con ella. Regresar a las niñas. Haz lo que tengas que hacer.

Toda mi vida las palabras de Pai habían sido como mensajes de Dios. *Si él lo dice, tiene que ser verdad.* Por primera vez yo sabía que él estaba equivocado.

—Tienes que confiar en mí, Pai. Voy a ocuparme de ellas. Es lo mejor para las niñas y para mí. Ellas van a ser más felices. Yo seré más feliz.

Seguía furioso cuando colgó el teléfono. Yo me sentía mal.

Cuando llamé al día siguiente, Mai respondió. Se había calmado pero todavía estaba enojada. Después de unos minutos, le pedí que pusiera a Pai para saludarlo.

—No quiere venir al teléfono.

—¿Qué me estás diciendo?

—Que no quiere hablar contigo.

Sentí como si me hubiera arrollado un camión. ¿Que Pai no quería hablar conmigo? ¿Cuando más lo necesitaba? Era inconcebible. Siempre me había apoyado. Había creído en mí. Me obligó a superar mis fracasos. Tal vez debía de haberle dicho todo esto antes y haberle contado lo que tenía con Jamie, cómo el amor y la felicidad que sentía con ella me hacían sentir completo. Pero había tenido miedo de tener que oír lo que diría. *Los hombres buenos no se divorcian. Los hombres buenos no abandonan a su familia.* Está bien, pero al menos que me escuche lo que yo tenga que decir. Que al menos considere mi parte. ¿Era esto una especie de prueba cruel?

—Deja que se le pase —dijo Mai—. Hablará contigo más adelante.

Pero todas las veces que llamé en la siguientes semanas, Mai inventaba un pretexto por el cual Pai no podía venir al teléfono. Que estaba comiendo. Que estaba en la ducha.

Un día me dijo: —Está aquí. No cuelgues.

Al fin.

Oí la voz de Pai desde lejos.

—Lo siento mi hijo —dijo Mai—, se va al terreno.

—Está bien. Dile "Bendición".

Toda la vida le había pedido su bendición. Hacía cualquier cosa por recibirla. Esta vez no podía. Él pensaba que yo estaba remplazando sus reglas con mis propias reglas imperfectas. No se daba cuenta de que yo estaba en realidad aplicando los valores que él me había enseñado: familia, amor, responsabilidad. Yo simplemente las estaba observando a través de mi propio prisma y no del suyo.

En otras palabras, yo no estaba desafiando sus valores. Yo estaba, por primera vez en mi vida adulta, desafiándolo a él.

Preparé las habitaciones de las niñas primero para que pudieran empezar a quedarse conmigo enseguida. Se quedaban en mi casa regularmente y jugábamos Monopolio, Pictionary, Scrabble. Jugábamos juegos de fútbol en video. Nadábamos en la piscina. Las llevaba a la escuela y las recogía tan frecuentemente como me era posible. Cuando no se quedaban conmigo, hablaba con ellas por teléfono.

Hablaba con Jamie todos los días fuera de temporada. Me visitaba a menudo desde Los Ángeles y me ayudó a amueblar y decorar la casa. Pero era demasiado pronto para que conociera a mis hijas.

—**LOS ÁNGELES VAN** a contratar a Jeff Mathis —me dijo mi agente, refiriéndose al mejor receptor de los Ángeles en las ligas menores. Era el otoño de 2005.

Quedé fuera del equipo. Así de simple. Otra familia que se separaba. Me estaba yendo de la única franquicia que conocía: a los asistentes, los cocineros, los de la oficina, los fisioterapeutas, los coaches, Scioscia, mis compañeros. Mi propio hermano.

Mi agente me dijo que los Mets me ofrecían $18 millones por tres años.

—Pero creo que puedo conseguir algunos millones más —dijo.

—Está bien, puedes tratar de conseguir más dinero, pero hazles saber que yo quiero llegar a un acuerdo —dije—. Diles que estoy entusiasmado por irme a Nueva York.

Tenía familia en el este del país: por parte de mi madre en Brooklyn, del lado de mi padre no muy lejos en Connecticut. Era una buena combinación. Les dije a Jamie, Mai y mis hermanos que estaba firmando con los Mets. Ahora podía relajarme. Recibiría buen dinero por tres años.

Mi agente estuvo dos días sin llamarme. Era raro. ¿Por qué le estaba tomando tanto tiempo cerrar el acuerdo? Seguía llamando a mi agente preguntando qué era lo que estaba pasando. Nadie en la agencia devolvía la llamada. Pasaron cuatro o cinco días. Entonces recibí un mensaje de un amigo.

—¿Te enteraste que los Mets hicieron un intercambio para obtener a Paul Lo Duca?

Se me cayó el estómago. Lo Duca era el receptor de los Marlins de la Florida. ¿Me ofrecían a mí tres años y luego se iban a buscar a Lo Duca? ¿Qué estaba pasando? Volví a llamar a la agencia y finalmente me devolvieron la llamada.

—¿Qué pasó con el acuerdo con Nueva York? ¡Te dije que lo aceptaras!

—A ti no te convenía Nueva York. Nueva York no es bueno para ti.

—¡Yo soy el que decido adónde jugar, no tú!

—Yo sé, pero quería usar las reuniones de invierno para negociar más dinero.

—¡No te dije que esperaras las reuniones de invierno!

Respiré profundo. Sabía que la gente iba a pensar que había rechazado $18 millones. Iban a pensar que era un avaricioso o un idiota. Probablemente ambos. Luego oí que había rumores de que yo estaba pidiendo $50 millones. Quería darle un puñetazo a la pared. O al agente.

—¿Y ahora qué? —dije bruscamente.

Me dijo que no me preocupara. Estaba hablando con otros equipos. Pero oí un tono diferente en su voz. No estaba tan confiado como había estado en octubre.

Súbitamente sentí el pánico de no tener mucho tiempo. Tiempo parea unirme a un equipo universitario, llamar la atención de un scout de béisbol profesional, salir de las menores, llegar a las Grandes Ligas. El entrenamiento de primavera empezaría en dos meses y no tenía equipo.

Transcurrió un mes. Nada. La mayoría de las alineaciones estaban decididas. Había acabado de tener la mejor temporada de mi carrera, ¿y no podía conseguir trabajo? Scioscia me llamó para averiguar por qué no había firmado. Me enteré de que los Ángeles habían ofrecido un contrato de dos años que mi agente nunca me mostró. Pensó que sería más hábil y obtendría más años y más dinero. Jamie llamó para que me desahogara. Mis hermanos llamaron, confundidos y preocupados. Mai llamó furiosa.

—¡Estos cabrones! ¡Son unos estúpidos! ¡No aprecian!

De momento Pai vino al teléfono.

—Tienes que estar calmado en una situación como ésta —dijo, en el tono de la persona de antes—. El juego te encontrará.

—Pero, Pai, yo era el mejor receptor en el mercado.

—Oye, esto no está bajo tu control. No hay nada que puedas hacer. ¿Así que por qué te preocupas?

Su voz me calmó como siempre. Todavía podía contar con su apoyo.

Una semana antes del entrenamiento de primavera, Toronto me ofreció un año por $5 millones con una opción de $7,5 millones. Yo sabía que la opción no significaba nada. Era una garantía de nada. Pero, claro, le dije a mi agente que aceptara la oferta. Inmediatamente. Entonces lo despedí.

Viajé al sitio de entrenamiento de los Azulejos en la Florida. Llevé a Jamie también y por primera vez pude presentarla como mi novia. Éramos una pareja desde que comencé con mi nuevo equipo. Así no había momentos delicados ni se necesitaban explicaciones, como habría ocurrido con los Ángeles. Después de todos esos años, Jaime y yo estábamos juntos.

El Día de la Inauguración, bateé un jonrón con las bases llenas que llegó a la quinta fila de las gradas del jardín izquierdo. Pocos días después, bateé dos jonrones más. Una semana en la nueva temporada, estaba bateando .400 con tres jonrones. Tal vez éste sería el año en que batearía veinte jonrones, tal como Pai había dicho que podía.

Pero cuando el receptor abridor de Toronto en la temporada anterior completó su tiempo en la lista de lesionados, el mánager empezó a rotarnos: el otro abría contra los lanzadores derechos y yo contra los zurdos. Era una locura. ¿Yo estaba arrancándole el forro a la pelota con el bate y el mánager me sentaba por enfrentar un lanzador derecho? Me ponía a batear cuarto en la alineación contra los zurdos y me sacaba completamente contra los derechos?

Iba a la oficina del mánager cada dos días. ¿Cómo podía yo

mantener un ritmo en el plato si sólo jugaba tres días a la semana? ¿Cómo podía llegar a conocer a nuestros lanzadores si no les recibía con regularidad?

Un día que llamé a casa me sentía particularmente frustrado. Pai respondió. No habíamos hablado desde que había comenzado la temporada varias semanas antes y había sido breve. Mai siempre respondía. Comencé a contarle lo que estaba pasando. Me detuvo y me dijo que iba a poner a Mai.

—¿Cómo? Espera…

Pero ya se había ido. Mai vino al teléfono.

—¿Le pasa algo a Pai? —pregunté.

—Está perfectamente.

—No suena muy bien.

—Está perfecto.

Pero no habló conmigo, ni ese día ni el resto de la temporada. Yo sabía que mi ex ya estaba hablando horrores de Jamie cada vez que tenía un chance. Historias locas y horribles sobre nosotros me llegaban de Puerto Rico. Enojado como estaba por las mentiras que circulaban sobre Jamie y yo, estaba aún más dolido y conmovido porque Pai podía pensar que fueran verdad.

EL SOL DE Yuma en julio puede cocinarle a unos los ojos. Pero estaba ansioso de ir allá durante el Receso de Todos-Estrellas. Las niñas iban a quedarse conmigo tres días y Jamie también. Se conocerían por primera vez.

Jamie y yo preparamos la casa con juegos de tablero y flotadores de espuma para la piscina. Ella le cayó bien a las niñas inmediatamente. Se mostraron abiertas y dulces. Jamie las peinaba después de que se duchaban. Kyshly y ella jugaban contra Kelssy y contra mí en el juego de Pictionary. Nadábamos y comíamos asados a la parrilla afuera. Pasamos unos tres días preciosos.

Las niñas no podían visitarme en Toronto porque era muy lejos para ellas viajar solas. Mai y Pai nunca visitaron tampoco. Jamie, como siempre, me acompañaba y me ayudaba a seguir adelante. Todavía ella trabajaba en Los Ángeles pero no tiempo completo. Así que se quedaba conmigo el mayor tiempo que podía. Cuando estaba conmigo, me hacía feliz, aunque fuera sólo viendo televisión o comiendo comida para llevar.

Si Pai pudiera sentir lo que yo sentía, sabría que no había otra alternativa para mí.

FUE RARO JUGAR en Anaheim con un uniforme de los Azulejos. Uno nunca sabía como jugador si la relación que tenía con los fanáticos era realmente recíproca o su afecto terminaba cuando uno cambiaba de equipo. Pero cuando entré en el terreno para hacer ejercicios y estirarme en el jardín izquierdo, se pusieron de pie y me vitorearon.

—¡Bengie! ¡Te extrañamos!

—¡Big Money! ¿Cuando regresas?

Me detuve en la cerca y firmé autógrafos, agradeciéndoles lo buenos que eran con mi hermano y conmigo.

Se me erizó la piel. Yo todavía les pertenecía, aunque vistiera un uniforme de Toronto. Uno de los acomodadores regulares me gritó desde las gradas. Cada vez que nos veíamos cuando jugaba con los Ángeles, nos saludábamos. Cuando empecé a saludarlo agitando la mano, me saludó de vuelta. Otro acomodador me saludó también con el típico saludo hawaiano, como siempre. Y yo también, como lo había hecho durante años, le devolví el saludo del mismo modo. Durante las prácticas de bateo, abracé a mis antiguos compañeros, conversé con Scioscia e hice planes con Cheo de cenar juntos después del juego. No podía evitar mirar más allá del terreno, hacia el bullpen de los Ángeles, donde yo les recibía a los lanzadores abridores en sus sesiones de calentamiento. Ahora el coach Steve Soliz practicaba el movimiento de los pies con Jeff Mathis, que me había sustituido. Sentí una punzada de —¿qué? ¿nostalgia? ¿tristeza?— como la sentía cuando terminaba la temporada y regresaba a Dorado y me daba cuenta otra vez de que ya no era mi hogar.

Cuando me acerqué al cajón de bateo para mi primer turno al bate, los fanáticos se pusieron de pie y me ovacionaron. Yo estaba paralizado. Sentía las aclamaciones como algo físico, una especie de río que fluía hacia mi interior. Me separé del plato para alzar la mano en gratitud, pero también para componerme. Las aclamaciones ahora no eran por haber ganado un juego o haber bateado un jonrón. Eran para mí. Para mí. El chico de Kuilan que tenía pocas probabilidades de triunfar. ¿Quién lo hubiera pensado?

En el sexto inning, Cheo llegó a primera base. Cuando estaba bateando el siguiente bateador, salió rápido para segunda. ¡Mi hermano me estaba robando la base! Saqué el lanzamiento de la tierra y disparé a segunda base. Demasiado tarde. Cheo había robado sólo 6 bases en 278 juegos de Grandes Ligas. Y viene a robarme una a mí.

En el próximo inning, bateé un sencillo. El coach de tercera base me dio la señal de robar. ¿Cómo? Yo había robado exactamente 2 bases en mis 271 juegos de Grandes Ligas. Rogué que el lanzador fuera lento lanzando hacia home. Así fue. Salí de primera. Cheo agarró la bola y dio un salto para tirar. ¡Pero nadie estaba cubriendo la segunda base!

Claro. ¿Por qué iban a cubrirla? ¿Quién iba a imaginar que yo saliera al robo? Me deslicé. No hubo tiro. Safe. El estadio entero de los Ángeles rompió a gritos y carcajadas. Le sonreí a Cheo, aunque no pude ver detrás de la careta si él también estaba sonriendo. Imaginé que no.

Después del juego, Cheo y yo nos burlamos uno del otro. Le dije que se había puesto dichoso. Me dijo que yo habría sido out si hubiera habido alguien cubriendo la base.

—Oye, los dos nos robamos la base. ¿A quién le importa? —dije yo.

En el periódico del siguiente día, Sciosia dijo:

—¿Cuáles son las posibilidades de que los dos Molina se robaran la base la misma noche? ¿Cuáles serían las probabilidades en las apuestas de Las Vegas?

Sólo jugué como abridor en 113 juegos esa temporada, la cifra más baja en mi carrera de Grandes Ligas (sin incluir cuando estaba lesionado). Me sacaron antes de finalizar los juegos veintinueve veces. Una locura. Así y todo, bateé diecinueve jonrones.

Cuando regresaba a Yuma después de la temporada, Yadier y los Cardenales se dirigían a los playoffs y llegaron a la Serie de Campeonato de la Liga Nacional otra vez. ¿Sus contrarios? Los Mets de Nueva York, el equipo con el que se suponía que yo firmara. Me encantaba ver jugar a Yadier. Era tan rápido como Cheo y tiraba más duro aún. Los Cardenales le midieron sus tiros a segunda base en 1,7 segundos. El promedio es 1,9 segundos, que era lo que yo tiraba usualmente. En el curso de la serie, Yadier sacó out a la mitad de los que intentaron robarle la base, un porcentaje a la par de los receptores todos-estrellas como Pudge Rodríguez.

La Serie de la Liga Nacional se extendió a siete juegos. Los Cardenales tenían el juego empatado a una carrera en la primera parte del noveno inning y tenían un corredor en base. Yadier se paró en el cajón de bateo para enfrentarse al lanzador relevo de los Mets Aaron Heilman.

Le grité al televisor: —¡Te va a tirar otro cambio! Espéralo, espéralo. Eso es lo que viene.

Heilman efectivamente tiró un cambio. El batazo de Yadier metió la pelota encima de la cerca del jardín izquierdo para un jonrón de dos carreras que le daba ventaja a los Cardenales, 3-1. Yadier señaló hacia la cámara, y yo señalé de vuelta. "¡Te lo dije!" Yadier había bateado sólo .216 durante la temporada pero bateó .358 en la serie. Otro Molina Big Money.

El lanzador relevo de los Cardenales Adam Wainwright llenó las bases en la salida del noveno. Yadier fue al montículo dos veces para calmarlo. Casi podía oír lo que le decía: "Relájate, confía en ti, mantente concentrado".

Wainwright ponchó al todos-estrellas Carlos Beltrán para ganar la serie y el campeonato de la Liga Nacional. Yadier se dirigía a su segunda Serie Mundial en tres años. Sólo otros dos receptores en la historia habían jugado en dos Series Mundiales antes de cumplir veinticinco años: Yogi Berra y Johnny Bench.

Los Cardenales jugarían con los Tigres, el equipo de Pudge Rodríguez. Mai y Pai estaban allí, lo cual significaba que entre los 42.479 fanáticos en el Primer Juego de la Serie Mundial en el Estadio Comerica en Detroit estaba el discreto obrero de fábrica de cincuenta y cinco años que había entrenado a los dos receptores abridores.

Yo no fui. No había visto a mis niñas desde julio y no quería separarme de ellas otra vez. Vi el juego lanzamiento por lanzamiento en televisión con ellas y Jamie, y llamaba o texteaba a Yadier todas las noches. Él no podía dormirse después de los juegos, por lo que Mai, Pai, Cheo, Vitín, Tío Felo y algunos otros lo acompañaban hasta las tres de la mañana, hablando y riéndose, jugando dominó, bebiendo cerveza, comiendo alitas de pollo y analizando el juego.

Yadier fue espectacular en la serie. Tasajeó el pitcheo de los Tigres con siete hits en diecisiete veces al bate, incluyendo dos dobles y una carrera impulsada.

Los Cardenales ganaron en cinco juegos. Jamie, las niñas y yo bailamos en la sala y gritábamos cada vez que veíamos a Yadier en la casa club empapando a sus compañeros con champán. Habría querido verle la cara a Pai cuando el Estadio Busch en San Luis hizo erupción después del último out.

Tres hijos.

Tres receptores.

Y ahora tres anillos de Serie Mundial.

A NADIE SORPRENDIÓ que los Azulejos no ejercieron la opción de mi contrato.

Mi nuevo agente me dijo que podía conseguirme tres años con los Gigantes de San Francisco.

—Por lo menos quince millones. ¿Quién sabe? Tal vez dieciocho.

Me parecía bien. Pregunté acerca del actual abridor, Mike Matheny, que había sido el abridor de los Cardenales antes de que promovieran a Yadier para esa posición.

—Puede ser que esté liquidado —dijo mi agente.

Todos los receptores de la liga habían estado siguiendo la historia de Mike Matheny, un veterano conocido como el Hombre Más Fuerte en Vida. Había recibido una serie de fouls en la careta durante esa temporada. Había permanecido en el juego unos cuantos lanzamientos más hasta que la visión se le hizo borrosa y la cabeza le empezó a latir. Acudió al Programa de Conmoción Cerebral en los Deportes del Centro Médico de la Universidad de Pittsburgh, donde los médicos lo sometieron a una serie de pruebas de estrés. Mostraba los mismos síntomas cada vez: fatiga, problemas de memoria, dificultades para concentrarse, problemas en la vista. Se le diagnosticó de síndrome de conmoción extensa.

Revisé la lista de los síntomas. Visión borrosa. Dolores de cabeza. Mareos. Marqué los tres. Después de un foul a la cabeza, entrecerraba los ojos para recuperar mi visión normal. Tomaba aspirinas entre innings. Una vez recibí un golpe por un foul tan fuerte que sentí dolor detrás de la cabeza. Pero no fui a que me examinaran. No salí del juego. Nunca salí de un juego por decisión propia. Me preguntaba a veces por qué se consideraba más importante un golpe en la cabeza de un bateador que un golpe a un receptor. Era algo esperado en un receptor. Se suponía que no le diéramos importancia. Pero la situación de Matheny me puso a pensar. ¿Cuántos golpes podía yo resistir en la cabeza sin sufrir consecuencias? ¿Sería el próximo foul el que me obligara a retirarme? Me lo quité de la mente. No se podía pensar de esa manera.

—Por favor, dile a los Gigantes que sí —le dije a mi agente.

—Podemos conseguir más.

—Sólo diles que sí.

El contrato final, si lograba ganar todos los bonos incluidos, me representaba $18,5 millones en tres años.

Le pedí a Jamie que se mudara conmigo. Me dijo que no.

—Esperemos a que lo podamos hacer bien —dijo—. Cuando puedas comprometerte.

El divorcio se estaba dilatando.

MAI YA ESTABA afuera cuando llegamos en nuestro automóvil rentado. Faltaban algunas semanas para la Navidad de 2006. Kyshly y Kelssy se lanzaron del vehículo y corrieron a los brazos de Abuela. Exhalé como si hubiera estado aguantando la respiración durante meses. Necesitaba una dosis de mi casa. Necesitaba oler los flamboyanes y comer bistec con cebollas y ver físicamente a mi padre. Durante meses, se negó a recibir mis llamadas. Si me paraba frente a él no podía evitarme.

Cuando apareció en la puerta, las niñas corrieron hacia él y los tres entraron en la casa. Mai me dio un fuerte abrazo. Me apretó los hombros y dio un paso atrás.

—¿Qué pasa? —pregunté.

—¿Qué pasa con qué?

—No sé. ¿Está bien todo?

—Vamos a entrar tus cosas.

Sacó la bolsa de víveres que yo había comprado en el camino. Llevé las maletas de las niñas. Pai estaba sentado en su silla de costumbre en la sala. Estaba escuchando los cuentos de las niñas sobre el vuelo y la escuela. No se puso de pie ni me miró siquiera.

—Bendición, Pai.

—Dios te bendiga —dijo sin levantar la vista.

Vacilé, esperando más. Pero no dijo nada más. Fui a la cocina a ayudar a Mai con los víveres.

Al día siguiente Pai estaba todavía distante. No me preguntó sobre mi contrato con los Gigantes. No me invitó a ir al bar de Junior Díaz. Me hospedé en un hotel.

Yadier y Cheo vivían a unas diez millas en la misma calle de Mai y Pai, en una comunidad cercada con una separación entre ambos de diez casas. Fuimos a cenar a la casa de Yadier y hablamos de la Serie Mundial y de automóviles y viejos amigos y familiares. Mi nuevo equipo, los Gigantes, estaban programados para jugar contra los Cardenales el primer mes de la temporada. Yadier y yo nunca habíamos jugado en equipos contrarios.

—Trata de sacarme out, porque yo voy a tratar de sacarte out a ti —dije.

—¡No te preocupes! —dijo, como si la idea de llevarme suave nunca le había pasado por la mente.

Él era tan competitivo como cualquiera. Éramos los hermanos más unidos, pero no en el terreno. En el terreno, nuestros compañeros de equipo eran nuestros hermanos.

Esa noche en casa de Yadier, Pai jugó dominó y cargó a las niñas en las piernas. Bebió sus Coors Light como siempre. Pero todavía no me hablaba. Mis hermanos me dijeron que Pai me extrañaba. Dijeron que el hecho de que yo vivía en Arizona en vez de en Puerto Rico con el resto de la familia probablemente no ayudaba a resolver la situación, aunque ellos entendían que no tenía otra alternativa. Allí era donde estaban mis hijas. A lo mejor Pai sentía que vivir en Arizona era una forma de rechazo, y ahora el divorcio era el segundo golpe contra la familia. Cheo y Yadier no tomaron partidos. Ellos querían a Pai y me querían a mí, y sólo deseaban que todo regresara a la normalidad.

Un día en casa de Titi Graciela terminé jugando dominó con Pai, mi primo Ramirito y el hermano de Pai, Tío Tití. Pai no podía evitar mirarme. Incluso hizo algunos comentarios en dirección mía. No era una conversación, pero me estaba divirtiendo. Él estaba ahí.

Lo detuve un día cuando llegaba a la casa del trabajo.

—Pai, nos vamos en un par de días. Siento mucho si te he lastimado a ti o a Mai. Nunca fue mi intención hacerlo. Sé que estás disgustado, pero confía en mí, las niñas están bien. Puedes ver que están bien. Ellas quieren mucho a Jamie.

—No estoy disgustado contigo.

—No me quieres hablar.

—No estoy enojado.

Y se fue.

Cuando llamé la siguiente semana de Arizona, no vino al teléfono. Me sentí decepcionado, pero no destrozado. Había cierto progreso. Tal vez ésa era un prueba. El rechazo de Pai me obligaba a comparar mi necesidad de Jamie con mi necesidad de él. Tal vez, acaso sin darse cuenta, me estaba dando espacio para convertirme en mi propia persona.

Jamie me había estado pidiendo durante un mes que fuera con ella a Cabo San Lucas, México, en diciembre para el viaje anual de la familia. Le dije que no podía. Pero ya tenía mi boleto de avión. La iba a sorprender.

Cuando llegué a Cabo, el empleado de la recepción del hotel llamó a la habitación de Jamie para decir que había una sorpresa para ella en el vestíbulo. Ella se iba a la playa y dijo que la recogería más tarde. No, le dijo el empleado, tiene que recogerla ahora.

Jamie salió del elevador y dio un grito cuando me vio.

—No puedo creer que estás aquí.

Yo había reservado mi propia habitación pero no estaba lista y subimos a la suya para dejar mi maleta.

—¡Estoy ansiosa de que mis padres te vean! —dijo—. Están afuera. Ya estoy tarde para reunirme con ellos.

—Espera.

Saqué de la maleta una nueva tarjeta de memoria para su cámara. (Me había dicho que la de ella estaba llena). Saqué también una pulsera con un delfín. Le encantaban los delfines. Saqué un jersey de Brett Favre, su jugador favorito.

—Gracias —me decía una y otra vez—. Pero hagamos todo esto después. Todos están esperando por mí en la playa.

No pude esperar.

Me arrodillé sobre una pierna y abrí una cajita blanca. Jamie se llevó una mano a la boca. El anillo era simple pero bello: pequeños diamantes en un círculo y dos líneas de diamantes bajando hacia los lados. Yo quería que ella supiera que lo mío con ella era serio y que esperara conmigo a través de lo que se había convertido en un divorcio difícil.

—¿Aceptas casarte conmigo?

—¡Sí, sí!

Estábamos abrazándonos y llorando cuando vimos a la madre de Jamie, Jennifer, cruzando el jardín hacia la puerta corrediza de la habitación de Jamie. Se veía disgustada.

Jamie abrió la puerta.

—Hemos estado esperándote… —Jennifer comenzó a decir.

—¡Mamá! ¡Mira quién nos sorprendió!

El rostro de Jennifer se iluminó y le di un gran abrazo. Brindamos por nuestro compromiso en la piscina con el padre, la hermana y amigos de la familia de Jamie. Era la primera vez que yo pasaba algún tiempo con su familia, excepto en cenas breves después de los juegos.

Su padre y su madre se habían vuelto a casar después de haberse divorciado cuando Jamie era más joven. La familia reunificada estaba más feliz que nunca. Pasamos unos magníficos tres días. Cuando me fui, Jennifer me dijo que nunca había visto a Jamie tan feliz.

Llamé a Mai cuando regresé a Yuma. Sabía que la noticia de mi compromiso no iba a caer bien. Y así fue. Esta vez me sentí aliviado de que Pai no viniera al teléfono. Cuando se lo dije a las niñas, estaban más preocupadas que enojadas o tristes. Su madre y yo habíamos estado separados el tiempo suficiente para convertirse en la norma.

—¿Qué nos va a pasar a *nosotras*? —querían saber.

—Jamie las quiere mucho a ustedes. Somos una familia. Siempre hemos sido una familia. Pero ahora seremos una familia un poquito más grande.

LOS LANZADORES Y receptores reportan al entrenamiento de primavera antes que los jugadores de posiciones. El titular del *New York Times* en enero de 2007: "Tres semanas a lanzadores y a los Molina".

Lo primero que pensé cuando lo vi fue: Tengo que decírselo a Pai. Que vea lo que el nombre Molina ha venido a significar. Entonces me acordé.

Se lo dije a Mai. Sabía que ella se lo diría a Pai, no sólo lo del titular pero también lo que yo había dicho del nombre Molina. Todavía estábamos atados juntos, aunque él me diera la espalda.

La casa club de los Gigantes era como cualquier otra a principios de la primavera: jugadores poniéndose al día en sus conversaciones, el ruido de nuevos bates saliendo de sus cajas, el sonido de grifos y duchas. Mis nuevos compañeros se mostraron amistosos y me hicieron sentir bienvenido, incluyendo al superestrella Barry Bonds, a quien había conocido en el viaje a Japón en 2000. Me abrazó con una gran sonrisa y anunció a los demás: "Este tipo que está aquí es el hombre".

Pero no me tomó mucho tiempo ver las rajaduras y rupturas. Este equipo era Bonds y otros veinticuatro tipos. Bonds se mantenía separado y se consideraba muy por encima de los demás. Yo había tenido una muestra de su personalidad en el viaje de todos-estrellas a Japón. Un día en el ómnibus del equipo, Bonds estaba hablando en voz alta acerca de todas las casas que tenía, los automóviles que tenía, cuánto dinero tenía. Al principio todos lo escuchaban, pero llegó un momento en que era demasiado. Nadie decía nada. Se trataba de Barry Bonds, probablemente el mejor jugador de béisbol. De pronto Gary Sheffield se puso de pie.

—Oye, Barry, ¿por qué no te callas? A nadie aquí le interesa cuántas cosas tienes.

Bonds le gritó a Sheffield y entonces Sandy Alomar le gritó a Bonds. Los dos se conocían desde que sus padres, Sandy Alomar Sr. y Bobby Bonds, habían jugado juntos con los Yanquis en 1975.

—En aquella época te pateaba el culo y te lo pateo ahora también —Alomar le dijo a Bonds.

En la casa club de los Gigantes, Bonds era dueño y señor. Nunca había visto nada parecido. No había mucho que el nuevo mánager de los Gigantes, Bruce Bochy, pudiera hacer. Todos los discursos entusiastas del mundo no iban jamás a convertir el equipo de Barry Bonds en algo que tuviera sentido de unidad.

Me lancé a trabajar duro para ayudar a los lanzadores jóvenes de los Gigantes, especialmente el novato con cara de niño llamado Tim Lincecum. Timmy, seleccionado en la primera vuelta del reclutamiento, parecía un cargabates —cinco pies, once pulgadas de estatura y a lo mejor 160, 170 libras de peso— pero lanzaba como Sandy Koufax. Tiraba 95 millas por hora y tenía un gran cambio, una curva rápida y una curva. Pero lo que lo hacía tan bueno, al menos en parte, era que creía que nadie le podía batear. La gente empezó a llamarlo "La Franquicia".

—Este chico va a ser increíble —le dije a Jamie por teléfono una noche— cuando sepa de verdad lo que está haciendo.

Se convirtió en mi pequeño hermano en la casa club. Escuchaba todo lo que le decía. Nunca me cuestionó en un juego. Era introvertido y humilde, especialmente para alguien con un talento tan extraordinario y que se estaba haciendo tan popular en San Francisco que a duras penas podía salir de su apartamento sin atraer una multitud.

Todos los días me enfrascaba en una conversación tranquila en la casa club o en el banco con un jugador u otro, no sólo con Timmy, alentándolos en una racha mala, sugiriéndoles determinada tácticas con un lanzador contrario. Según avanzaba la temporada, me sentí que era una especie de eco de Pai: "Piensa sólo en el día de hoy". "No trates de hacerlo todo solo. Tienes un equipo entero aquí contigo". "Simplemente sigue esforzándote todos los días. Al máximo, todo el tiempo. Vas a tener un gran giro. Eres demasiado bueno para que no lo logres".

Pero no podía encontrar la arenga que se suponía usara conmigo mismo cuando perdíamos otro juego. Cada vez que perdíamos —hasta cuando estábamos a diecinueve juegos del primer lugar— me producía una herida nueva. Uno pensaría que después de todos estos años habría escuchado mis propios consejos: no pienses más en eso, mañana será otro día. Pero me desplomaba en la silla de mi vestidor, sin bañarme, enojado, frustrado, miserable.

Cuando Jamie estaba en la ciudad, me esperaba en el salón de las familias frente a la casa club. Cuando yo salía, ella era la única que quedaba. Caminábamos hacia el apartamento que había alquilado cerca del estadio. Jamie todavía vivía en Los Ángeles, trabajando free-lance. Pero me visitaba cada vez que podía.

—No te preocupes más —me decía cuando yo no cesaba de hablar sobre el juego perdido y mis errores detrás del home.

Cocinaba algo, entonces me convencía a que jugara maratónicos juegos de dominó o de Boggle. Me mataba en Boggle, ganando treinta por siete o diez. Pero en cada juego, yo siempre pensaba que iba a ganar. Hasta que, tarde en la noche, mi mente se había calmado lo suficiente para dormir.

Llegaba al terreno al día siguiente convencido nuevamente de que íbamos a ganar. No tenía paciencia ni sentía respeto hacia los tipos que no lo estaban. A algunos habían dejado de importarles los juegos perdidos. Sólo querían aumentar sus propios números. Perder era suficientemente malo, pero ¿perder así, sin importarle el equipo? Confronté a varios de los peores indiferentes, pero nada cambió. Cuando me ponía mis protectores y mi careta, sentía más que nunca que eran como una armadura. A veces no sabía si estaba combatiendo al equipo contrario o al mío.

EL DIVORCIO SE había puesto más feo aún, con batallas demoledoras y exhaustas cada momento. Pero me sentía feliz. Me encantaba estar con Jamie. Me encantaba verla revoloteando por el apartamento limpiando esto y aquello mientras yo luchaba con ella porque no se sentaba. A mí no me interesaba ir a bares o reunirme con otros jugadores. No había un lugar en que yo me sintiera mejor que en la casa con ella, conversando, jugando Boggle, viendo televisión, cenando. Por lo que me sorprendí un día.

—Me estás eliminando —me dijo.

—¿Qué? No, no es cierto. Es que estoy cansado.

—Estás deprimido. Extrañas a tu padre. Eso te está matando, Bengie. Tú lo sabes. No puedes dejar que eso siga como está.

—¿Qué voy a hacer? No me quiere hablar.

—Llámalo de todos modos y sigue llamándolo. Si no sabes qué decirle, háblale de béisbol. Hazle preguntas de cuándo él jugaba.

Jamie tomó una hoja de papel.

—Escribe varias preguntas.

—No las va a responder.

—Escribe.

Me senté a la mesa de la cocina.

¿Cómo era todo cuando Roberto Clemente y Orlando Cepeda jugaban?

¿Qué hacías para salir de una mala racha?

¿Cómo dirigías al equipo cuando eras una persona tan callada?

¿Por qué no jugaste en las Grandes Ligas?

Escribí páginas llenas de preguntas.

Al día siguiente, llamé. Mai contestó. Me puso al día en las noticias, y le pregunté si Pai podía venir al teléfono.

—Me dijo que te saludara.

—Dile que quiero hacerle algunas preguntas.

—Mi hijo, deja eso. Ya se le pasará.

Una noche en Colorado, durante la primera semana de septiembre, reaccioné mal y violé una de las reglas de oro de Pai. Después de perder desastrosamente un juego, el cuarto consecutivo, critiqué a mis compañeros de equipo en la prensa. No mencioné nombres. Tuve cuidado en eso. Pero en todo lo demás solté una diatriba como nunca antes lo había hecho.

"Es una vergüenza por lo que estamos pasando en este momento, perdiendo tantos juegos, en último lugar", le dije a los reporteros. "Estamos aquí para ganar. No estamos aquí para ser parte de un club social y pasar el tiempo sólo para que nos paguen. Al menos yo no vine aquí para eso. Yo no vine aquí para perder.

"La gente tiene que entender que, si uno sólo piensa en sí mismo y sus propios números y no los del equipo, uno no va a tener un año muy bueno. En cambio, si uno juega para el equipo, para ganar, los números propios van a ser mejores. Si tenemos gente aquí que lo que les preocupa es que le paguen o que se sienten felices de estar aquí pero no les preocupa ganar o no, están en el equipo equivocado. O yo lo estoy.

"Tenemos un dicho en Puerto Rico: 'Yo añado mi pequeña pieza al rompecabezas'. Lo que hago en el terreno es mi pieza. Pero no puedo llevar el equipo en hombros. Como tampoco puede hacerlo Barry Bonds. O Ray Durham, nadie. Esto hay que hacerlo todos juntos.

"Cada uno tiene que salir al terreno entre esas líneas y respetar el juego. Estar ahí durante tres horas y media y respetar a sus compañeros. Eso es lo más importante aquí, respetar a sus compañeros y romperse el trasero esforzándose durante nueve innings. Si nos ganan, salimos con la cabeza en alto. Pero si uno mismo pierde o no sale con la energía o el deseo apropiado, si uno sale sólo para que le paguen, es difícil para los demás".

Después, camino a mi casa, sabía que mis compañeros podrían enfadarse cuando leyeran el periódico por la mañana. Tal vez hasta el propio Boch se enojaría. No pude quedarme dormido hasta que el sol empezó a salir. Por la tarde, cuando llegué a la casa club, sólo había un jugador que se había sentido ofendido: Bonds.

Esa noche salimos de nuestra racha de pérdidas. Después del juego, Mike Murphy, el administrador de nuestra casa club, me entregó una pelota.

—¿Y esto qué es?

—Tu jonrón número cien.

—¿De veras?

Ni me había dado cuenta.

Bonds había bateado su jonrón número 762 esa noche también, por lo que ningún reportero preguntó por mi pequeño logro. Pero esa pelota significó tanto para mí como cualquiera de los récords de Bonds. Cien jonrones en las Grandes Ligas cuando yo no podía ni batear una pelota hacia la loma del Parque Maysonet.

Tenía que llamar a Pai, aunque sabía que era posible que no viniera al teléfono. Por suerte, respondió.

—Pai, bateé mi jonrón número cien hoy.

—Oye, eso es increíble. Felicidades.

—Ahora nada más me faltan seiscientos sesenta y dos para empatar con Bonds. Creo que puedo alcanzarlo.

Pai dejó escapar una pequeña risa. El hielo se estaba rompiendo.

Faltando unos pocos juegos para terminar la temporada, Bochy me llamó a su oficina.

—Felicidades, Big Kahuna, ganaste el Premio Willie Mac.

Con el nombre del adorado jugador de los Gigantes y miembro del Salón de la Fama Willie McCovey, el premio se lo daban al jugador más inspirador del equipo por votación de jugadores, coaches y el grupo de entrenamiento.

Mi Guante de Oro de 2003 había sido por votación de los medios de prensa. Esto era diferente. Esto venía de la gente más cerca de mí, que me conocía mejor que nadie. No podía sentirme más honrado.

Al terminar la temporada, Yadier logró un contrato de varios años con los Cardenales. Al día siguiente, llevó a Pai a una agencia de Toyota.

—¿Para qué me traes aquí? No necesito un automóvil. Ya tengo uno.

—Esto es para que te sientas más cómodo yendo al trabajo.

—No me hace falta.

—Lo estoy comprando.

Pai estacionó su FJ Cruiser 4x4 SUV frente a la casa y lo dejó allí durante un mes, todavía con el plástico sobre los asientos y las viseras.

Mai me llamó para decirme que le estaban dando una fiesta sorpresa a Yadier para celebrar su nuevo contrato. Que si yo quería ir. Sabía que Kelssy y Kyshly no podían faltar a la escuela y yo no quería ir sin ellas. Me iba a separar de ellas otra vez bien pronto para el entrenamiento de primavera. Le dije a Mai que no podía ir pero que estaría pensando en ellos.

Pocos días después de la fiesta, conversé con un amigo de Puerto Rico que había estado allí.

—Si hubieras oído lo que dijo tu padre.

Pai hizo un brindis.

—Estoy orgulloso de mis hijos. Estoy muy feliz por lo que han llegado a ser. Sólo nos falta uno aquí. Mi hijo mayor, Bengie. Lo estamos extrañando. ¡Pa'l carajo con él!

Eso me destruyó. Yo habría estado allí si hubiera sabido lo importante que era para Pai. Habría hecho lo que fuera. Lo habría dejado todo.

Inmediatamente llamé a Mai y a mis hermanos para disculparme.

—Yo no sabía… —dije.

Yadier dijo que no recordaba lo que Pai había dicho. Cheo dijo que Pai había bebido demasiadas cervezas. Mai dijo que no me preocupara, todo estaba bien.

Yo sabía que no estaba bien. Sabía que Pai pensaba que yo era desleal, que no ponía la familia primero. Para Pai, ése era el peor de los pecados. Todo era confuso. Yo *estaba* poniendo la familia primero. Había escogido a mis hijas en lugar de una fiesta. No sabía qué estaba bien o mal con él. No sabía cómo hacerlo feliz. Tal parecía que no podía ganar.

EL EDIFICIO DE apartamentos de Jamie en Los Ángeles estaba haciendo una conversión a condominios. Tenía que comprar uno o mudarse. Le dije que era el destino diciéndole que era hora de que estuviera conmigo. En febrero de 2008, justamente antes del entrenamiento de primavera, Jamie mudó sus cosas a mi casa en Yuma. En San Francisco durante la temporada, alquilamos una casa en el Distrito Marina con vista a la bahía y al Puente de la Puerta de Oro. En julio, en las vacaciones de las niñas de la escuela, Jamie viajó por avión de San Francisco a Yuma, recogió a las niñas en el aeropuerto y regresó con ellas a San Francisco. Kyshly tenía trece años y Kelssy nueve, aún demasiado jóvenes para viajar por avión solas.

Los cuatro pasamos un tiempo fenomenal juntos. Fuimos a esquiar a Yerba Buena, volamos cometas en Marina Green, alquilamos pequeños Go-Cars en el Wharf y los condujimos —Jamie y Kyshly en uno, Kelssy y yo en el otro —hasta la base del Puente de la Puerta de Oro (donde vimos un delfín en la bahía), a través del Presidio hacia Baker Beach y Sea Cliff. Comimos crema de almejas en platos de pan en Fisherman's Wharf. Fuimos al museo Créalo o No Lo Crea de Ripley, compramos souvenirs. Kelssy escogió una chaqueta de Paciente Ambulatorio del Manicomio de Alcatraz. Nos reímos tanto que nos dolía la cara. Caminamos a nuestro Samoyed de diez meses, Chico, en Crissy Field y jugamos fútbol. Por la noche, cuando yo llegaba del estadio, jugábamos Scrabble, Boggle o Rummy. Observaba a las niñas con Jamie y pensaba que si Pai pudiera verlas juntas aunque fuera un fin de semana, toda esa preocupación que llevaba en el corazón desaparecería. Recuperaría a mi padre. Pero se negaba a visitarnos, a pesar de las veces que Mai se lo pedía.

Después de que Barry Bonds se fue en 2008, había un ambiente más relajado en la casa club. Pero su salida dejó un agujero enorme en la alineación. Ahora alguien tenía que ser el cuarto bate. Bochy hizo una selección poco probable.

Me escogió a mí.

Boch, que había sido también receptor, se aseguró de que yo estaba consciente de que mi tarea número uno era manejar al increíblemente joven e increíblemente talentoso grupo de lanzadores. Tim Lincecum. Matt Cain. Jonathan Sánchez. Brian Wilson. Casi de la noche a la mañana, cambiamos de ser un equipo bateador a un equipo de pitcheo.

A finales de mayo, siete semanas después de haber comenzado la temporada, entré en un racha buena de bateo. Había tenido otras rachas buenas, pero nunca como ésa. En un doble juego en Miami, bateé de 7-6 con cuatro dobles y cinco carreras impulsadas. (Y ese día jugué dieciséis innings como receptor). Bateé .652 esa semana y fui nombrado el Jugador de la Semana de la Liga Nacional, que incluía un reloj conmemorativo. Mai me felicitó cuando lo leyó en el periódico.

—¿Pai lo sabe?

—Estoy segura que sí. Él lee el periódico. Pero no está aquí ahora.

Llamé más tarde y él respondió.

—Bendición.

—Dios te bendiga.

—Pai, ¿lo viste?

—Qué serie tuviste en Miami.

—Sí, todos los batazos fueron buenos.

—¿Te fijaste en algo? La mayoría de esos hits fueron entre el jardín derecho y el jardín central.

Me reí.

—Lo que tú siempre me decías. ¿Ves? Te hice caso.

—Felicidades por el reloj. Te pongo a Mai.

La conversación había terminado.

Cuando empezó la escuela en agosto, las niñas visitaban San Francisco los fines de semana si los Gigantes jugaban en su propio terreno. Venían en avión con Jamie o con nuestra amiga Angie. El resto del tiempo estaban en Yuma con su madre. Una de las cosas negativas del béisbol es estar separado de la familia. Es algo a lo que uno nunca se acostumbra.

Cuando comenzó septiembre, tenía las manos como las solía tener al final de la temporada, como si pertenecieran a dos personas diferentes. Los dedos de la mano del guante eran una vez y media más gruesos que los de la mano de tirar, y tenían diferente color, más morados que carmelitas. Los nudillos parecían nudos deformados de un árbol. Dos de ellos estaban fracturados, pero debían esperar a que terminara la temporada para curarse, no que tuvieran mucho remedio. Sólo había que dejarlos tranquilos.

El estrago causado por otra temporada me recordó cuánto tiempo había pasado. Había estado ya con los Gigantes casi dos años y mi padre todavía no me había visto jugar.

La siguiente semana Mai llamó para decir que iba a San Luis para ver a Yadier y que entonces quería visitarme a mí durante la última parte de la temporada de los Gigantes contra San Diego y Arizona.

Y otra cosa más. Pai venía con ella.

UN EMPLEADO DE la aerolínea llevó a Mai en una silla de ruedas hacia el área de reclamar equipaje en el Aeropuerto Internacional de San Diego. Tenía las rodillas malas, los pies malos y un talón malo, por lo que usaba un aparato de metal en el pie. Vitín le había puesto el apodo de Ferretería. Pai venía unos pasos detrás de ella. Hacía casi dos años que no lo veía. *Dos años.* A su edad de cincuenta y ocho años, todavía tenía el pecho como un barril y lucía regio.

Jamie sabía que yo estaba nervioso. Me apretó la mano.

—Tu padre es un hombre bueno y te quiere mucho —me dijo—. Esas dos verdades prevalecerán.

Saludé con la mano, pero Pai no me vio. Mai sí y su rostro se iluminó con su sonrisa ligeramente torcida, los ojos arrugados y las mejillas rosadas. Cuando ella saludó con la mano, Pai miró hacia nosotros e hizo un gesto con la barbilla.

—¡Bengie! —Mai dijo cuando llegó donde estábamos nosotros. Se levantó de la silla de ruedas y extendió sus gruesos brazos.

—Bendición —dije, abrazándola. Yo tenía la garganta seca y mis ojos húmedos. Los había extrañado tanto.

—Bendición, Pai. Gracias por venir.

—Dios te bendiga.

Me abrazó fuerte. Apreté los ojos para que las lágrimas dejaran de caer. Di un paso atrás y le puse el brazo sobre los hombros a Jamie. *Ésta es la persona que ha cambiado mi vida. Ésta es la persona que me quiere y consiente a tus nietas. Ésta es la persona que completa mi familia.* Eso era lo que quería decirle.

En cambio, lo que dije fue: —Ésta es Jamie, mi prometida.

Mai sonrió y extendió la mano y Pai también. No hubo abrazos.

—Un placer —dijo Jamie en español, desplegando su sonrisa de mil vatios. Había tomado clases de español preparándose para conocer a mi familia.

Nos detuvimos en Denny's camino al hotel. Pai hizo un gran show de robarle papitas fritas a Mai de su plato, mortificándola de que estaba comiendo mucho. Mai le pegó una palmada en la mano y lo amenazó con pincharlo con un tenedor la próxima vez. Jamie se rió y me lanzó una mirada divertida; ésta era la rutina entre Mai y Pai de la que había estado oyendo todos estos años. Excepto que Pai no estaba solamente relajado y cómico, sino que estaba casi eufórico. Nunca lo había visto tan animado. No cesaba de sonreír. Imagino que Jamie no resultaba ser el ogro del que había oído hablar los últimos dos años. E imagino que se sentía tan feliz y tan aliviado de verme como yo lo estaba de verlo a él.

Habíamos hecho arreglos para que Kyshly y Kelssy vinieran en automóvil de Yuma con nuestros amigos José y Angie y su hija Cristina. Ellas no sabían que *guelo* y *guela* estarían esperándolas. Mai se escondió detrás de una butaca en la habitación del hotel. Pai se escondió en un clóset. Cuando las niñas llegaron, nos abrazaron a Jamie y a mí. Entonces Mai y Pai aparecieron de pronto y Kyshly y Kelssy corrieron a los brazos de sus abuelos dando gritos. Se habían visto cinco semanas antes en una visita a Puerto Rico con su madre. Su cariñosa relación era fuerte y no se había visto afectada por la frialdad entre Pai y yo.

Enseguida Kyshly se sentó en el sofá entre Mai y Jamie, y Kelssy se reclinó sobre mi padre en una butaca. Mis ojos se humedecieron otra vez. Al fin, las personas que más quiero, todas juntas en el mismo lugar.

En el juego esa noche, Kelssy estuvo varios innings sentada sobre las piernas de Jamie. Aunque sólo tenía nueve años, era casi tan alta como Jamie. "¡La vas a matar, Kelssy!" había dicho Pai. Él veía cómo las niñas se colgaban de Jamie y cómo ella les cepillaba el pelo y las protegía contra los batazos de foul y se aseguraba de que comieran algo que no fueran perros calientes y churros. Cómo bromeaba con ellas por no querer ir a ninguna parte a menos que Jamie las llevara de las manos.

Pasamos tres días juntos en San Diego. Las niñas le tiraron fotos a Pai en una bata de baño de peluche con los enormes espejuelos de juguete de Kelssy enganchados en la nariz. Él cantaba con ellas su música de salsa favorita por una botella de salsa de tomate del servicio a la habitación y bailaba en todo el cuarto con las niñas bailando y riéndose con él. Se ponía en cuatro patas y las niñas se montaban sobre él como si fuera un caballo. Estaba gentil y juguetón, una fase suya que raramente había visto en mi infancia. Era como si finalmente nos hubiéramos convertido en lo que queríamos uno del otro: Yo me había convertido en la clase de líder y guerrero en el terreno que él siempre había esperado de mí; mientras que él se había vuelto más suave y amoroso, cualidades que había buscado en él cuando era niño.

Jamie se anotó puntos con Pai buscándole paquetes de seis cervezas Coors Light.

—Sólo una más —decía Mai—. Estás tomando demasiado.

—¿Quién eres tú para decirme? Me voy a tomar todas las que quiera.

Mai volteaba los ojos. Nos quedábamos despiertos hasta muy

tarde conversando, recuperando el tiempo perdido. Pai contó un cuento de cuando tuvo que comparecer en la corte unas semanas antes. "No importa la razón", nos advirtió antes de que preguntáramos. Vitín estaba manejando y, en el camino, Pai le dijo que había un problema. Sabía que el juez esperaba que él le mostrara su licencia de conducción.

—Le dije a Vitín que no tenía licencia. Nunca la había tenido. Vitín no lo podía creer y me dijo: "¿Tú has estado conduciendo sin licencia todos estos años?"

Pai se rió.

—Era cierto. Entonces le pregunté a Vitín: "¿Qué voy a hacer?" Él llamó a alguien que conocía en el Departamento de Vehículos. Fuimos allá, pasé el examen y me tomaron la foto. Cuando me entregaron la licencia, la tomé en la mano y la besé.

Pai hizo como si estuviera besando la licencia.

—¡No te había visto en cincuenta y ocho años! —le dije.

Mai negó con la cabeza, burlándose.

—Tú tenías licencia.

—¿Quién está contando el cuento, tú o yo?"

Durante la cena una noche, Pai dejó caer un anuncio en la conversación.

—Me voy a retirar a fines de año. Puede que me vean más a menudo.

—¡Al fin! —dije—. Mai y tú se pueden quedar aquí un mes. ¿Por qué no?

Podríamos recuperar el tiempo perdido. Podríamos regresar a la normalidad. Podría hacerle todas mis preguntas.

—Vamos a ver —dijo Pai—. Todavía tengo la Liga de los Pañales —añadió, refiriéndose a su equipo de chicos de nueve y diez años.

—Deja que otro se haga cargo. Le has dedicado mucho tiempo, Pai. Debes descansar.

—¿Qué? ¿Y andar merodeando por la casa? —dijo Mai.

Antes de irnos de San Diego, mi amigo José me llamó a un lado.

—Tu papá acaba de decirme algo.

—¿Qué?

—Me dijo: "Ahora sí estoy bien. Ahora estoy perfecto. Puedo irme a casa en paz".

—¿De verdad?

—Dijo: "Veo como las niñas son con Jamie. Sé que están bien".

Exhalé profundamente. Él las vio al fin.

Tuvimos un día libre entre la serie en San Diego y la serie contra los Diamondbacks en Arizona. Así que fuimos en automóvil a Yuma con Jamie, Pai y Mai y las niñas. Nunca había oído a Pai hablar tanto como lo hizo en aquel viaje. Nos detuvimos en la casa para que Mai y Pai pudieran verla, pero ellos siguieron con las niñas a pasar la noche con mi ex. Al día siguiente, Jamie y yo recogimos a Mai y Pai, nos despedimos de las niñas y condujimos hacia Phoenix.

Me ponché tres veces frente al lanzador Brandon Webb, ganador del premio de pitcheo Cy Young.

—¡No sé cómo no le puedes batear a ese tipo! ¡Yo podría batearle a mano limpia! —Pai dijo en el hotel más tarde—. ¿Por qué insistes en halar la pelota? Por eso es que te ponchas. Nunca confías en las manos. ¡Batea hacia el jardín derecho! ¡Allí es donde está tu fuerza!

Jamie llegó con un paquete de seis cervezas Coors Light. La cerveza lo mantenía hablando. Yo escuchaba feliz.

Más tarde esa noche, Jamie me contó acerca de Pai y el hijo de uno de mis compañeros de equipo. Mai, Pai y Jamie estaban esperando en el vestíbulo de relaciones con los invitados a recoger sus entradas para el juego. También estaban esperando a la esposa de Jack Taschner y su hijo de tres años, Gradin, que tenía un guante y una pelota Wiffle de plástico. Pai no hablaba inglés y Gradin no hablaba español. Pai se puso en cuclillas como un receptor y alzó las manos. El pequeño Gradin hizo su movimiento de pitcheo, que completó con una patadita, y disparó la pelota. Pai se sacudió la mano como si la pelota hubiera estado hirviendo y se la hubiera quemado. Se puso de pie y gentilmente le enseñó al niñito cómo agarrar la pelota. Gradin acomodó sus gruesos deditos como Pai le había enseñado y se echó atrás para realizar un lanzamiento tras otro. Ni una sola palabra intercambiaron. Solamente lanzamientos y un receptor recibiéndolos.

—Nunca había visto una sonrisa tan genuina en un hombre —dijo Jamie—. Estaba completamente feliz jugando a tirar y coger con ese niñito. No intercambiaron palabras. Sólo béisbol.

Mai y Pai se fueron al día siguiente. Habíamos estado juntos diez días. Jamie y yo le regalamos una pulsera a Mai, un reloj y algunas blusas elegantes y llenamos una maleta con ropa y zapatos nuevos para Pai. En el aeropuerto, Jamie los abrazó y ellos la abrazaron a ella.

Le dije a Pai que lo quería mucho y le di las gracias por venir. Le dije que se cuidara y cuidara a Mai.

—Dios te bendiga —me dijo, dándome un abrazo.

Su versión de "yo también te quiero".

Él y yo habíamos encontrado otra vez nuestra conexión. Éramos diferentes de lo que habíamos sido dos años antes. Ahora habíamos conectado como hombres. Ya yo no necesitaba estar siempre sobre sus hombros y él ya no necesitaba llevarme cargado.

Esa noche, en nuestro último juego contra los Diamondbacks, me tocó batear en el octavo inning. Estábamos perdiendo 2-1. Juan Cruz, uno de los mejores relevos de los Diamondbacks, estaba en el montículo. Las palabras de Pai todavía resonaban en mis oídos: *Hacia el jardín derecho, el jardín derecho.* Esperé por el lanzamiento que quería.

Jonrón sobre la cerca del jardín derecho.

Se empató el juego, aunque luego perdimos en el noveno.

Llamé a Pai al día siguiente. Estaba en el bar de Junior Díaz, pero Mai se aseguró de que me llamara de vuelta tan pronto llegara.

—¿Qué tienes para mí, mi hijo?

—Quiero que sepas que bateé un hit al jardín derecho, una línea a segunda y un jonrón sobre el jardín derecho.

—Nunca tuve dudas sobre ti. El jardín derecho es tu zona de poder.

—Había estado en mala forma por un tiempo.

—Cuando tengas una mala racha, simplemente piensa en el día de hoy como si fuera el primer día de una nueva temporada.

Podía haber estado hablando de él o de mí. Era una nueva temporada entre nosotros. Habíamos dejado todo lo malo detrás. Al fin había recuperado a mi padre.

QUINTA PARTE

EMPUJÉ MI TELÉFONO más profundamente en el bolsillo para no oírlo sonar. Nada iba a interrumpir mi día en Legoland con Jamie y las niñas. Ahora que se había terminado la temporada, yo era todo de ellas. Nada de béisbol. Nada de agentes. Ninguna distracción. Cuando el teléfono siguió sonando una segunda y una tercera vez, lo saqué del bolsillo para ver quién era.

Mi primo Ramirito.

—Ramirito, estoy con...

—¡Tu papá se cayó y se dio un golpe en la cabeza!

—¿Qué?

Antes de que él pudiera responder, el teléfono volvió a sonar.

Yadier.

Colgué con Ramirito.

—Yadier, ¿qué está pasando? ¿Pai está bien?

Oí llanto atragantado, gritos y luego un golpe como un puñetazo atravesando una pared. De pronto Vitín estaba en la línea.

—¿Qué pasó? —dije saliéndome de la cola con el corazón latiéndome a toda velocidad—. ¿Dónde está Pai?

—Bengie, tu papá está herido y con mucho dolor.

Oía el esfuerzo en cada palabra que decía, como si estuviera hablando un idioma extranjero.

—Es mejor que hagas arreglos para venir a Puerto Rico.

Pai se había caído en el terreno, dijo. Su liga infantil. Tal vez un ataque al corazón. O su cabeza. Estaba con los médicos en la sala de emergencia.

Jamie ya había sacado a las niñas de la cola, y cuando salí corriendo hacia la salida, ellas comenzaron a correr para alcanzarme, diciéndome que esperara. Quioscos de palomitas de maíz. Un cono de helado en el piso. Cartones con personajes de Lego: un cocinero, un pirata. La salida. El estacionamiento. ¿Dónde estaba el automóvil?

—¡Bengie!

Jamie me agarró por el brazo. Kyshly y Kelssy, sudando y faltándoles el aire, me miraban como si me hubiera vuelto loco.

Volvió a sonar el teléfono. Cheo.

—¿Sabes algo? —pregunté.

Yo sabía que él todavía estaba en Nueva York, recién operado de la vista después de su temporada con los Yanquis. Pero en vez de Cheo, era mi cuñada, Yalicia, llorando.

—Tu papá acaba de morir.

Los rayos de sol se me metieron en los ojos. Las rodillas se me desplomaron. Sentí el metal caliente de una baranda de metal debajo de mi mano.

—¿Qué es? —preguntaba Jamie—. ¿Qué ha pasado?

Me doblé, sintiendo que iba a vomitar. Pero lo que salió fue un grito.

—¡Papá!

Las niñas estaban llorando. Nunca me habían visto así.

—*Guelo* —les dije, atragantándome la palabra—. *Guelo* murió.

Las caras de las niñas se retorcieron como si les hubiera dado un bofetón. No recuerdo mucho más. Los detalles —empacando, saliendo del hotel, reservando un vuelo— desaparecieron en la niebla de ese día y esa noche. Jamie lo hizo todo. Llegamos a San Juan tarde la mañana siguiente, todavía vistiendo nuestra ropa de Legoland.

Era domingo por la mañana y La Número Dos estaba vacía. Pero cuando doblamos hacia Kuilan, un policía estaba de pie al final de la calle desviando el tráfico. Bajé la ventanilla del asiento del pasajero de nuestro vehículo rentado.

—Oh —dijo el policía, reconociéndome—. Muchas personas están viniendo a ver a tu mamá.

Los vehículos se alineaban a ambos lados de la calle, algunos subiéndose a la acera, con guardafangos saliéndose del camino. La gente caminaba por la calle y avanzábamos pulgada a pulgada, deteniéndonos para aceptar condolencias por la ventana abierta. Los conocía a casi todos: primos, vecinos, antiguos compañeros de equipo, compañeros de trabajo de Pai, amigos del bar de Junior Díaz, padres de jugadores de Pai, antiguos condiscípulos míos y de mis hermanos.

—¿Esto es todo por *guelo*? —preguntó Kelssy.

—Creo que sí, mama —dije.

Estoy en Dorado, me dije a mí mismo. En Espinosa. En Kuilan. Pai ha muerto. No puede haberse muerto. Lo acabábamos de ver.

Le había encantado Jamie. Éramos una familia otra vez. Teníamos planes.

No había automóviles frente a la casa de Mai y Pai. Había obreros levantando la estructura de una carpa enorme.

Mai estaba sentada como una muñeca de trapo en su silla de la sala, pero tenía la cara amplia y tranquila. Sus hermanos y hermanas, y los hermanos y hermanas de Pai, y más un centenar de otras personas, parecían llenar cada pulgada de la pequeña casa y los que no cabían se derramaban hacia la marquesina y el patio lateral y hacia la calle en ambas direcciones. Todavía no eran ni las diez de la mañana.

Mai se sonrió cuando me vio.

—Mai, cómo me duele esto —le dije, inclinándome para abrazarla. Sepulté la cabeza en su cuello y empecé a sollozar.

—Mi hijo, él está descansando en este momento. Tenemos que ser fuertes unos con otros. Yo estoy bien —dijo—. Tú necesitas estar bien.

Las palabras sonaban como una grabación, casi robótica pero a la vez clara y estable. Gladys Matta estaba fuerte y quería que los demás pensaran que ella estaba bien. Pero yo sabía que ella estaba destrozada. Las niñas se lanzaron a los brazos de su *guela*. Mai se las subió en las piernas. Cuando vio a Jamie de pie en la puerta, le hizo una seña de que se acercara. Jamie juntó su rostro al de Mai, envolviendo a mi madre y mis hijas en un abrazo.

Una tras otra, mis tías y tíos me abrazaron. Lloraban por mi padre y también por mi regreso a casa. Yo había faltado dos años.

Cuando Yadier llegó, el sol había subido lo suficiente para penetrar a través de las rejas de celosía, convirtiendo la repleta casa de Mai en un baño abrasador. Yadier lucía horrible. Tenía el rostro manchado e hinchado. Nos dimos un fuerte abrazo. Cheo no llegaría hasta la mañana siguiente.

—No puede ser, Yadier —dije—. ¡No puede ser! ¡Esto no puede estar ocurriendo!

Después de que Yadier recorrió la sala, abrazando a todos, Jamie, él y yo cruzamos la calle hacia el terreno de béisbol con un amigo que había estado allí cuando Pai se había desplomado. En la calle, los obreros estaban colocando un enorme aparato rectangular de aire acondicionado a un costado de la carpa blanca. Filas de sillas móviles se estaban descargando de un camión. Mai me dijo que se había hablado de tener el velorio para Pai en la funeraria en Vega Alta al lado de la escuela primaria. Pero ella sabía que tenía que ser aquí, en el sitio donde Pai había cruzado millones de veces con su bolso lleno de pelotas y bates. Aquí era donde había vivido, en el encuentro entre béisbol y familia. Y era aquí donde había dado sus últimos pasos.

Pai había cruzado la calle llevando pelotas nuevas para el segundo de un doble juego con su equipo de niños de nueve y diez años. Mai dijo que había abierto la puerta de afuera y que lo había llamado.

—¿Te tomaste las pastillas?

—¡Después! —gritó de vuelta. Pai tenía la presión arterial alta.

Uno de los padres de los jugadores estaba echando cal en el cajón de bateo cuando Pai se asomó a través de la cerca detrás del home.

—Tú arreglaste todo el terreno —el hombre le había dicho, protestando cuando Pai se ofreció para hacerse cargo—. Déjame hacer esta pequeña parte. Ve a tomarte una cerveza.

Pai había sonreído y metió las pelotas nuevas en una abertura de acero doblado que había en la cerca, donde los árbitros pudieran cogerlas fácilmente. Continuó hacia las gradas de cemento junto al banco de primera base, donde los padres y vecinos se estaban acomodando.

—Estaba parado aquí mismo —nuestro amigo dijo, guiándonos hacia la base de las gradas.

Lo imaginé allí, charlando con los padres mientras sus chicos se tiraban pelotas en el terreno detrás de él, esperando que el juego comenzara.

—Hilda —Pai le había dicho a una de las madres—, ¿cómo ves esas líneas entre las bases?

—Muy bonitas y bien hechas —había dicho ella.

Pai se volvió hacia el terreno, acaso para ver a sus jugadores, o ver las líneas del cajón de bateo. Imaginé a los padres abriendo latas de refrescos y cervezas y dándoles dólares a sus hijos para comprar algo en el quiosco de ventas. En la calle, los vehículos estarían andando sin prisa, gente regresando a sus casas de la lavandería o de sus compras de sábado, reduciendo la velocidad para gritarles a amigos que veían en el estadio.

Todos decían que había sido un día perfecto para béisbol. El cielo azul. El terreno seco. Una brisa ligera. Como ahora. Miré hacia el terreno de Pai. Las hojas más altas de las matas de flamboyán y tamarindo ondeaban en los jardines como banderas.

Nuestro amigo describió lo que ocurrió.

Pai de repente se agarró de la cerca. Entonces se agarró el pecho y cayó de espaldas. La base del cráneo golpeó la primera fila de las gradas. Y se desplomó.

La gente comenzó a gritar y a bajar las gradas corriendo. *"¡Benjamín!"* Pai no respondía. Le salía espuma por la boca. *"¡Alguien llame al 911!" "¡Benjamín!"*

Mai oyó los gritos y cruzó la calle a toda prisa. Se puso las manos en la cabeza cuando la multitud se separó y vio a Pai.

—¡Benjamín! ¿Dónde está la ambulancia?

Alguien había entrado un SUV en el área de las gradas. La decisión al parecer había sido de transportar a Pai hacia el hospital en vez de esperar por una ambulancia. El ex jugador de las mayores Luis Figueroa se subió al asiento trasero y llevó el cuerpo rígido de Pai cargado sobre las piernas. Mai iba en el asiento delantero con las manos aún en la cara, mientras Luis oía el ruido del corazón acelerado de Pai.

—Benjamín —seguía diciendo Luis—, aguanta. Vas a estar bien.

Entonces oyó un sonido en el pecho de Pai que luego describió como "un pequeño chasquido". El cuerpo de Pai se volvió flácido y el corazón no hizo más ruidos.

Ni Yadier ni yo hablamos mientras oíamos a nuestro amigo. Entonces Yadier nos dijo que había visto a Pai esa mañana. Era pura casualidad que Yadier estuviera en Puerto Rico. Su esposa y él habían estado empacando la casa que tenían en San Luis al terminar la temporada.

—El vuelo nuestro no se suponía que llegara hasta hoy —dijo.

Pero el papá de ella se había enfermado y Yadier había estado buscando una excusa para regresar a la isla más temprano. Estaba ansioso de que Mai y Pai vieran a su nieto más joven, Yanuell, que tenía cinco años. Así que salieron de San Luis el viernes con la idea de sorprender a Mai y Pai esa noche. Pero cuando llegaron a la casa con el niño, Pai estaba en el bar de Junior Díaz. Esperaron con Mai hasta las diez, entonces Yadier decidió ir a acostar al niño en su cama. Camino a su casa, Yadier pasó por el bar de Junior Díaz y sonó el claxon.

Pai salió con una gran sonrisa.

—¿Qué haces aquí? —le preguntó, inclinándose hacia dentro de la ventana para ver a su pequeño nieto en su sillita.

—¡Te vine a sorprender! —dijo Yadier—. Tengo que llevar a Yanuell a la casa, pero te veo mañana, ¿está bien?

Cuando Yadier regresó a la casa la mañana siguiente, se encontró a Pai en el techo arrancando toronjas para los cócteles de cumpleaños esa noche con su amigo Miguelito. Estaba entre un juego y otro del doble juego. Se bajó del techo y, abrazando a Yadier, le dijo: "Te quiero mucho".

Yadier se emocionó y se conmovió. Aunque Pai era más cariñoso con Yadier que con Cheo o conmigo, no andaba repartiendo *Te quieros,* ni siquiera a Yadier.

—Yo te quiero mucho también, Pai.

Pai cargó y besó a Yanuell, entonces entró en la casa a buscar las pelotas para el segundo juego. Yadier y su familia fueron en su automóvil a Bayamón a comprar víveres. Su esposa y él estaban en el supermercado cuando recibieron la llamada. Dejaron el carrito con víveres en un pasillo y corrieron hacia el hospital en Vega Alta.

Dijo que ya se estaba formando una multitud en el estacionamiento y el vestíbulo cuando él llegó. Yadier irrumpió en la sala de emergencias donde Mai estaba sentada con Vitín, ambos afligidos. A través de la ventana del cuarto de exámenes, Yadier vio a un médico tratando de revivir a Pai con paletas eléctricas. Una y otra vez. Hasta que el médico dejó de hacerlo.

—¡No pare! —Yadier le gritó, empujando la puerta—. ¡Tiene que seguir tratando!

El médico le dijo que lo sentía mucho. No había nada más que se podía hacer.

Yadier se dio la vuelta y golpeó la pared. En el pasillo tumbó una camilla. Le dio una patada a una silla. Golpeó la pared otra vez. Cinco o seis puñetazos fuertes y rápidos.

—¿Por qué pasó esto? —lloraba Mai—. ¿Por qué me abandonas?

El médico dijo que Pai había sufrido un infarto masivo.

Una vez que Yadier se cansó, se desplomó en una silla junto a Mai y sacó el teléfono celular. Necesitaba a sus hermanos.

AUN DESPUÉS DE que Yadier me dijo lo que había ocurrido en el hospital, y aun cuando observaba las enormes coronas de flores que entraban a la carpa blanca, seguía pensando que en algún momento sabríamos que todo esto era una equivocación. Que Pai saldría en cualquier momento de la cocina abriendo una Coors Light, bromeando con Mai que ella no podría vivir sin él.

—Es increíble este alboroto —diría él—. ¡Por un simple chichón en la cabeza!

Más tarde, por la noche, tuve la oportunidad de ver a Pai antes de ser trasladado a la carpa. Tío Felo conocía al funerario y me llamó a un lado para llevarme.

La funeraria estaba en el centro de la ciudad de Vega Alta. El funerario nos recibió en la puerta, donde Tío Felo se quedó, sin interés en ver el cuerpo de Pai. El funerario me llevó por un corto pasillo hacia una pequeña capilla. Hacía frío en el sitio, o tal vez yo sentía frío. Había filas de sillas y, encima de una mesa de metal con ruedas, descansaba un ataúd color azul celeste brillante como un automóvil en exhibición en una agencia. La tapa estaba abierta.

Desde donde estaba podía ver el perfil de la cabeza de Pai recostada sobre una pequeña almohada: el pelo blanco, la frente plana, la nariz ancha, la barbilla brusca. Tenía puesto espejuelos. Las piernas se me aflojaron. Me agarré del espaldar de una silla. La distancia que me separaba de él, apenas unas pocas yardas, parecía demasiado lejos para poder caminarla.

Pero apenas sin darme cuenta me vi en el borde del féretro, mirando el rostro suave y lleno de paz de mi padre. Tal parecía que estaba en medio de una profunda siesta, como si estuviera dispuesto a fruncir el ceño y protestar si le sacudía los hombros. Sus curtidas manos de obrero estaban situadas sobre el pecho, sosteniendo un rosario. Las uñas tenían tierra del terreno. Llevaba puesta una camisa gris abotonada hasta el cuello. La reconocí como una que Jamie y yo le habíamos comprado en Macy's dos semanas antes. Había pensado lo bien que le quedaría y luciría.

—Siento mucho no haber estado aquí cuando querías que estuviera —dije, sorprendido de que eso fuera lo primero que me salió. Me refería a la fiesta de Yadier.

Entonces me eché a llorar. Lloré con grandes sollozos, como si todos mis sentimientos hacia mi padre —amor, culpa, remordimiento, gratitud, orgullo, ira, nostalgia— salieran torrencialmente. ¿Cómo se lo pueden llevar cuando acababa de recuperarlo al fin? Lloré hasta que no me quedaba nada dentro.

Extendí mi brazo para tomar en mis manos las de Pai, pero estaba congelado en esa posición. Metí los dedos de mi mano derecha entre las palmas de sus manos y con la izquierda le acariciaba la cabeza blanca de pelo ralo. Siempre le había gustado pasarse los dedos por el pelo.

—Gracias por hacerme quien soy —dije suavemente como si él estuviera dormido—. Tú eres la razón por la que estoy donde estoy en mi vida. Gracias por sacrificarte tanto por nosotros. Por enseñarnos béisbol y respeto.

Seguí diciéndole todo lo que quería que supiera.

—Puedes descansar —le dije finalmente—. No te preocupes por nada.

Le prometí que me haría cargo de Mai, su *gorda*, y de sus hermanos y hermanas como él lo hizo. Le besé la frente.

—Te quiero mucho, Pai —susurré.

EN LA CALUROSA sala de Mai encontré a Jamie mirando las docenas y docenas de fotografías que cubrían casi cada pulgada de pared en la sala y el pasillo. Allí estaba Roberto Clemente apoyado en una rodilla en el círculo de espera para batear. Jesús con la mano derecha alzada en una bendición. Kyshly y Kelssy cuando eran bebitas. Pero la mayor parte de las paredes nos pertenecían a Yadier, a Cheo y a mí. Yo en el uniforme de Los Pobres, un chico desmañado y flaco que todavía no había bateado una pelota por el cuadro. El pequeño rechoncho Yadier en cuclillas detrás del home. Cheo en la secundaria, serio como un cura, en una impresionante pose de bateo típica de las mayores. Fotos de la Serie Mundial de 2002 y de 2006 y de algunas series de campeonato de la Liga Americana y la Liga Nacional. Portadas de revistas enmarcadas. Placas y trofeos. Muñecos. Fotos publicitarias y postales de béisbol y pelotas firmadas forradas de plástico. Todo con el nombre de Molina.

¿Pudo Pai, que nunca llegó a jugar en las ligas mayores, haber imaginado esto?

Jamie y yo habíamos planeado quedarnos en la casa de Yadier y que las niñas se quedaran con Mai, pero según el día se hacía de noche no hicimos ningún movimiento para irnos.

Afuera, la carpa blanca se alzó a su máxima altura. Pequeños camiones cerrados llegaban con coronas de flores con formas de cruz o de corazones, e incluso con forma de una pelota de béisbol. La policía situó caballetes y conos anaranjados al final de la calle.

En la cocina, Yadier, mi primo Mandy, otros primos y amigos y yo brindamos. Las hieleras plásticas de Pai todavía estaban llenas de cervezas Coors Light para la fiesta de cumpleaños de Miguelito. Cada uno abrió una lata y en una olla de Mai echamos algunas gotas de cerveza, como solía hacerlo Pai en honor a los muertos.

En la marquesina, Yadier puso la música favorita de Pai, la gente contó cuentos y hasta nosotros nos reímos.

Alrededor de la medianoche, llegó el carro fúnebre.

El féretro fue llevado sobre ruedas hacia dentro de la carpa y colocado al frente, rodeado de enormes racimos de lirios blancos, aves de paraíso, orquídeas, begonias, hibiscos. Familiares que se habían ido más temprano reaparecían ahora al regarse la noticia de que había llegado el féretro. Titi Graciela vio a Pai, dejó escapar un grito y cayó desmayada en los brazos de alguien.

Mai, en cambio, no mostraba reacción alguna. Sólo observaba todo. Dentro del féretro había una pelota firmada por el equipo de Pequeñas Ligas de Pai. Alguien colocó un pedazo de un uniforme de los Maceteros junto a su brazo. Había gorras de los Gigantes, de los Cardenales y de los Yanquis, y tres fotos de la introducción de Pai al Salón de la Fama de Béisbol Amateur de Puerto Rico. Alguien pegó al ataúd un globo Kevlar con la forma de una pelota de béisbol.

Mai regresó a la casa y se quedó allí, recibiendo visitantes.

Jamie y yo nos sentamos en la sillas portátiles blancas junto al féretro. Después de tanto tiempo separado de Pai, no me iba a ir. La gente llegaba a las dos, tres, cuatro de la mañana. La policía trabajó en turnos afuera, guiando el tráfico hacia calles aledañas. Cuando entré en la casa de Mai para ir al baño, olas de personas entraban y salían con pastelitos, alcapurrias, paquetes de seis cervezas. Mai se había quedado dormida en su silla.

Cuando salió el sol el lunes por la mañana, el hombre que compartía el vehículo con Pai para ir al trabajo llegó alrededor de la hora en que Pai estaría saliendo hacia el trabajo. Dijo que el departamento de Pai en la fábrica había cerrado ese día para facilitarle a todos asistir al velorio.

Cheo llegó antes del mediodía. Aun con sus grandes gafas oscuras para proteger su vista reparada con láser, tenía la cara pálida e hinchada. Después de que nos abrazamos, se desplomó en una silla cerca del féretro con la cabeza inclinada. Nunca lo había visto a él o a Yadier tan devastados. Ambos eran por naturaleza tan alegres y abiertos, siempre haciendo chistes y pasándola bien. Ahora Cheo tenía la cara de un anciano, drenada y flácida.

Cientos de personas pasaron por la carpa toda la mañana. Reconocí muchas de las caras. Antiguos jugadores de Pai. Compañeros de trabajo. Vecinos. Políticos. Comerciantes. Niños de los equipos de Pai. Pero había también muchos que no conocía. Mujeres y hombres que nunca había visto y que estaban derramando lágrimas, diciéndonos a Yadier, a Cheo y a mí qué magnífica persona era Pai. Algunos no podían incluso entrar en la carpa. No querían verlo de esa manera.

Siguieron llegando más flores. Cuando ya no había espacio alrededor del féretro, las alineamos junto a las paredes de la carpa.

Cuando salí a ir al baño por la tarde temprano, no podía creer la cantidad de personas que había. Hasta donde se podía ver, la calle estaba repleta en ambas direcciones. Kyshly, que se acababa de despertar, salió de la casa de Mai cuando yo regresaba a la carpa.

—¡Papá!

—¿Sí, mama?

—¿Todas estas personas conocen a *guelo*?

—Y muchas más, mama.

Pero yo también estaba impresionado. Sabía que Pai era conocido, pero no sabía hasta qué punto. Sabía que era una persona querida, pero no sabía cuán profundamente lo querían.

Me quedé junto al féretro todo el día. Jamie se quedó conmigo. No habíamos dormido desde que habíamos venido en el avión el sábado por la noche. Apenas habíamos comido. Le dije a Jamie que fuera a casa de Yadier a descansar un poco, pero no quiso.

Cuando cayó la noche, empezó la música en la calle. Oía el ritmo y el repiquetear de las plenas, las maracas, los güiros. Oí voces masculinas elevarse en versos con ritmo de bomba en sonsonete, y el cantante principal improvisando rimas de cuatro versos acerca de Pai: sobre el béisbol, la familia, su integridad, su sentido del humor, Coors Light. La gente respondía con el coro: *"¡Oye, saca a tu mujer y empieza a bailar bomba con nosotros!"* Un verso tras otro. Hora tras hora. Cuando un cantante se iba, venía otro, prolongando música constante en las calles de Kuilan toda la noche.

Yadier se sumó al gentío afuera. Así era como él se relacionaba con la gente. Los hacía sentir bienvenidos, como lo habían hecho siempre Mai y Pai. Cheo también se incorporaba de vez en cuando. Pero yo no podía. Me sentía como si habría abandonado a Pai una vez más si me iba de su lado.

A lo largo de la tarde y la noche, llegaron jugadores de béisbol: José Rosado, Pedro Feliciano, Juan González, Carmelo Martínez, José Valentín, José Hernández y muchos de los ex compañeros puertorriqueños del equipo de Pai y miembros del Salón de la Fama.

El niño de ocho años que vive en la casa contigua era uno de los jugadores de Pai.

—Él era como mi segundo padre —me dijo.

Uno tras otro, hombres y niños que yo no conocía nos decían a mis hermanos y a mí que Pai había sido como un padre para ellos también. Los mantenía en la escuela, lejos de las drogas, fuera de la cárcel y alejados de las calles problemáticas. Un chico no paraba de llorar. "¿Y qué vamos a hacer ahora?"

Pensé en las cosechas que una vez cubrieron el campo donde después Pai nos entrenó a nosotros y a tantos otros niños. Se me ocurrió que en vez de caña de azúcar y matas de toronjas en esta tierra, Pai había cosechado jóvenes atletas.

—Había nacido para eso —me dijo Jacinto Camacho durante la segunda larga noche junto al féretro de Pai—. Nació para eso y murió por eso. Murió enseñando. Murió entre los chicos.

En algún momento, Vitín llegó con el periódico local, *El Nuevo Día*. La muerte de Pai era el artículo principal. Vitín y yo nos turnamos para leérselo a Pai.

Un huracán se estaba formando tarde en la temporada de ciclones cerca de la costa. La mañana del martes, el viento batía la carpa. Ráfagas de lluvia azotaron el techo. Íbamos a enterrar a Pai por la tarde. Mi tiempo con él estaba llegando a su fin. Acerqué mi silla al féretro.

—Voy a batear veinte jonrones —le dije.

No sé por qué lo dije. Tal vez pensé que batear veinte jonrones demostraría que su fe en mí era profunda, tan perfectamente completa, que podía obrar milagros. Pensé que tal vez sería una prueba de que lo quería mucho.

Alrededor del mediodía, después de que un sacerdote de la iglesia de Yadier nos dirigió en oración e himnos, Cheo y Yadier usaron el micrófono del karaoke que Pai adoraba —que había sido colocado junto al féretro— para darles las gracias a todos por venir. Yo no confiaba lo suficiente en mí mismo para poder hablar.

—Si mi papá estuviera aquí, estaría muy feliz —dijo Yadier—. Habría querido que todos estuvieran alegres. En cuanto a mí, quiero darles las gracias a todos. A Bengie, Cheo, Mai. A mi papá, quiero decirle: "Mi viejo, te quiero mucho".

Una lluvia ligera caía mientras sacábamos cargado el féretro de Pai de la carpa hacia el terreno de béisbol. Las líneas entre las bases y el cajón de bateo habían sido cuidadosamente marcadas con cal. La tierra del cuadro había sido rastrillada y suavizada. Frente al home, en grandes letras hechas con cal, decía: *Nunca te olvidaremos. Kuilan.*

Jamie me dijo que había visto al hombre marcando las letras cuatro o cinco veces hasta que estuvieron perfectas para Pai.

Mil personas llenaron las gradas, los bancos y los jardines. El alcalde de Dorado por mucho tiempo, Carlitos López, que había jugado Doble A con Pai, se paró con un micrófono en home.

—¡Una de las mejores personas en Puerto Rico, Benjamín Molina Santana! —dijo mientras los portadores del féretro —mis hermanos y yo, Luisito, Junior Díaz, Vitín y algunos otros— lo llevábamos hacia el home. La multitud vitoreaba. El alcalde llamó a Pai "un héroe del pueblo, un pilar de Kuilan en el barrio de Espinosa, el mejor ejemplo de la comunidad".

Le pasó el micrófono a Cheo.

—Mi madre, mis hermanos y yo estamos muy contentos por todos aquellos que veían a Pai como a un padre también —dijo—. ¡No sabíamos que Pai tenía tantos hijos!

Llevamos el féretro a la primera base, luego a la segunda y a la tercera. El alcalde narraba jugada por jugada, como si Pai estuviera corriendo las bases. Yo escogí la primera base, Cheo la segunda y Yadier la tercera. La voz del alcalde aumentaba en volumen y emoción cuando llevábamos a Pai hacia home. Su último recorrido alrededor del diamante. Mil personas se pusieron de pie.

Una ovación de pie para Pai.

—La base más importante —dijo el alcalde—, la que trae a Benjamín de regreso al home, le corresponde a una dama que ha apoyado mucho a su familia y a su esposo. ¡El home le toca a Gladys Matta!

La multitud enloqueció.

Estando de pie nosotros en home, recogí un poco de tierra del cuadro y la froté sobre la tapa del féretro.

Bajo la lluvia, escoltados por la policía, caminamos detrás del carro fúnebre por las calles de Kuilan. En cada calle, la gente salía de sus casas, aplaudiendo y llorando. Algunos portaban letreros que decían: *¡Nunca te olvidaremos!* y *Descansa en paz, Benjamín* y *¡Gracias, Benjamín!*

Ambos carriles de La Número Dos habían cerrado el tráfico para la procesión fúnebre hacia el cementerio. Los que transitaban por la carretera habían detenido sus vehículos y de pie junto a ellos bajo la lluvia, saludaban o se ponían los sombreros sobre el corazón.

Había oscurecido cuando llegamos al Cementerio de Monterrey. La gente estaba bajo paraguas de golf de rayas sobre el césped y otros observaban desde balcones y azoteas. Llevamos el féretro hacia una pequeña carpa a la entrada de la fila de criptas. Rezamos y cada uno colocó una simple rosa sobre el ataúd. Junior Díaz trató de hablar pero se echó a llorar y otros lo sustituyeron. Mai agradeció a todos por habernos acompañado.

—Espero que ustedes sepan que Benjamín quiso mucho a cada uno de ustedes —dijo.

Llevamos a Pai a lo largo de una pared de bóvedas, cada una marcada con una placa cuadrada. Hacia la parte de atrás, a una distancia de tres bóvedas del piso, había un espacio cuadrado vacío. Sentí la mano de Jamie en mi cuello. No sabía cuánto tiempo había estado allí, pero sabía que era lo único que me mantenía de pie.

Levantamos el féretro y lo deslizamos dentro del cuadrado vacío. Las hermanas de Pai comenzaron a gemir. Oí gritos distantes: *¡Te queremos mucho, Benjamín! ¡Nunca te olvidaremos!* Los obreros del cementerio atornillaron la lápida de la bóveda y colocaron una pieza de mármol cuadrada con el nombre tallado de Pai, las fechas de su nacimiento y de su muerte y *Adorado esposo y padre*.

Toda su vida, reducida como las estadísticas de un juego a unas pocas palabras y números.

Durante cinco o diez minutos nadie habló. Nadie se movió. Entonces nos fuimos. No miré atrás. No podía permitirme pensar en él, solo, allí en ese espacio oscuro y estrecho. Seguí alejándome.

A las ocho de la noche, durante las siguientes nueve noches, un sacerdote llegaba a la casa de Mai a rezar la novena. Más de cien personas venían cada noche para participar, llenando el patio, la marquesina y la calle, para rezar el rosario y acelerar el alma de Pai hacia el cielo. Todos se quedaban para tomar sopa y un bocadillo, café y refresco. Más tarde se sacaba cerveza y brindábamos, contando más cuentos.

La conversación todas las noches en casa de Mai siempre conducía a las habilidades de Pai en el terreno de béisbol.

—¿Te imaginas si él no hubiera perdido aquellos dos años? —dijo Licinio, el primo de Pai.

—¿Cuáles dos años? —pregunté.

—En Massachusetts.

—¿Massachusetts?

Pai tenía dieciséis años y estaba enamorado de Mai. Quería casarse con ella, pero no ganaba lo suficiente jugando en la Doble A para poder tener algo ahorrado. Solicitó empleo en todas las fábricas, pero el desempleo en aquella época en la isla era de dos dígitos. No estaban contratando a chicos de dieciséis años.

Licinio se había ido de su casa varios años antes y estaba trabajando en Lowell, Massachusetts. Le dijo a Pai que podía conseguirle empleo con él en la fábrica de Tejidos Jo-Ann como cortador de telas. Pai se despidió de su amada y de su descorazonada abuela y se mudó a Lowell. Los primos compartieron una habitación barata y de un espacio mínimo en los altos de una tienda en Main Street.

—¿Y estuvo allí dos años? —le pregunté—. ¿A la edad de dieciséis años?

Todos sabían que la edad de dieciséis años era la edad en que los chicos llamaban la atención de los scouts de béisbol profesional. A los equipos de Estados Unidos les gustaba firmar a los jugadores latinos cuando eran jóvenes adolescentes para poder formarles el talento crudo que traían dentro del sistema de ligas menores. Pai tenía que haber sabido esto. Pero se fue a Massachusetts de todas formas.

—¿Sería que pensaba que podía llamar mejor la atención de los scouts de Estados Unidos? —pregunté.

Licinio dijo que Pai nunca había jugado béisbol cuando estaba en Massachusetts.

—Chino sólo pensaba en ganar dinero para Gladys.

Cuando Pai regresó a Puerto Rico a la edad de dieciocho años, fue inmediatamente reclutado por el equipo de Doble A en Utuado.

Se restableció como uno de los mejores jugadores y ganaba setenta y cinco dólares por cada juego. Encontró trabajo en la fábrica de Westinghouse. Mai y él reanudaron su noviazgo. Pai ganó el campeonato de bateo ese año. Su juego estaba mejor que nunca. El mejor de la liga. Los scouts venían. Todos estaban seguros de que algún equipo de Grandes Ligas lo firmaría.

—Él podía haber llegado. Sin duda —dijo uno de los antiguos compañeros de equipo de Pai.

Estábamos en el patio delantero junto a la marquesina. Un poste de luz al otro lado de la calle cubría con una nebulosa luz el terreno de Pai.

—¡Claro que sí! ¡Mira a Félix Millán!

Millán era de Yabucoa, a una hora de San Juan. Agarraba el bate por la mitad igual que Pai. Y no solamente jugó en las Grandes Ligas como segunda base de los Mets en los años sesenta y setenta, sino que fue también un jugador todos-estrellas.

—Pero Chino nunca fue a las pruebas.

—¡Espera! ¿De qué pruebas hablas? —pregunté yo. No podía creer que Pai nunca había hablado de nada de esto.

Fue en el invierno de 1973, dijeron. La prueba —al menos según la mejor memoria que había sobre el tema— fue con los Cerveceros de Milwaukee. Cada uno recordaba un pedazo de la historia.

—El tipo había estado observando a Chino y quería firmarlo. Estoy seguro de que el dinero no era mucho en esa época. Chino era bajito.

El scout le dio a Pai una hora y un lugar para hacer la prueba. Otros jugadores habían sido invitados también. Era algo importante, especialmente porque entonces Pai tenía ya veintidós años. El día acordado, todos los jóvenes, llenos de esperanza, corrieron las bases, demostraron el poder de sus brazos y pegaron batazos a los jardines mientras el scout hacía anotaciones.

—Entonces, ¿qué pasó? —pregunté.

—Benjamín no fue —dijo Vitín—. Estaba en un bar con sus amigos de la fábrica.

—¿Cómo? ¿Estás hablando en serio?

—No se presentó. Todos decían que era mejor que todos los demás.

Esto era una locura. Amaba el béisbol más que ninguna otra cosa. Había trabajado toda su vida para ese momento, su único gran chance. No tenía sentido.

—¿Estaba lesionado? —pregunté. No podía imaginar lo que podía haberle impedido hacer la prueba—. ¿Tenía miedo?

—¿Tu padre? ¿Miedo? —dijo Vitín, incrédulo—. ¡No!

—¿Entonces, qué fue?

Vitín se inclinó hacia mí en su silla de patio, con los codos en las rodillas, su mano grande rodeando su vaso plástico de toronja con vodka. Su rostro se tornó duro, como si yo hubiera dicho algo malo.

—Tu madre se acababa de enterar que estaba embarazada —dijo—. Él no la iba a dejar.

Mis ojos fueron de un hombre a otro. Nadie estaba sorprendido. ¿Acaso todos lo sabían? ¿Cómo yo no lo sabía? Me quedé sentado en silencio, pasmado, tratando de hallarle sentido a todo. Mi padre había dejado que su sueño se le fuera de las manos. Lo vio, se apartó y lo dejó pasar. Estuvo el resto de su vida trabajando en una fábrica, sin jamás quejarse.

Sentí el estómago revuelto. Era más fácil pensar que Pai había fracasado que pensar que había tirado su sueño por la borda por nosotros.

—No puedo imaginar ese nivel de sacrificio —dije yo—. Quisiera que no lo hubiera hecho.

—Chino era el hombre más feliz que he conocido —dijo Vitín.

—Pero nunca pudo hacer lo que realmente quería.

Vitín se dio una palmada en el muslo, sacudiendo su trago.

—Ese hombre hizo exactamente lo que quería —dijo—. No vayas a tenerle lástima.

—Pero habría podido tener una vida muy diferente —dije yo.

Pensé en todas aquellas veces que había deseado que Pai hubiera podido sentir la emoción de oír a cuarenta mil fanáticos vitoreándolo, como la habían sentido sus tres hijos.

—Estás equivocado en todo esto, Bengie —dijo Vitín, levantándose de su silla.

Parecía agitado. Lo observé sirviéndose otro trago en una pequeña mesa en la marquesina. Los otros hombres se movieron en sus sillas, saboreando sus cócteles y cervezas, mirando a un vehículo disminuyendo la velocidad frente a la casa que luego continuó su camino. Ya se había desmantelado la carpa. Podíamos ver el terreno de Pai en el resplandor del poste de luz: la delineación de las cercas y el área detrás del home, las paredes del área del banco.

Vitín regresó a su silla y mató con la mano un mosquito que se le había posado en el brazo. Esperé por él para continuar nuestra conversación. Pero no dijo nada más y la conversación se desvió hacia otros temas. ¿Qué quiso decir Vitín cuando dijo que yo estaba equivocado en todo esto?

CUANDO UN REPORTERO llamó en noviembre para que yo comentara sobre la noticia de que Tim Lincecum había ganado el premio de pitcheo Cy Young, me tomó un momento darme cuenta de lo que me estaba hablando. Parecía que la temporada de béisbol había transcurrido hacía un millón de años.

Timmy era el segundo lanzador laureado con el Cy Young a quien había servido como receptor en cuatro temporadas (Bartolo Colón de los Ángeles era el otro). Le envié un texto a Tim felicitándolo y me contestó por texto que no habría podido ganarlo sin mí. Típico Timmy. Generoso, humilde y amable. Dijo que esperaba ansioso verme en el entrenamiento de primavera en un par de meses.

Pero yo sabía que ya no podría jugar béisbol. El béisbol había muerto cuando Pai murió. Béisbol y Pai eran la misma cosa. ¿Cómo puede uno continuar sin el otro? Béisbol era *su* pasión, *su* gran gozo, el trabajo de *su* vida. El juego dejaba de tener significado para mí si él no estaba para compartirlo con él.

Y no podía superar mi sentimiento de culpa. Debí haber pasado más tiempo con Pai. Comencé a culpar al béisbol. Si no jugara béisbol, podía haberme quedado en Puerto Rico y ayudarlo a entrenar a sus chicos de las Pequeñas Ligas y jugar dominó en el bar de Junior Díaz. Eso es lo que Pai había hecho. Se quedó con su familia en lugar de marcharse a jugar béisbol. Yo estaba enloqueciendo con mi estado de duelo.

Me pasaba el día preocupado. Me preocupaba por Mai y por los hermanos y hermanas de Pai. Me preocupaba por los jugadores de Pai. Me preocupaba por los primos que veían a Pai como un segundo padre. Me preocupaba por Cheo y por Yadier. Llamaba y preguntaba constantemente si necesitaban algo, si yo podía hacer algo. Era como un peso de cincuenta libras en el corazón. Más de una vez, Jamie tuvo que convencerme de que no me mudara a Puerto Rico. Si no fuera por ella, habría renunciado inmediatamente a mi carrera de béisbol para irme a acampar frente a la tumba de Pai, castigándome a mí mismo por todos nuestros años de separación.

—Tómate tu tiempo —me decía constantemente sobre si debía jugar o no béisbol—. No tomes ninguna decisión.

Un mes más tarde, en diciembre, Jamie descubrió que estaba embarazada. La rodeé con mis brazos y, en medio de mi duelo, sentí una ola de gratitud por ella y mis niñas y por este nuevo bebé.

Claro que iba a regresar al béisbol. Era mi trabajo como encargado de mi familia. Es lo que hace un hombre. Siempre que tuviera a mi familia, sabía que todo estaría bien. Mirando a las niñas crecer y guiándolas como Pai me guió a mí, ¿qué mejor manera de pasar mis días? ¿Qué más había?

Entonces caí en cuenta.

De repente comprendí lo que Vitín había querido decir. Yo estaba totalmente equivocado sobre Pai sacrificando su sueño por nosotros.

Casi me reí, como uno lo hace cuando ve un truco mágico. La respuesta había estado a la vista todo el tiempo, si hubiera sabido dónde mirar. Pensé en cómo Pai era el que siempre cuidaba de sus hermanas y de sus hijos. Cómo se quedó con Mai cuando ella estaba en estado conmigo. Cómo pasaba todas las tardes después del trabajo en el terreno de béisbol con sus tres hijos. Cómo nunca alardeó de sus hijos de Grandes Ligas. Cómo se quedó trabajando en la fábrica y no permitía que nosotros lo mantuviéramos. Cómo siguió entrenando hasta mucho después de que sus hijos se habían marchado de la casa.

Jugar en las Grandes Ligas no era el sueño de Pai. Su sueño había sido ser un buen padre y esposo y criar buenos hijos.

Pensé en mi primer recuerdo, cuando Pai bateó aquel jonrón. Recordé cómo se le iluminó la cara cuando me vio en el home. Ahora comprendía que su alegría no era sólo por batear un jonrón, sino por compartir aquel momento conmigo. Eso es lo que el béisbol había sido para él. Familia.

Nunca deseó éxitos convencionales. Medía su valor a su manera y no por un patrón externo. No necesitaba jugar en el Yankee Stadium para sentir que había logrado algo. Para él, el béisbol era el béisbol. El béisbol en el terreno al cruzar la calle era tan auténtico y hermoso como el béisbol del Yankee Stadium. El béisbol le entregaba a este hombre tranquilo e introvertido los medios para conectar con sus hijos y con los hijos de otras personas. Era su manera de convertirse en un padre para cada chico del barrio, creando para sí mismo una familia de hijos que no tenía nada que ver con la sangre.

A través del béisbol, nos enseñó cómo ser hombres. Ése fue el trabajo de su vida.

Recuerdo una tarde poco después del funeral de Pai cuando visité a mi tía abuela Clara Virgen. Vivía en la misma propiedad en que vivían Titi Graciela y mis otras tías. Hablando sobre Pai, pregunté por qué sus familias, los Molina y los Santana, rara vez asistían a la iglesia. Clara Virgen estaba entonces en sus ochenta y más años y parecía que el sofá se la había tragado en su pequeña sala de piso de cemento. Varios nietos y sobrinos nietos habían entrado a la casa detrás de mí y se habían sentado con las piernas cruzadas a los pies de ella.

Mi tía abuela agitó la mano, descartando la pregunta.

—Esto aquí es la verdadera iglesia, una en su casa con algunas personas.

Seguí pensando en eso. Entre los comentarios de todas las personas con las que hablé acerca de Pai, esa sola frase de Clara Virgen abarcó mucho de lo que yo estaba tratando de entender.

La familia era la religión de mi padre. El béisbol era su sacramento.

En retrospección, parece obvio e inevitable que los tres hijos de Benjamín Molina Santana fueran receptores. Los receptores son los encargados, los consejeros, los mulos de trabajo.

Los padres.

De todas las tareas en un terreno de béisbol, encontramos la posición que nos situaba en el punto llamado home, hogar. Nuestra tarea era protegerlo.

EPÍLOGO

JAMIE Y YO nos casamos el Día de los Enamorados, cuatro meses después del funeral de Pai. Fue una ceremonia bastante espontánea, con los padres de Jamie, su hermana y nuestros amigos Angie, José y su hija Christina. Kyshly y Kelssy estaban en la escuela en Yuma, mis hermanos no pudieron asistir porque no podían faltar al entrenamiento de primavera, y Mai todavía no estaba en condiciones de viajar. La celebramos en un parque, frente a la casa que habíamos alquilado en Scottsdale para el entrenamiento de primavera.

Traje conmigo al entrenamiento un collage del tamaño de un afiche con fotos de Pai. Lo coloqué en mi vestidor en Arizona y después en San Francisco. Mis compañeros de equipo me miraban raro cuando lo llevaba conmigo en el avión hacia juegos en otros terrenos. No me importaba. Era mi manera de mantenerlo cerca de mí.

También tenía parches cosidos dentro de mi camiseta: uno decía *Pai* y el otro *Mai*. Debajo de la visera de la gorra escribí las cuatro palabras que Pai nos había grabado en la mente: "El máximo cada día".

Dos días antes del Juego de Todos-Estrellas —Yadier había recibido el máximo de votos como receptor abridor— a Jamie le llegó el momento de dar a luz. Jayda Marie nació el 11 de julio, nueve meses —casi con la exactitud de un minuto— después de la muerte de Pai. La cargué junto a la cama de Jamie.

—Tiene el alma tuya —dije.

Había estado fallando al bate toda la temporada, esforzándome pero sobrellevando aún mi duelo como un saco de piedras. Bateé lo suficiente para mantener mi posición de cuarto bate en la alineación. Pero mis estadísticas de poder al bate no eran muy buenas. Estaba bateando, en promedio, un jonrón cada nueve juegos. Al comenzar la última semana de la temporada, tenía dieciocho jonrones. Nos tocó jugar un juego el miércoles en nuestro propio terreno en San Francisco. Quedaban sólo cinco juegos, no los suficientes para llegar a veinte, dado mi promedio de la temporada.

Bateé un jonrón en mi primer turno al bate.

Diecinueve.

Entonces en los finales del juego, bateé un lanzamiento con la punta del bate que yo pensaba que sería un fly corto. Pero siguió avanzando. Jonrón.

¡Veinte!

Recorriendo las bases, sentí que el corazón se me quería salir del pecho. Bajé la cabeza para ocultar las lágrimas. Miré al cielo cuando llegué a home.

—Lo logré, Pai. Te lo prometí y lo logré. Siempre dijiste que podía hacerlo.

Pude controlarme en una entrevista de televisión después del juego, pero me eché a llorar después en la casa club. En el automóvil camino de mi casa, llamé a Mai, aunque eran pasadas las dos de la mañana en Puerto Rico.

—Oye, ¿qué pasa? ¿Estás bien?

—Mai, lo hice.

—¿Qué hiciste?

—Llegué a veinte.

—¿Cómo? ¿Bateaste otro?

Había visto el primero en televisión y se había ido a dormir.

—Se lo prometí a Pai.

Empezó a llorar.

—Él está muy feliz por ti en este momento.

EN OCTUBRE DE 2009, Cheo se ganó su segundo anillo de Serie Mundial como receptor suplente de Jorge Posada, el receptor abridor de los Yanquis.

En noviembre, Lincecum ganó su segundo premio de pitcheo Cy Young. "La mitad de la razón por la que estoy aquí recibiendo este premio es Bengie", le dijo a los reporteros en una conferencia de prensa.

Firmé un contrato de un año con los Gigantes hasta completar la temporada de 2010. Estaría además ayudando a desarrollar al receptor novato Buster Posey, un gran talento y una gran persona. Me encantaba trabajar con él.

Pero al final de junio, los Gigantes me intercambiaron a los Rangers de Texas. El avión del equipo acababa de aterrizar en Denver cuando mis compañeros miraron sus celulares y vinieron a decirme cuánto me iban a extrañar. No tenía idea de lo que estaban hablando. Entonces vi un texto de Jamie: "Parece que nos vamos a Dallas". Ella había estado recibiendo textos durante dos horas acerca del intercambio. La noticia debió haberse anunciado poco después de haber salido de San Francisco. Sin Internet ni servicio celular en el avión, ninguno de nosotros lo supo hasta que aterrizamos.

Me molestó que no me lo hubieran dicho. El mánager de los Gigantes, Bruce Bochy, se disculpó y dijo que no estaba autorizado a decir nada porque el intercambio no se había finalizado.

Poco importa que los jugadores le digan a uno que el béisbol es un negocio y que uno no debe tomar nada de manera personal. Fue un golpe fuerte que me intercambiaran. Aquel equipo era como una familia y haber sido intercambiado era como si me hubieran expulsado de una patada por la puerta de afuera. En el viaje del aeropuerto al hotel, donde recibiría instrucciones de viaje de los Rangers, me puse de pie en el pasillo del autobús.

—Quiero darles las gracias por ser tan buenos compañeros y por haberse ocupado de mí —dije—. Los voy a extrañar de verdad. Ustedes tienen lo que hace falta para ganarlo todo. Si se mantienen unidos como un equipo, lo lograrán. Y voy a estar observándolos lo más que pueda. Todos tienen mi número de celular. Aunque no siga siendo su compañero de equipo, siempre seré su amigo.

A punto de regresar a mi asiento, todos comenzaron a aplaudir. Entonces se pusieron de pie y siguieron aplaudiendo. Yo estaba impresionado. La mejor ovación de pie de toda mi carrera.

Con los Gigantes, mi número había sido el 1. Pero otro jugador de los Rangers ya lo tenía y el equipo dijo que el número 11 estaba vacante.

—¡Perfecto! —dije.

El 11 había sido mi número con Los Pobres.

Dos semanas después de incorporarme a los Rangers bateé el repertorio completo —un sencillo, un doble, un triple y un jonrón en un juego— por primera y única vez en mi carrera. En realidad, era un repertorio más que completo: el jonrón había sido con las bases llenas. Considerado como supuestamente el jugador de béisbol más lento del mundo, la probabilidad de batear un triple era casi cero, especialmente en el Estadio Fenway de Boston. Cuando llegué a tercera miré hacia el banco y mis nuevos compañeros estaban enloquecidos. No hay mejor sensación como jugador que ver a los compañeros de equipo vitoreándolo a uno de esa manera. Después del juego, tenía cincuenta y cinco mensajes, muchos de ellos de mis compañeros en los Gigantes.

Los Rangers continuaron ganando. Y los Gigantes también.

Ganamos la Serie de Campeonato de la Liga Americana. Los Gigantes ganaron la de la Liga Nacional. Los Rangers jugarían contra los Gigantes en la Serie Mundial.

Yo era el segundo jugador en la historia que jugaba en la Serie Mundial contra el equipo en que había jugado antes en la misma temporada. Entre otras cosas, significaba que recibiría un anillo; no importa quién ganara. (Cualquier jugador que aparezca en la alineación de un equipo en cualquier momento durante una temporada de campeonato recibe un anillo.)

Antes del Primer Juego en San Francisco, recibí un texto de Buster Posey: "¡Buena suerte, B-Mo!" Respondí: "Gracias, Buster. ¡Disfruta el momento!"

Los reporteros del Área de la Bahía me preguntaban cómo me sentía jugando contra compañeros de equipo que consideraba como hermanos.

—He jugado contra mis verdaderos hermanos —dije—. Creo que voy a sentirme bien.

Cuando me paré en el cajón de bateo contra Lincecum, el chico a quien yo había servido de mentor desde que él había llegado a las mayores y a quien había servido de receptor durante las dos temporadas en que ganó sus premios Cy Young, me toqué la visera del casco y él se tocó la de su gorra.

Los Rangers perdieron la serie. Observé desde el banco cómo mis amigos y ex compañeros de equipo se amontonaban en el terreno para celebrar la primera Serie Mundial de la franquicia desde que se mudaron a San Francisco en 1958.

Me retiré unos meses después. Fue una de las decisiones más difíciles de mi vida. Había estado jugando béisbol desde que había aprendido a caminar. Tenía treinta y seis años. ¿Podía haber jugado otro año o dos? Sí. Pero no quería quitarle más tiempo a la familia. Había logrado más de lo que jamás había imaginado. Y el último juego de mi carrera fue en la Serie Mundial. Era un tipo de final que me hacía sentir bien.

Mai continuó viviendo en la misma casa en el mismo vecindario, negándose a mudarse. El terreno frente la casa se deterioró.

—Está muerto —me dijo Jacinto Camacho en una de mis visitas a la isla—. Desde el momento en que Benjamín murió, fue como si le hubiera caído una bomba atómica. Boom. Todo desapareció. Me alejé por largo tiempo. Cuando regresé la semana pasada, era como si algo me desgarraba el corazón.

Luego caminé hacia el terreno. La tierra del diamante tenía baches y estaba llena de hierba mala. Había vainas de tamarindo en el suelo del jardín izquierdo. Pero en todas las líneas entre las bases hasta el home había residuos de cal. Se veían las marcas de los zapatos de spikes de goma. Se había jugado algún juego.

Al igual que Jacinto, quería detener el tiempo para que todo se hubiera quedado como cuando Pai estaba vivo. Pero uno marca las líneas con cal sabiendo que van a desaparecer. Ésa era la otra parte de la belleza del béisbol. No se supone que uno se aferre a las cosas: los errores y las vergüenzas de cada día, o incluso los grandes y pequeños triunfos. Hay que dejar que los ponches y las pelotas que no fueron capturadas, así como los jonrones, desaparezcan en la tierra y la hierba. Hay que dejar que los trofeos desaparezcan en las inundaciones. El béisbol es lo que uno recibe y lo que da, lo que uno gana y lo que deja ir.

Veía los juegos de Yadier y Cheo en televisión. Cheo estaba con los Azulejos de Toronto y Yadier iba camino de ganar otra Serie Mundial con los Cardenales en 2011.

En 2012, Yadier se gastó cerca de un millón de dólares para convertir el terreno de Pai en uno de los parques de béisbol para jugadores jóvenes en Puerto Rico. Muchos, muchos hijos de Pai en Espinosa tienen otra vez su lugar propio.

Después de la muerte de Pai, la casa de Mai era más frecuentada que una terminal de autobuses, con gente visitándola todo el día y hasta por la noche para saber cómo estaba o para sentarse en el sofá y ponerse al día en sus conversaciones. La llevaban a la farmacia a recoger sus medicinas. Cuando Yadier compró una casa en Júpiter, Florida, cerca del complejo de entrenamiento de primavera de los Cardenales, Mai comenzó a pasar parte de su tiempo allí y el resto del tiempo en Puerto Rico.

Con Cheo jugando en Tampa, lo veía a él mucho también. Y yo hacía viajes con Jamie y las niñas.

La veía mucho más incluso en 2013, cuando dos años después de retirarme, me incorporé a los Cardenales como coach asistente de bateo. Jamie sabía que yo necesitaba el béisbol y me animó a aceptar el trabajo, aun cuando significaba empacar y mudarnos y estar algún tiempo separados cuando jugaba en otros terrenos. Ella siempre sabía, aun cuando yo no podía imaginarme el béisbol sin Pai, que mi amor por ese deporte era tan auténtico como el suyo.

Me encantaba ver a Yadier todos los días en el terreno. Ganamos el campeonato de la Liga Nacional ese año, la séptima vez en nueve años que un Molina comparecía en la Serie Mundial. He estado ahora en la Serie Mundial tres veces: la primera con José en Anaheim, la segunda solo en Texas, y la tercera con Yadier en San Luis. ¿Cómo puede haber ocurrido eso? Compartir una Serie Mundial con cada uno de mis hermanos. ¿Quién en su locura es capaz de soñar eso?

Pensé en esto cuando hablaba con Vitín durante una visita a Puerto Rico hace poco tiempo. Me preguntó si yo sabía que él había reunido en el hospital algunas de las pertenencias que llevaba mi padre cuando murió. No lo sabía. Entonces me habló de las tres cosas que llevaba en los bolsillos: un reglamento de las Pequeñas Ligas, una cinta de medir y un boleto de lotería.

Las cosas parecían tan comunes, pero eran como un mensaje también. Esas tres cosas contenían casi todas las lecciones de Pai a mis hermanos y a mí.

A través del béisbol, nos dio las reglas y los códigos que guiaran nuestra vida. Integridad y humildad. Respeto. Jugar duro y sin egoísmo. Aceptar los fracasos como una parte normal de la vida y seguir adelante. Pai lidiaba con los reveses y pérdidas con tanta elegancia porque comprendía que lo que había ocurrido estaba hecho. No podía cambiar el hecho de que la inundación había ocurrido, por lo que dejó atrás todo lo que había perdido y comenzó otra vez en otra casa.

Nos enseñó que la dimensión de un hombre está en las cualidades que pueden medirse en tiempo, que pueden sopesarse, registrarse y contabilizarse. Un terreno de béisbol se mide con precisión —exactamente noventa pies entre las bases, exactamente sesenta pies entre el home y el montículo del lanzador— pero los jugadores nunca pueden medirse con igual exactitud. No se puede medir lo que llevan dentro. Pienso que Pai creía, como lo creo yo ahora, que la medida más importante de un hombre es con cuánta vehemencia está dispuesto a seguir a su propio corazón, en el terreno y fuera de él.

Bajo ese patrón, mi padre fue el hombre más exitoso que he conocido. Se casó con una gran mujer y crió tres hijos que se medían a sí mismos usándolo a él, obrero de una fábrica, como referencia. Y hasta su último suspiro Pai hizo exactamente lo que le encantaba hacer en el sitio y con las personas que amaba. El mayor de los éxitos de uno está en vivir a su propia manera, por su propia medida, inspirado y guiado por sus valores esenciales. Esto era lo que Pai hacía todos los días. Para el público, mis hermanos y yo éramos estrellas. Pero la verdadera estrella era mi padre, el verdadero miembro del Salón de la Fama.

Ahora me alegra seguir los pasos de Pai como coach. Pasé la temporada de 2013 con los Rangers de Texas como coach de primera base e instructor de receptores. Fuera de temporada entreno a niños en mi programa de béisbol para jóvenes. Quiero que el terreno de béisbol sea para ellos lo que fue para mí: el lugar donde aprendan a ser hombres buenos. Y donde, pese a sus errores y faltas, alguien crea en ellos tanto como Pai creyó en mí.

AGRADECIMIENTOS

ESTE LIBRO ES tanto de Jamie como lo es mío. Fue ella quien me animó a compartir la historia de mi padre y mi propia improbable jornada en las ligas mayores. Ella me impulsó a llenar las brechas de la vida de mi padre y captar su heroísmo en una jornada vivida con humildad e integridad. Si ella no hubiera llegado a ser parte de mi vida, este libro no habría ocurrido. Jamie es mi amor, mi vida, mi Perla Negra.

Aunque este libro es acerca de mi padre, mi madre ha sido una influencia sobre mí y mis hermanos tan poderosa como la de él. Cuando Pai estaba trabajando, Mai siempre estaba atendiéndonos a nosotros, enseñándonos a respetar, haciéndonos reír, presionándonos a esforzarnos al máximo y a inculcarnos la clase de fortaleza y amor que ella ha demostrado toda la vida.

Mis hijas Kyshly, Kelssy y Jayda me inspiran a ser para ellas el padre que Pai fue para mí. Gracias, Kyshly y Kelssy, por darle tanta felicidad a la vida de su abuelo. Ustedes le dieron mucha luz a su vida. Jayda nunca llegó a conocer a su amado abuelo, así que espero que este libro la ayude a conocerlo.

Mis hermanos, Cheo y Yadier, son grandes peloteros y mejores personas. A pesar de todos sus éxitos, siguen siendo tan humildes como cuando de niños bateaban tapas de botellas con bates envueltos en cinta adhesiva en el terreno frente a nuestra casa.

Muchos familiares y amigos han ayudado con su contribución de antecedentes y detalles sobre la vida de mi padre. Les estoy muy agradecido por las horas que pasaron siendo entrevistados, compartiendo valiosas anécdotas y rebuscando viejas fotos. En el lado de la familia de Mai, quiero dar las gracias a Titi Norma, Titi Charo, Titi Ivonne, Tío Paquito, Tío Felo, Tío Papo y Titi Rosalía. Y en el lado de Pai, a Titi Panchita, Titi Nenita, Titi Graciela, Titi Pura, Titi Pillita, Titi Guía, Tío Chiquito, Tío Tití, Tío Gordo, Tío Blanco y Titi Virgen.

Otros familiares y amigos que también ayudaron, tanto con entrevistas como con logística: Luisito Samot Molina, Junior Díaz, Jacinto Camacho, Mandy Matta, Vitín Morales, Morayma Arroyo, José Olivo Miguelito y Lourdes Rivera, Eliut Rivera, Pedro "Cucho" Morales, Jare Morales, Joel Morales y Carlitos López.

Gracias a los padres de Jamie, Jennifer y Wayne Weimer, y a su hermana, Wendy Weimer, por sus comentarios sobre una primera versión del manuscrito. Gracias también a mi prima Jennifer Cruz por ayudarnos a cuidar el castillo mientras Jamie y yo trabajábamos en este proyecto.

Finalmente, mi enorme gratitud a los coaches y compañeros de equipos que han sido mis maestros y hermanos a lo largo de toda mi carrera.

—Bengie Molina

Estoy agradecida a Bengie, Jamie y a toda la familia Molina por permitirme entrar en sus vidas para ayudar a contar la poderosa historia de Benjamín. Muchas personas no sólo compartieron sus recuerdos durante mis visitas a Puerto Rico, sino que me pasearon por todo Dorado y me alimentaron en las mesas de sus cocinas.

Varios libros me ayudaron con los antecedentes del béisbol y cultura en Puerto Rico: *Clemente: The Passion and Grace of Baseball's Last Hero* por David Maraniss (Simon & Schuster, 2006); *Puerto Rico's Winter League: A History of Major League Baseball's Launching Pad* por Thomas E. Van Hyning (McFarland & Company, 1995); y *Puerto Rico in the American Century: A History Since 1898* por César J. Ayala y Rafael Bernabé (University of North Carolina Press, 2007).

Tengo una deuda de gratitud con la intérprete Elsie Parra por su paciencia y profesionalismo.

Gracias también a mi editora, Jofie Ferrari-Adler; mi agente, Betsy Lerner; y a aquellos que me ayudaron con sus ideas y leyendo los primeros borradores: Barry Tompkins, Erin Becker, Rob Becker, Lorna Stevens, Gary Pomerantz y Ken Conner.

—Joan Ryan

ACERCA DE LOS AUTORES

BENJAMIN JOSÉ "BENGIE" MOLINA es un ex receptor de Grandes Ligas que ha jugado con los Ángeles de Anaheim, los Azulejos de Toronto, los Gigantes de San Francisco y los Rangers de Texas. Sus hermanos, Yadier y José, son también receptores de Grandes Ligas. Bengie ha ganado dos anillos de Series Mundiales y dos Premios Guantes de Oro. Vive con su familia en Arizona.

JOAN RYAN es una laureada periodista y autora cuya obra le ha ganado trece premios de Editores Deportivos de la Prensa Asociada, un Premio Nacional Headliner y un Premio de Periodismo de la Fundación de Deportes de Mujeres. Su libro *Little Girls in Pretty Boxes* (Niñas pequeñas en cajas bonitas) fue incluido entre los 100 Mejores Libros sobre Deportes de Todos los Tiempos de la revista *Sports Illustrated* y uno de los Mejores 50 Libros Sobre Deportes de *The Guardian*. Joan trabaja actualmente como consultora de medios de prensa de los Gigantes de San Francisco.